T0016879

GUÍA
ESENCIAL PARA
DEFENDER
TU FE

DOUG POWELL

GUÍA
ESENCIAL PARA
DEFENDER
TU FE

DOUG POWELL

B&H
ESPAÑOL
BRENTWOOD, TENNESSEE

Guía esencial para defender tu fe

Copyright © 2023 por Doug Powell
Todos los derechos reservados.
Derechos internacionales registrados.

B&H Publishing Group
Brentwood, TN 37027

Diseño de portada: Holman Bible Publishers

Director editorial: Giancarlo Montemayor
Editor de proyectos: Joel Rosario
Coordinadora de proyectos: Cristina O'Shee

Clasificación Decimal Dewey: 239
Clasifíquese: FE / APOLOGÉTICA / CRISTIANDAD

Las citas bíblicas marcadas NVI se tomaron de La Santa Biblia, Nueva Versión Internacional®, © 1999 por Biblica, Inc. ®. Usadas con permiso. Todos los derechos reservados.

Las citas bíblicas marcadas LBLA se tomaron de LA BIBLIA DE LAS AMÉRICAS, © 1986, 1995, 1997 por The Lockman Foundation. Usadas con permiso.

ISBN: 978-1-0877-6355-2

Impreso en China
1 2 3 4 5 * 26 25 24 23

ÍNDICE

¿QUÉ ES LA APOLOGÉTICA?

POR KENNETH D. BOA

La apologética puede definirse simplemente como la defensa de la fe cristiana. Sin embargo, la simplicidad de esta definición oculta la complejidad del problema de definir la apologética, debido a que se han adoptado diversos enfoques para definir el significado, el alcance y el propósito de esta.

La palabra «apologética» deriva de la palabra griega *apologia*, que originalmente se utilizaba como discurso de defensa. En la antigua Atenas se refería a una defensa realizada en la sala del tribunal como parte del procedimiento judicial. Tras la acusación, el acusado podía refutar los cargos con una defensa (*apologia*). El ejemplo clásico de una *apologia* fue la defensa de Sócrates contra la acusación de predicar dioses extraños, una defensa relatada por su alumno más famoso, Platón, en un diálogo llamado *La apología*.

La palabra *apologia* aparece 17 veces en forma de sustantivo o verbo en el Nuevo Testamento, y puede traducirse como «defensa» o «reivindicación» en todos los casos. La idea de ofrecer una defensa razonada de la fe es evidente en Filipenses 1:7, 16; y especialmente en 1 Pedro 3:15, pero en el Nuevo Testamento no se esboza ninguna teoría específica de la apologética.

En el siglo II esta palabra para «defensa» comenzó a tomar un sentido más particular para referirse a un grupo de escritores que defendían las creencias y prácticas del cristianismo contra diversos ataques. Estos hombres eran conocidos como los apologistas debido a los títulos de algunos de sus tratados, pero aparentemente no fue hasta 1794 que la apologética se utilizó para designar una disciplina teológica específica.

Se ha convertido en costumbre utilizar el término *apología* para referirse a un esfuerzo o trabajo específico en defensa de la fe. Una apología puede ser un documento escrito, un discurso o incluso una película. Los apologistas desarrollan sus defensas de la fe cristiana en relación con cuestiones científicas, históricas, filosóficas, éticas, religiosas, teológicas o culturales.

Podemos distinguir cuatro funciones de la apologética, aunque no todo el mundo está de acuerdo en que la apología implique las cuatro. A pesar de estas opiniones, las cuatro funciones han sido históricamente importantes en la apologética, y cada una ha sido defendida por grandes apologistas cristianos a lo largo de la historia de la Iglesia.

La primera función puede denominarse *vindicación o prueba*, e implica la presentación de argumentos filosóficos, así como de evidencias científicas e históricas a favor de la fe cristiana. El objetivo de esta función es desarrollar un caso a favor del cristianismo como un sistema de creencias que debe ser aceptado. Desde el punto de vista filosófico, esto significa exponer las implicaciones lógicas de la cosmovisión cristiana para que sean evidentes y puedan contrastarse con otras cosmovisiones.

La segunda función es la *defensa*. Esta función es la más cercana al uso de la palabra apología en el Nuevo Testamento y en el cristianismo primitivo, defendiendo el cristianismo contra la plétora de ataques que se le hacen en cada generación por parte de críticos de diversos sistemas de creencias. Esta función implica aclarar la posición cristiana a la luz de malentendidos y tergiversaciones; responder a las objeciones, críticas o preguntas de los no cristianos y, en general, despejar cualquier dificultad intelectual que los no creyentes afirmen que se interpone en su camino hacia la fe.

La tercera función es la *refutación* de las creencias contrarias. Esta función se centra en responder a los argumentos que los no cristianos dan en apoyo de sus propias creencias. La mayoría de los apologistas están de acuerdo en que la refutación no puede ser suficiente, ya que demuestra que una religión o filosofía no cristiana es falsa no prueba que el cristianismo sea verdadero. Sin embargo, es una función esencial de la apologética.

La cuarta función es la *persuasión*. Con esto no nos referimos simplemente a convencer a la gente de que el cristianismo es verdadero, sino a persuadirlos de que apliquen esa verdad a su vida. Esta función se centra en llevar a los no cristianos al punto del compromiso. La intención del apologista no es simplemente ganar un argumento intelectual, sino persuadir a las personas para que entreguen sus vidas y su futuro eterno a la confianza del Hijo de Dios que murió por ellos.

CÓMO LA APOLOGÉTICA CAMBIÓ MI VIDA

POR LEE STROBEL
AUTOR, *EL CASO DE CRISTO* Y *EL CASO DEL JESÚS VERDADERO*

El escepticismo forma parte de mi ADN. Probablemente por eso terminé combinando el estudio del derecho y el periodismo para convertirme en el editor del departamento legal de *The Chicago Tribune*, una carrera en la que perseguí implacablemente hechos concretos en mis investigaciones. Y, sin duda, por eso me atrajo más tarde el estudio minucioso de las pruebas —ya fueran positivas o negativas— como forma de sondear la legitimidad de la fe cristiana.

Como cínico espiritual, me hice ateo en el instituto. Para mí, el mero concepto de un creador omnipotente, omnisciente y amoroso era tan absurdo a primera vista que ni siquiera merecía una consideración seria. Creía que Dios no había creado a la gente, sino que la gente había creado a Dios por su miedo a la muerte y su deseo de vivir para siempre en una utopía que llamaban «cielo».

Me casé con una agnóstica llamada Leslie. Varios años después, ella vino a verme con la peor noticia que pensé que podría recibir: había decidido convertirse en una seguidora de Jesús. Mi pensamiento inicial fue que se iba a convertir en una santurrona irracional que invertiría todo su tiempo sirviendo a los pobres en algún comedor social. El divorcio, pensé, era inevitable.

Entonces ocurrió algo sorprendente. Durante los siguientes meses, empecé a ver cambios positivos en su carácter, sus valores y su forma de relacionarse conmigo y con los niños. La transformación era atractiva y encantadora. Así que un día, cuando me invitó a ir a la iglesia con ella, decidí aceptar.

El pastor dio una charla llamada «Cristianismo básico» en la que explicó claramente lo esencial de la fe. ¿Me sacó de mi ateísmo ese día? No, para nada. Sin embargo, llegué a la conclusión de que si lo que decía era cierto, tendría enormes implicaciones para mi vida.

Fue entonces cuando decidí aplicar mi experiencia como periodista para investigar si el cristianismo o cualquier otro sistema de fe tiene alguna credibilidad. Decidí mantener la mente abierta y seguir las pruebas a dondequiera que apuntaran, aunque me llevaran a algunas conclusiones incómodas. En cierto sentido, estaba investigando la mayor historia de mi carrera.

Al principio, pensé que mi investigación sería breve. En mi opinión, tener «fe» significaba que creías en algo, aunque supieras en tu corazón que no podía ser cierto. Preveía que muy pronto descubriría hechos que devastarían el cristianismo. Sin embargo, a medida que devoraba libros de ateos y cristianos, entrevistaba a científicos y teólogos, y estudiaba arqueología, historia antigua y religiones del mundo, me sorprendía descubrir que el fundamento fáctico del cristianismo era mucho más firme de lo que había creído.

Gran parte de mi investigación se centró en la ciencia, donde los descubrimientos más recientes no han hecho más que cimentar las conclusiones a las que llegué en esos estudios. Por ejemplo, los cosmólogos están ahora de acuerdo en que el universo y el tiempo mismo llegaron a existir en algún momento del pasado finito. La lógica es inexorable: todo lo que empieza a existir tiene una causa, el universo empezó a existir y, por tanto, el universo tiene una causa. Tiene sentido que esta causa sea inmaterial, atemporal, poderosa e inteligente.

Además, los físicos han descubierto en los últimos 50 años que muchas de las leyes y constantes del universo —como la fuerza de gravedad y la constante cosmológica— están ajustadas con una precisión incomprensible para que exista la vida. Esta exactitud es tan increíble que desafía la explicación del mero azar.

La existencia de información biológica en el ADN también apunta a un Creador. Cada una de nuestras células contiene las instrucciones precisas para el ensamblaje de todas las proteínas de las que se compone nuestro cuerpo, todo ello deletreado en un alfabeto químico de cuatro letras. La naturaleza puede producir patrones, pero siempre que vemos información —ya sea en un libro o en un programa de ordenador— sabemos que hay una inteligencia detrás. Además, los científicos están encontrando complejas máquinas biológicas a nivel celular que desafían una explicación darwiniana y que, en cambio, se explican mejor como la obra de un Diseñador inteligente.

Para mi gran asombro, me convencí de la evidencia de que la ciencia apoya la creencia en un Creador que se parece sospechosamente al Dios de la Biblia. Alentado por mis descubrimientos, dirigí entonces mi atención a la historia.

Descubrí que Jesús, y solo Jesús, cumplió las antiguas profecías mesiánicas contra toda probabilidad matemática. Llegué a la conclusión de que el Nuevo Testamento se basa en el testimonio de testigos oculares y que supera las pruebas que los historiadores utilizan habitualmente para determinar su fiabilidad. Aprendí que la Biblia se ha transmitido a través del tiempo con una fidelidad notable.

Sin embargo, la cuestión fundamental para mí fue la resurrección de Jesús. Cualquiera puede afirmar que es el Hijo de Dios, como claramente hizo Jesús. La cuestión era si Jesús podía respaldar esa afirmación volviendo milagrosamente de entre los muertos.

Uno por uno, los hechos iban construyendo un caso convincente. La muerte de Jesús por crucifixión es tan cierta como cualquier otra cosa en el mundo antiguo. Los relatos de Su resurrección son demasiado tempranos para ser el producto de un desarrollo legendario. Incluso los enemigos de Jesús admitieron que Su tumba estaba vacía en la mañana de Pascua. Y los encuentros de los testigos oculares con Jesús resucitado no pueden explicarse como meras alucinaciones o ilusiones.

Todo esto no es más que un rasguño en la superficie de lo que descubrí en mi investigación de casi dos años. Francamente, me sorprendió la profundidad y la amplitud de los argumentos a favor del cristianismo. Y como alguien formado en periodismo y derecho, sentí que no tenía más remedio que responder a los hechos.

Así que el 8 de noviembre de 1981 di un paso de fe en la misma dirección que apuntaban las pruebas —lo cual es totalmente racional— y me convertí en un seguidor de Jesús. Y al igual que la experiencia de mi esposa, con el tiempo mi carácter, mis valores y mis prioridades empezaron a cambiar para bien.

Para mí, la apologética resultó ser el punto de partida de mi vida y de mi eternidad. Estoy agradecido por los eruditos que defienden con tanta pasión y eficacia la verdad del cristianismo, y hoy el objetivo de mi vida es hacer mi parte para ayudar a otros a obtener respuestas a las preguntas que bloquean su viaje espiritual hacia Cristo.

CAPÍTULO 1
¿QUÉ ES LA APOLOGÉTICA?

¿Supermercado o antídoto?

Imagina que estás en un supermercado totalmente abastecido. Sin embargo, en lugar de vender alimentos, este supermercado vende religiones. Los departamentos son todos iguales, pero han adquirido un significado simbólico. Por ejemplo, el departamento de carne vende el judaísmo, que representa el sacrificio de animales necesario para la expiación mediante la sangre. En el pasillo de los cereales se encuentra el hinduismo. «¡Un Dios diferente en cada caja! Colecciona los 330 000 000». En el pasillo de los productos de pastelería se vende el Islam, ya que todos los demás alimentos empezaron con este material, pero se corrompieron al hornearse. La religión de la Nueva Era se encuentra en la sección de dulces; el poder detrás de ambos está en lo atractivos que son. Las religiones muertas, las creencias que ya nadie mantiene, como la mitología griega, el culto a Moloc y los becerros de oro, se encuentran en la sección de alimentos congelados. El cristianismo, con todas sus escenas en jardines y parábolas agrícolas, está en la sección de productos agrícolas. La ciencia mental se encuentra en el pasillo de las revistas. Hay una persona sentada en un carro de compras vacío, empujándose a sí misma por la tienda: un budista.

A cargo de la caja está la propia muerte. Una vez hecha tu selección, pagas con tu vida. Si hay algo fuera de la puerta de salida y qué sucede allí son las grandes interrogantes.

Hay otra persona que no encuentra nada en la tienda: un ateo. Algunos compradores son estrictamente vegetarianos, otros solo comen carne, pero todas las dietas tienen el mismo valor. Todas hacen básicamente lo mismo: alimentarte. A cargo de la caja está la propia muerte. Una vez hecha tu selección, pagas con tu vida. Si hay algo fuera de la puerta de salida y qué sucede allí son los grandes interrogantes.

¿Es la religión realmente así, un acto de preferencia en el que se pueden mezclar y combinar diferentes elementos a voluntad? ¿O es la religión algo totalmente diferente, como un antídoto?

En lugar de en un supermercado, imagina que estás en una sala de emergencias con una enfermedad grave. El médico te explica que la enfermedad es 100 % mortal a menos que se te administre un antídoto específico. El médico continúa diciendo que la recuperación de la enfermedad después de tomar el antídoto tiene una tasa de éxito del 100 %. Con esto, el médico está proclamando que tus preferencias no importan en absoluto; no forman parte de la conversación. Que te guste o no te guste recibir inyecciones o tomar pastillas es irrelevante. Esta enfermedad en particular tiene un remedio particular que debe ser administrado de una manera particular. Lo aceptas o mueres.

Teniendo en cuenta esta enfermedad y el tratamiento necesario, un diagnóstico erróneo es peligroso. Nadie que sufra un ataque al corazón quiere ir a un médico que piense que la respuesta adecuada es enyesar una pierna. Es necesario un tratamiento adecuado, por muy desagradable, incómodo, doloroso o incluso ofensivo que sea. No hay que ir de compras para elegir el tratamiento que más te guste. El remedio es el remedio y punto. Como paciente, debes moldear tu pensamiento para aceptar el remedio o afrontar la alternativa.

El remedio es el remedio y punto. Como paciente, debes moldear tu pensamiento para aceptar el remedio o afrontar la alternativa.

El cristianismo bien entendido es un antídoto, no una elección de estilo de vida ni parte de una visión religiosa equilibrada. Como un antídoto, puede ser doloroso e inconveniente. Puede

ser socialmente inaceptable. Pero, sobre todo, puede ser ofensivo. La mayoría de nosotros preferiría adoptar el enfoque del supermercado, en el que siempre acabamos con una religión adaptada a nuestros estilos de vida y preferencias y que puede cambiar a medida que cambiamos.

Pero no podemos creer así. Como seres humanos capaces de pensar racionalmente, estamos obligados a ajustar

nuestras creencias a la realidad, y no al revés. No abordar el mundo de esta manera es crear situaciones peligrosas. Antes de intentar cruzar una calle, debemos ajustar nuestras creencias sobre las condiciones actuales del tráfico a lo que vemos a nuestro alrededor. Si empezamos a cruzar la calle porque preferimos que esté libre de tráfico y porque nos resulta más cómodo, corremos el riesgo de ser aplastados por un autobús. Al autobús no le importa lo que prefiramos o lo que sea conveniente. Es nuestra responsabilidad responder a los hechos, ajustarnos a ellos.

Para formar creencias debemos investigar el mundo y sus problemas con el propósito de descubrir hechos y verdades sobre ellos. Este proceso, que todos empleamos, es útil por una sencilla razón: la verdad es verdadera tanto si se cree como si no. La verdad no requiere ser creída para ser cierta, pero sí merece ser creída. En el plano espiritual, debemos comprender nuestra situación para poder entender por qué es necesario un antídoto. El objetivo de la ley de Dios es darnos esa comprensión, ese diagnóstico, y el objetivo del evangelio de Jesucristo es proporcionar el antídoto. Jesús no es solo un jarabe para la tos con sabor a cereza que funciona tan bien como el Buda con sabor a limón. La fe en Jesús es un procedimiento cardíaco extremadamente invasivo que da vida a las personas. Y es el único procedimiento que funciona.

La verdad es verdadera tanto si se cree como si no. La verdad no requiere ser creída para ser cierta, pero sí merece ser creída.

Cualquiera que sea su relación con el evangelio, la apologética es una empresa extremadamente importante que puede impactar de manera profunda a los no creyentes y ser utilizada como la herramienta que despeja el camino hacia la fe en Jesucristo.

Pero como seres humanos que preferirían estar en el supermercado, debemos ser persuadidos de ir a la sala de emergencias. Tenemos muchas objeciones, barreras, prejuicios, aculturaciones, condiciones, conceptos erróneos, presuposiciones, distorsiones de los hechos y cualquier número de excusas. El objetivo de la apologética cristiana es eliminar estos obstáculos que se interponen entre una persona y la cruz de Cristo.

Como resultado, algunos cristianos ven la apologética como un pre-evangelismo; no es el evangelio, pero prepara el terreno para el evangelio.[1] Otros no hacen tal distinción, considerando la apologética, la teología, la filosofía y la evangelización como facetas profundamente entrelazadas del evangelio.[2] Cualquiera que sea su relación con el evangelio, la apologética es una empresa extremadamente importante que puede impactar de manera profunda a los no creyentes y ser utilizada como la herramienta que despeja el camino hacia la fe en Jesucristo.

La apologética también es para los creyentes

Para algunos, sin embargo, la apologética no se descubre hasta después de hacer una profesión de fe. Muchos cristianos no llegaron a creer como resultado de investigar la autoridad de la Biblia, la evidencia de la resurrección, o como respuesta a los argumentos filosóficos de la existencia de Dios.

Simplemente respondieron a la proclamación del evangelio. Aunque estas personas tienen razones para su fe, son razones profundamente personales que a menudo no tienen sentido para los no creyentes. Conocen la verdad, pero no están necesariamente equipados para compartir o articular la verdad de una manera que sea comprensible para aquellos que tienen preguntas sobre su fe. Es muy posible creer que algo es verdad sin tener una comprensión adecuada de ello o la capacidad de articularlo.

Los cristianos que creen, pero no saben por qué, a menudo se sienten inseguros y cómodos solo con otros cristianos. La actitud defensiva puede aflorar rápidamente cuando surgen desafíos en cuestiones de fe, moralidad y verdad debido a la falta de información sobre los fundamentos racionales del cristianismo. En el peor de los casos, esto puede conducir a una mentalidad cerrada o a una fe beligerante, precisamente lo contrario de la Gran Comisión que Jesús dio en Mateo 28:19-20. El encargo del cristiano no es retirarse del mundo y llevar una vida insular. Por el contrario, debemos estar comprometidos con la cultura, ser sal y luz.

> *La solución a este problema es que los creyentes se informen sobre la doctrina, la historia de su fe, la filosofía, la lógica y otras disciplinas relacionadas con el cristianismo.*

La solución a este problema es que los creyentes se informen sobre la doctrina, la historia de su fe, la filosofía, la lógica y otras disciplinas relacionadas con el cristianismo. Necesitan conocer los hechos, los argumentos y la teología; deben entender cómo emplearlos de manera que se comprometan eficazmente con la cultura. En resumen, la respuesta es la apologética cristiana.

Una de las primeras tareas de la apologética cristiana es proporcionar información. Una serie de suposiciones muy extendidas sobre el cristianismo pueden ser fácilmente cuestionadas con un poco de información. Esto es cierto incluso para las personas que generalmente tienen una buena educación. C. S. Lewis siempre creyó que los Evangelios eran colecciones de mitos como los de Balder, Adonis y Baco. Lewis mantuvo esta opinión hasta que leyó por primera vez los Evangelios a los treinta y un años.

Después de haber leído tantos mitos y leyendas, Lewis reconoció que lo que había en los Evangelios no encajaba en este género literario. Los Evangelios eran simples relatos de testigos oculares de acontecimientos históricos, que carecían del arte de los mitos antiguos.

Otras suposiciones muy extendidas en nuestra cultura pueden ser cuestionadas tanto por la información como por los argumentos:

- Jesús nunca vivió.
- No se puede demostrar que Dios existe.
- Los milagros no existen.
- No hay pruebas de que Jesús resucitó.
- La Biblia no se escribió hasta cientos de años después de la vida de Jesús.
- ¿Qué pasa con los libros que se dejaron fuera de la Biblia?
- Todas las religiones enseñan básicamente lo mismo.
- Si el Dios de la Biblia es real, ¿cómo puede permitir que exista el mal?
- Lo que es cierto para ti es cierto para ti; lo que es cierto para mí es cierto para mí.
- El cristianismo no es razonable.

Esta es solo una muestra de los retos y preguntas que la apologética prepara a los creyentes para responder. Y lo hace de tres maneras. En primer lugar, muestra que, aunque la fe cristiana no puede ser probada por la razón, la fe cristiana no es irracional, contraria a la razón. Esto es importante porque demuestra que el cristianismo no es simplemente una preferencia personal, una respuesta a cómo alguien fue criado, o una cosmovisión apoyada solo por consideraciones emocionales. En segundo lugar, responde a las objeciones contra la fe y trata de eliminar los conceptos erróneos. En tercer lugar, la apologética cristiana no solo aporta pruebas y argumentos a favor del cristianismo, sino que demuestra las debilidades del ateísmo y de otros sistemas de creencias lógicamente incompatibles con la fe cristiana histórica. Ofrece algo mucho mejor para sustituir estas cosmovisiones.

> *Los resultados de ejercitar la apologética son la audacia, la seguridad y la carencia de una actitud defensiva.*

Los resultados de ejercitar la apologética son la audacia, la seguridad y la carencia de una actitud defensiva. La apologética permite al creyente enfrentarse al mundo sin consentirlo y sin comprometer su fe. Al igual que el antídoto mencionado anteriormente —hay que entender un virus o un veneno para contrarrestarlo—, los cristianos deben entender y reconocer los defectos fatales del pensamiento incrédulo, ser capaces de exponerlos y proporcionar una cosmovisión más adecuada. Estas son las tareas de la apologética.

La apologética en la Biblia

Algunos creyentes desconfían y se oponen a la apologética. La consideran contraria a la fe. Temen que, si se puede demostrar que el cristianismo es razonable, entonces no hay lugar para la fe. Este enfoque antiintelectual del cristianismo tiene sus raíces en un malentendido de la propia palabra «fe».

La palabra traducida como «fe» y «creer» en el Nuevo Testamento es *pistis*. Esta palabra engloba una serie de ideas, todas ellas en torno a una confianza intencionada y que involucra compromiso.

Las definiciones incluyen «da persuasión firme, la convicción [...] una confianza firmemente arraigada».[3] Lawrence O. Richards señala: «*Pistis* y las palabras parecidas a esta hablan sobre las relaciones establecidas por la confianza y mantenidas por la fiabilidad».[4] Cuando confiamos en algo, tenemos razones para ello, pruebas que lo justifican y apoyan.

Una afirmación no es verdadera solo porque la creamos ni falsa porque no la creamos. En primer lugar, evaluamos las pruebas y las razones de su veracidad. A continuación, sopesamos las pruebas para determinar qué tantos fundamentos tienen estas afirmaciones. Por último, confiamos; ejercemos la fe basándonos en el peso de las pruebas. La fe no es una esperanza o un deseo de tipo cristiano. Quienes abrazan otros sistemas de creencias incompatibles con el cristianismo suelen seguir este mismo proceso. La diferencia se reduce a la forma en que cada uno evalúa las pruebas de su posición y la de los demás. La fe es el producto de la investigación y la deliberación, y la razón es su fundamento y su columna vertebral, no su enemigo.[5]

Por otra parte, creer en algo sin reflexionar seriamente sobre ello o investigarlo no es un acto de fe; es un acto de necedad. No es, como sostienen algunos, una virtud creer en algo sin pruebas ni razones. Los que dicen: «Solo hay que tener fe», en realidad están proclamando que no tienen ni idea de lo que es la fe. El objetivo del cristianismo no es que tengamos fe; eso no lo diferencia de cualquier otra religión o cosmovisión. Si tener fe fuera el objetivo, todos se salvarían, ya que todos creen en algo. No, la fe en sí misma no es el objetivo. De hecho, lo que diferencia a las religiones es el objeto de cada fe. El contenido de la fe es, en última instancia, lo que importa. Y el contenido de una fe es lo que hay que investigar y luego abrazar o rechazar.

La apologética cristiana no es una práctica nueva ni antibíblica. De hecho, no solo está ejemplificada en el Nuevo Testamento, sino que también se ordena. La palabra griega *apologia*, que es de donde obtenemos nuestra palabra «apologética», se utiliza para describir una defensa, como en una defensa legal o en la presentación de un caso.[6] En el Nuevo Testamento, se traduce como «defensa» o «confirmación» como en los siguientes versículos:

«Padres y hermanos, escuchen ahora mi defensa». —Pablo ante una multitud judía al ser arrestado en el templo, Hechos 22:1.

«Es justo que yo piense así de todos ustedes porque los llevo en el corazón; pues, ya sea que me encuentre preso o defendiendo y confirmando el evangelio, todos ustedes participan conmigo de la gracia que Dios me ha dado». —Pablo, Filipenses 1:7.

«... he sido puesto para la defensa del evangelio». —Pablo, Filipenses 1:16.

«Sino santificad a Cristo como Señor en vuestros corazones, estando siempre preparados para presentar defensa ante todo el que os demande razón de la esperanza que hay en vosotros, pero hacedlo con mansedumbre y reverencia; teniendo buena conciencia, para que en aquello en que sois calumniados, sean avergonzados los que difaman vuestra buena conducta en Cristo». —Pedro a los cristianos que sufrían en la actual Turquía, 1 Pedro 3:15-16, LBLA.

La idea de la apologética se asume en la exhortación de Judas 1:3 cuando dice a los creyentes que luchen «vigorosamente por la fe».

En Hechos 17:22-34, vemos una imagen de Pablo practicando la apologética en Atenas, en la colina de Marte.

Pablo se puso en medio del Areópago y tomó la palabra:

—¡Ciudadanos atenienses! Observo que ustedes son sumamente religiosos en todo lo que hacen. Al pasar y fijarme en sus lugares sagrados, encontré incluso un altar con esta inscripción: A un dios desconocido. Pues bien, eso que ustedes adoran como algo desconocido es lo que yo les anuncio.

«El Dios que hizo el mundo y todo lo que hay en él es Señor del cielo y de la tierra. No vive en templos construidos por hombres, ni se deja servir por manos humanas, como si necesitara de algo. Por el contrario, él es quien da a todos la vida, el aliento y todas las cosas. De un solo hombre hizo todas las naciones para que habitaran toda la tierra; y determinó los períodos de su historia y las fronteras de sus territorios. Esto lo hizo Dios para que todos lo busquen y, aunque sea a tientas, lo encuentren. En verdad, él no está lejos de ninguno de nosotros, «puesto que en él vivimos, nos movemos y existimos». Como algunos de sus propios poetas griegos han dicho: «De él somos descendientes».

«Por tanto, siendo descendientes de Dios, no debemos pensar que la divinidad sea como el oro, la plata o la piedra: escultura hecha como resultado del ingenio y de la destreza del ser humano. Pues bien, Dios pasó por alto aquellos tiempos de tal ignorancia, pero ahora manda a todos, en todas partes, que se arrepientan. Él ha fijado un día en que juzgará al mundo con justicia, por medio del hombre que ha designado. De ello ha dado pruebas a todos al levantarlo de entre los muertos».

Cuando oyeron de la resurrección, unos se burlaron; pero otros le dijeron:

—Queremos que usted nos hable en otra ocasión sobre este tema.

En ese momento Pablo salió de la reunión. Algunas personas se unieron a Pablo y creyeron. Entre ellos estaba Dionisio, miembro del Areópago, también una mujer llamada Dámaris, y otros más.

Esto lo llevó a argumentar por la fe de dos maneras. En primer lugar, Pablo encontró un terreno común en el hecho de que su audiencia creía en alguna forma de religión. El problema, según Pablo, era que creían en algo falso, no que no creían en nada. Tenían una cosmovisión religiosa, pero estaba llena de agujeros. Conociendo los atroces defectos de sus sistemas religiosos, defendió el cristianismo como un sistema de creencias en el que hay coherencia entre el poder que creó y sostiene el universo y el sentido de la justicia ampliamente extendido en la sociedad griega.

En segundo lugar, Pablo argumentaba basándose en hechos que podían ser investigados por cualquiera que estuviera interesado. Reconocía que, si el cristianismo era verdadero, debía estar arraigado en los hechos. Pablo vio la relación entre los aspectos históricos, físicos y temporales de la vida de Jesús. Jesús fue una persona real que hizo y dijo ciertas cosas en ciertos lugares y en ciertos momentos. Se podían encontrar testigos de la vida y las enseñanzas de Jesús y se los podía interrogar al respecto.

La realidad de Jesús —Su historia— es el fundamento del cristianismo. Sin ella, no hay cristianismo. Pablo estaba tan seguro de este fundamento que llegó a señalar la afirmación más vulnerable de la fe cristiana:

Ahora bien, si se predica que Cristo ha sido levantado de entre los muertos, ¿cómo dicen algunos de ustedes que no hay resurrección? Si no hay resurrección, entonces ni siquiera Cristo ha resucitado. Y, si Cristo no ha resucitado, nuestra predicación no sirve para nada, como tampoco la fe de ustedes. Aún más, resultaríamos falsos testigos de Dios por haber testificado que Dios resucitó a Cristo, lo cual no habría

sucedido si en verdad los muertos no resucitan. Porque, si los muertos no resucitan, tampoco Cristo ha resucitado. Y, si Cristo no ha resucitado, la fe de ustedes es ilusoria y todavía están en sus pecados. En este caso, también están perdidos los que murieron en Cristo. Si la esperanza que tenemos en Cristo fuera solo para esta vida, seríamos los más desdichados de todos los mortales (1 Cor. 15:12-19).

Si Jesús no vivió, hizo y dijo las cosas que afirman los apóstoles, entonces el cristianismo es falso. Si hay una mejor explicación para la resurrección, entonces los cristianos simplemente están perdiendo el tiempo.

Al señalar esta vulnerabilidad, Pablo estaba realmente señalando la fuerza del cristianismo. Estaba tan convencido de la historicidad y verificabilidad de la resurrección, el acontecimiento que confirmaba las afirmaciones de Jesús, que señaló cómo demostrar su falsedad, casi como un desafío. Las afirmaciones cristianas pueden ser investigadas y puestas a prueba. Este desafío no tiene paralelo en otras religiones. Ningún otro texto sagrado muestra cómo destruir sus propias afirmaciones.

Los padres de la Iglesia demostraron que entendían la importancia de la historicidad de Jesús cuando redactaron el Credo de Nicea, el credo universalmente aceptado por la Iglesia. Este credo establece: «Por nosotros fue crucificado bajo Poncio Pilato; sufrió la muerte y fue sepultado». ¿Por qué mencionar a Poncio Pilato? ¿Qué doctrina se basa en él? La respuesta es ninguna; no hay ninguna doctrina basada en Pilato. Se lo menciona para recordarnos que se trata de hechos reales ocurridos a una persona real en un momento concreto de la historia.

Muchos críticos del Nuevo Testamento entendieron esto y lo usaron como punto de ataque, diciendo que Pilato nunca existió, que no había evidencia de Pilato fuera del Nuevo Testamento. Esto cambió en

Inscripción en la piedra de Pilato

1961 debido a un hallazgo arqueológico en Cesarea Marítima. Un equipo de arqueólogos italianos estaba excavando el teatro allí y encontró una piedra con una inscripción que había sido reutilizada en una reparación. Parte de la inscripción aún era legible y en ella figuraban los nombres de Tiberio y Poncio Pilato, así como el título de Prefecto de Judea.[7] Por ello, la historicidad de Poncio Pilato ya no se cuestiona.

Detrás del audaz planteamiento de Pablo hay una lógica y una coherencia que lo facultaban porque comprendía la importancia del intelecto en relación con la fe. La importancia de la mente fue abordada directamente por el propio Jesús cuando citó el mayor mandamiento, que se encuentra en Deuteronomio. En Mateo 22:37, Jesús dijo: «Ama al Señor tu Dios con todo tu corazón, con todo tu ser y con toda tu mente». La vida cristiana es un equilibrio entre el

La importancia de la vida de la mente fue abordada directamente por el propio Jesús cuando citó el mayor mandamiento, que se encuentra en Deuteronomio. En Mateo 22:37, Jesús dijo: «Ama al Señor tu Dios con todo tu corazón, con todo tu ser y con toda tu mente».

intelecto, las emociones y la experiencia. Dios es el objeto en el que deben centrarse todos, en el que se fundamenta la razón, y el que da coherencia y sentido al mundo.

Uso y abuso

Al llegar a este punto debo dejar en claro dos cosas sobre el uso de la apologética. En primer lugar, el objetivo de la apologética cristiana no es ganar una discusión a toda costa. Es muy posible ganar una discusión, pero hacerlo de tal manera que refleje mal el amor misericordioso de Jesucristo. Los cristianos deben decir la verdad en este mundo, y la apologética es una de las formas en los que creyentes lo hacen. Dios podría elegir darse a conocer tirando a todos al suelo durante unos días, como hizo con Pablo. En cambio, Dios utiliza a Su pueblo como Sus agentes. Y como agentes suyos, los cristianos tienen que decir la verdad con amor. A veces esto requiere el uso de argumentos bien formados.

En segundo lugar, es obra del Espíritu Santo salvar a las personas; es obra del cristiano dar testimonio de la verdad. El Espíritu Santo toma ese testimonio y lo utiliza para abrir las mentes y los corazones de los que escuchan. Un apologista nunca va a llevar al reino a alguien mediante una discusión. Los cristianos tienen que hacer su trabajo de forma informada y con gracia y tratar de no añadir ninguna ofensa o tropiezo al evangelio.

La gran mayoría de la apologética cristiana se hace cada día a través de una conversación casual, no en las aulas o en debates que pueden parecer carentes de cualquier relevancia personal. Es aquí donde se discute y se intenta dar sentido a las cuestiones de la vida. Y es para esas conversaciones espontáneas para las que los cristianos deben estar preparados.

> La cosmovisión cristiana no se demuestra con una o dos pinceladas, sino que se verifica apelando a una amplia y convincente variedad de argumentos convergentes. El cristianismo se muestra como la mejor explicación del origen y la naturaleza del universo, así como de la condición humana y los hechos de la historia. Además, los cristianos deben ser pastorales en sus prácticas apologéticas. Debemos preocuparnos

profundamente por los perdidos, no simplemente desear vencer sus argumentos. Lo que está en juego es demasiado importante para el egoísmo apologético.[8]

—*Douglas Groothius*

C.S. Lewis   **J. R. R. Tolkien**

Tollers y Jack

Un buen ejemplo de la participación informada y con gracia de un cristiano en la salvación de otro tuvo lugar el 19 de septiembre de 1931 en el *Magdalen College* de Oxford. Esa tarde, tres hombres estaban paseando por *Addison's Walk*. Uno de ellos, Jack, era un ateo que recientemente había abrazado el teísmo, pero tenía muchas objeciones al cristianismo. Los otros dos hombres eran cristianos. Compartían un interés común por la mitología y esa noche discutían sobre lo que daba a los mitos su verdad. «Tollers», uno de los cristianos, argumentó que la verdad del mito es el grado en que refleja la historia de Jesús. Luego pasó a explicar y argumentar la veracidad del cristianismo. La conversación continuó hasta la madrugada en la habitación de Jack.

Los argumentos y las maneras de Tollers y Hugo Dyson, el tercer amigo, tuvieron un profundo impacto en Jack. Doce días después, Jack escribió en una carta: «Acabo de pasar de creer en Dios a creer definitivamente en Cristo, en el cristianismo [...]. Mi larga conversación nocturna con Dyson y Tolkien tuvo mucho que ver con ello».[9]

Jack se había comprometido intelectual y espiritualmente con Jesús. Durante los siguientes treinta años, Jack creció hasta convertirse en el apologista cristiano más popular del siglo XX. Jack era el apodo de C. S. Lewis, autor no solo de obras apologéticas, sino también de novelas para niños y adultos, así como de obras de su especialidad académica: la literatura medieval y renacentista.

Tollers pasó a incorporar sus ideas sobre el mito a su propia mitología elaborada. Sus obras de fantasía son consideradas hoy en día como las más grandes del género fantástico. Tollers era el apodo de J. R. R. Tolkien, el autor de la trilogía de *El Señor de los Anillos* y de *El Hobbit*.

Tolkien y Dyson no tenían forma de saber, por supuesto, el impacto que tendría esa conversación, ni siquiera que la conversación de su paseo giraría en torno a ese tema. Pero estaban preparados para respon-

A la luz del mandato de ser capaces de defender la verdad que hay en nosotros y de amar a Dios con toda nuestra mente, debemos prepararnos con los hechos, las pruebas y los argumentos a favor del cristianismo.

Addison's Walk en Oxford, uno de los senderos favoritos de C. S. Lewis.

der cuando el tema surgiera. Y quién sabe a cuántos otros
ayudaron de la misma manera.

> Acabo de pasar de creer en Dios a creer definitivamente en
> Cristo, en el cristianismo [...]. Mi larga conversación
> nocturna con Dyson y Tolkien tuvo mucho que ver
> con ello.[10]
>
> —*C. S. Lewis*

Conclusión

A la luz del mandato de ser capaces de defender la verdad que hay en nosotros y de amar a
Dios con toda nuestra mente, debemos equiparnos con los hechos, las pruebas y los argumentos
a favor del cristianismo. Debemos prepararnos con un conocimiento de la cultura en la que
vivimos y con la voluntad de comprometernos con ella. Y debemos equiparnos con una manera
de administrar un antídoto eficaz. No debemos ser percusiones ruidosas, sino la más bella
música: acogedora, contagiosa e irresistible.

Para comenzar este entrenamiento, empezaremos por no asumir nada. Antes de poder hablar de cristianismo, debemos ser capaces de demostrar que Dios existe, y punto. ¿Pero podemos creer razonablemente que Dios existe? Y si Dios existe, ¿qué religión lo describe con mayor precisión? En la siguiente sección examinaremos varios argumentos a favor de la existencia de Dios y sus atributos. A continuación, compararemos nuestros descubrimientos con la visión que diversas religiones tienen de Dios.

Cita destacada

Cuando la gente vea esto —nuestro amor por los demás y nuestra unidad a través del amor— entonces, a su vez, se sentirá atraída por esto hacia Cristo y responderá a la oferta de salvación del evangelio. La mayoría de las veces es lo que uno es, y no lo que dice, lo que llevará a un incrédulo a Cristo. Esta es, pues, la suprema apologética. Pues la suprema apologética es tu vida.[11]

—William Lane Craig

Notes

1. Norman Geisler y Ron Brooks, *When Skeptics Ask* [Cuando los escépticos preguntan] (Grand Rapids: Baker Books, 1996), 11.
2. Greg Bahnsen, *Van Til's Apologetic* [Apologética de Van Til] (Phillipsburg, NJ: Presbyterian & Reformed, 1998), 43.
3. Ethelbert W. Bullinger, *A Critical Lexicon and Concordance to the English and Greek New Testament* [Léxico crítico y concordancia del Nuevo Testamento en inglés y griego] (Grand Rapids: Zondervan, 1975, 1978), 271.
4. Lawrence O. Richards, *Expository Dictionary of Bible Words* [Diccionario expositivo de palabras bíblicas] (Grand Rapids: Zondervan, 1985), 116.
5. La cuestión de dónde proviene la razón o por qué tiene relevancia se menciona en el cap. 14.
6. Cp. Bullinger, *Critical Lexicon* [Léxico crítico], 212.
7. Josh McDowell, *A Ready Defense* [Defensa oportuna] (Nashville: Thomas Nelson, 1993), 111–12.
8. Douglas Groothuis, *The Denver Journal* 2 (1999).
9. Roger Lancelyn Green y Walter Hooper, *C. S. Lewis: A Biography* [C. S. Lewis: Una biografía] (Nueva York: Harcourt Brace, 1974, 1994), 116–18.
10. Ibid., 116.
11. William Lane Craig, *Reasonable Faith* [Fe razonable] (Wheaton, IL: Crossway, 1984, 1994), 301–2.

CAPÍTULO 2

¿DIOS EXISTE?
EL ARGUMENTO COSMOLÓGICO

Definiciones

El argumento cosmológico para la existencia de Dios trata de demostrar que debido a que cualquier cosa existe tiene que haber un Dios que la trajo a la existencia. En otras palabras, sin un Dios que lo haya creado, nada podría existir o existiría. Es posible que Dios exista sin el universo, pero no es posible que el universo exista sin Dios. Así, el argumento cosmológico trata de demostrar que el universo no es un ser necesario y, por tanto, no puede dar cuenta de su propia existencia. La idea central del argumento es mostrar que el universo fue causado por algún agente que no era ni parte del universo ni él mismo fue causado.

La palabra «cosmos» es una palabra griega que se refiere a todo lo que existe —el propio universo y todos sus componentes.

Examinaremos cada uno de estos argumentos filosóficos, así como un ejemplo científico del argumento cosmológico en el mundo real.

Hay tres tipos básicos de argumentos cosmológicos: Kalam, tomista y leibniziano.

Es posible que Dios exista sin el universo, pero no es posible que el universo exista sin Dios.

Galaxia espiral lejana —Jeffrey Newman (Univ. de California en Berkeley) y la NASA.

El argumento cosmológico de Kalam

Este argumento fue formulado por primera vez por los filósofos cristianos, pero no fue hasta que los pensadores islámicos medievales le prestaron atención que encontró toda su fuerza.[1] *Kalam* es una palabra árabe que significa «charla» o «discurso». Sin embargo, su connotación es mucho más amplia y abarca algo más cercano a la filosofía o la teología.[2]

El núcleo del argumento es la comprensión de los dos tipos de infinitos: infinitos potenciales (o abstractos) e infinitos reales (o concretos). El argumento de Kalam toma lo que podemos saber sobre estas series infinitas de números y utiliza ese conocimiento para demostrar que el universo debe haber tenido un principio.

Los infinitos potenciales son conjuntos de números que aumentan continuamente al añadir otro número a la serie. Por ejemplo, los segundos en un cronómetro son potencialmente infinitos. Una vez que se pulsa el botón de inicio, se generará un conjunto de números o momentos (1, 2, 3, etc.) hasta que se pulse el botón de parada. Si nunca se pulsa el botón de parada, los segundos se acumularán potencialmente para siempre.

Sin embargo, los infinitos potenciales nunca son realmente infinitos. Un infinito potencial es siempre un conjunto finito de números al que se puede añadir otro incremento. Nunca alcanzará un punto en el que se convierta en infinito, independientemente del tiempo que se le añada.

Los infinitos reales son conjuntos de números a los que no se puede añadir ningún incremento, ya que, por la naturaleza de su infinitud, el conjunto incluye todos los números: no hay nada que añadir. Si esto es difícil de imaginar, hay una buena razón: los infinitos reales no existen ni pueden existir en el mundo físico. Si los infinitos reales existieran en el mundo físico, veríamos absurdos y efectos con los que no podríamos vivir, literalmente.

Por ejemplo, supongamos que tenemos una colección de discos compactos (CD por sus siglas en inglés) infinitamente grande y que cada CD contiene un número infinito de canciones. Si escuchas un solo CD, oyes tanta música como si hubieras escuchado todos los CD —una cantidad infinita— y, sin embargo, esos infinitos son de distinto tamaño: una noción sin sentido. Supongamos también que solo hubiera dos artistas en tu colección de CDs, Bach y los Beatles, y que uno de cada dos CDs fuera de los Beatles. Esto significaría que tendrías tantos CDs de los Beatles como de los Beatles y Bach juntos; ambos serían un número infinito. Pero al mismo tiempo serían infinitos de distinto tamaño. ¿Y el número de CDs de los Beatles sería par o impar? Debe ser uno u otro, pero hablar de infinito de esa manera es irracional. O imaginemos a un piloto de carreras y a su hijo. El piloto de carreras realiza un circuito tras otro en una pista de una milla de largo. Mientras tanto, en el interior, su hijo de tres años está en su triciclo dando vueltas. El hijo completa una docena de circuitos por uno de su padre. Pero si cada uno de ellos hubiera estado dando vueltas durante un tiempo infinito, habrían completado el mismo número de circuitos.

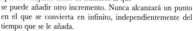

Si esto provoca que te duela la cabeza o te resulta confuso, entonces estás empezando a entender por qué los infinitos reales no existen en el mundo físico. Estos ejemplos no son solo interesantes rompecabezas. El hecho de que si X = Y, entonces X no puede ser también doce veces mayor que Y es extremadamente importante. Nunca querrías cruzar un puente, montar en un coche o vivir en una casa diseñada por un ingeniero que no reconociera o no se preocupara por los absurdos de los infinitos reales.

Esta demostración de la inexistencia de infinitos reales puede aplicarse en dos ámbitos del mundo real, el tiempo y la causalidad. La mejor manera de demostrar que el tiempo no es infinito, que tuvo un principio, es observar que existe un «ahora». Si el ahora existe, el tiempo no puede ser infinito. Para demostrarlo, imagina el momento «ahora» como un destino, como una estación de tren. Luego imagina el tiempo como las vías del tren que en realidad son infinitamente largas. Si tú fueras un pasajero que espera la llegada del tren, ¿cuánto tiempo tendrías que esperar? La respuesta es: para siempre. Nunca se puede llegar al final del infinito; por tanto, las vías del tren infinitamente largas no se pueden cruzar nunca. No hay un final al que llegar, no hay estación. Si las vías del tren infinitamente largas pudieran cruzarse, serían el equivalente a un palo con un solo extremo, una noción sin sentido. De hecho, esta es la limitación opuesta de los infinitos potenciales. Así como los infinitos potenciales son números finitos que nunca pueden volverse infinitos, los infinitos reales nunca podrían llegar al final de su infinitud y volverse finitos. Pero hay un final, un «ahora»; el tren llegó a la estación. Esto significa que las vías del tiempo no pueden ser infinitamente largas. No puede haber un número infinito de momentos anteriores al momento presente. El pasado no es un infinito real. Por lo tanto, el tiempo debe tener un principio.

Sin embargo, el tiempo no surgió por sí mismo. Si tuvo un comienzo, entonces algo lo inició. Aquí es donde entra en juego la causalidad. No existe un efecto que no haya sido causado. Tú eres un efecto del proceso biológico causado por tus padres. Estas palabras que ahora lees fueron causadas por mi escritura en un teclado. El estado actual del universo es un efecto causado por diversas condiciones astronómicas y físicas. Sin embargo, ten en cuenta que cada una de las causas mencionadas es también un efecto. Por ejemplo, tus padres no son solo tu causa, sino que son los efectos de sus padres, que fueron los efectos de sus padres, y así sucesivamente. Pero, como demuestra la inexistencia de infinitos reales, la cadena de causas no puede retroceder eternamente. La estación del tren en este caso está hecha de causas presentes; como tenemos causas ahora, debe haber un comienzo de la secuencia. Por lo tanto, debe haber una causa que no sea un efecto, una causa incausada o primera causa. Dado que el universo es un efecto, debe haber tenido una causa propia.

El argumento de Kalam señala que el universo tuvo un principio y que el principio fue causado por una causa incausada. En este punto solo hay dos opciones: o la causa fue personal o fue impersonal. La reflexión sobre cómo sería esta causa incausada nos lleva rápidamente a una conclusión. La primera causa requeriría una capacidad de crear. Sin esta capacidad, no se podría crear nada. También requeriría una intención de crear, una voluntad de iniciar el universo. Sin esta voluntad de crear, no se crearía nada. Se necesitaría un ser no contingente, cuya existencia no dependiera de nada más que de sí mismo. Si fuera contingente, sería simplemente un efecto más en la cadena de causas y efectos. Y debe ser trascendente. La causa del universo debe estar fuera y al margen del universo. Ahora suma todas estas cosas. ¿Qué clase de cosa

- depende de la nada para su existencia,
- tiene el poder de crear algo de la nada,
- tiene la voluntad de hacerlo o no hacerlo, y
- tiene la característica de existir fuera de la creación?

¿Suena esto como un ser personal o impersonal? Personal, por supuesto. Así, el argumento de Kalam nos lleva a la conclusión de que el universo tuvo un comienzo que fue causado por un ser personal, poderoso y trascendente.

Una cuestión que surge con frecuencia en este punto tiene que ver con las características infinitas de Dios.

Cuando hablamos de las características infinitas de Dios, lo hacemos de forma más bien metafórica. No que-

Si no existe un infinito real, ¿cómo puede Dios ser infinitamente bueno o amoroso?

remos decir que Dios tenga una cantidad infinitamente grande de bondad y de amor con la que fundamenta Su gracia y Su misericordia. Nos referimos a que es la máxima encarnación de la bondad y el amor. Estas características no tienen medida y hablan de la calidad de Su carácter, no de la cantidad de sus características.

El argumento cosmológico tomista

En el siglo XIII, Tomás de Aquino dio tres formas del argumento cosmológico en su *Suma Teológica* como parte de sus «cinco maneras» de demostrar la existencia de Dios. Él escribió:

> Dado que la naturaleza trabaja para un fin determinado bajo la dirección de un agente superior, todo lo que hace la naturaleza debe ser rastreado hasta Dios, como su primera causa. Así también, todo lo que se hace voluntariamente debe remontarse a alguna causa superior que no sea la razón o la voluntad humana, ya que estas pueden cambiar y fallar. Todas las cosas que son cambiantes y capaces de fallar deben remontarse a un primer principio inamovible y necesario por sí mismo.[3]

Todo lo que se mueve debe ser movido por algo más.

Aquino intentó primero demostrar la existencia de Dios a partir del movimiento. El movimiento es un efecto y, como tal, necesita una causa. Según Aquino, «todo lo que se mueve tiene que ser movido por algo más».[4] Esta cadena de una cosa que mueve a otra que mueve a otra no puede retroceder infinitamente.

Como hemos demostrado anteriormente, esto es imposible. Tiene que haber una primera causa que ponga en movimiento a todas las demás, un motor inmóvil. Aunque todo sea plenamente capaz de funcionar, sin una primera causa incausada que inicie la acción, todo permanecería inmóvil e inútil. Sin el motor inmóvil que abra la tapa, el universo sería como una caja de música enrollada que permanecería siempre cerrada, inmóvil y silenciosa. Además, sugerir que la caja de música no necesita un motor inconmovible para abrir la tapa es sugerir que la madera y el metal se ensamblaron por sí mismos en la caja de música sin necesidad de un artesano.

Todo lo que llega a existir debe su existencia a otra cosa.

Esta primera causa o motor inmóvil es lo que llamamos Dios.

Tomás de Aquino (1225/27-1274) en el Políptico de San Domenico de Carlo Crivelli.

Aquino empleó una variación de este argumento para llegar a su segunda prueba. Este argumento, en lugar de basarse en el movimiento, se basa en la existencia o en lo que él llama «causa eficiente».[5] Todo lo que llega a existir debe su existencia a otra cosa. No hay nada que se cree a sí mismo o que se cause a sí mismo. Así, la existencia es un efecto de una causa que a su vez es un efecto de una causa, y así sucesivamente. Pero, una vez más, no podemos remontarnos infinitamente a este linaje de causas. Debe haber una primera causa que explique por qué existe cualquier causa. Esta primera causa debe ser un ser autoexistente que no depende de nada para existir. Este ser autoexistente y no contingente se llama Dios.

En tercer lugar, Aquino basó su argumento en la posibilidad de la existencia. Nada de lo que vemos en el universo tiene que existir. Todo lo que vemos podría perfectamente no haber existido. Esto hace que todo lo que existe sea simplemente posible, no necesario. Pero algo existe. «Por tanto —declara Aquino— no todos los seres son simplemente posibles, sino que debe existir algo cuya existencia sea necesaria»[6] Así, sabemos que un ser necesario debe existir para dar cuenta de los seres posibles que existen; un ser que hace que los seres posibles sean posibles. Al ser necesario para la existencia de todas las cosas le llamamos Dios.

> *Por tanto —declara Aquino— no todos los seres son simplemente posibles, sino que debe existir algo cuya existencia sea necesaria.*

> *«¿Por qué hay algo en lugar de nada?».[7]*

El argumento cosmológico leibniziano

Esta es la famosa cuestión del filósofo G. W. F. von Leibniz, cuyo argumento cosmológico adoptó un enfoque ligeramente diferente al de Aquino. En lugar de argumentar a partir de la causa misma, Leibniz argumentó que debe haber una razón suficiente para la existencia del universo.

Leibniz aceptó los argumentos de Aquino sobre la causa, pero vio que no abordaban el porqué de la causa. Las cosas que son causadas y los estados de las cosas no ocurren simplemente sin razón. Y del mismo modo que todo lo que es causado tiene una causa previa, Leibniz observó que todo lo que existe tiene una razón fuera y anterior a su existencia. Y así como no puede haber una cadena infinita de causas, tampoco puede haber una cadena infinita de razones. Así, el universo no puede dar una explicación suficiente de su propia existencia o estado de las cosas. La única razón suficiente debe encontrarse fuera del universo, en un ser cuya existencia es «autoexplicativa […] (y) lógicamente necesaria».[8] Y a este ser le llamamos Dios.

> *Así como no puede haber una cadena infinita de causas, tampoco puede haber una cadena infinita de razones.*

Argumentos científicos

Hay varios ejemplos de cómo estas diversas formas del argumento cosmológico se desarrollan en el mundo real. La segunda ley de la termodinámica, por ejemplo, se utiliza a menudo como ilustración.[9] Sin embargo, el mejor ejemplo y más fácil de entender puede ser la teoría del *Big Bang*.

En la década de 1920, el astrónomo Edwin Hubble descubrió que nuestro universo era más grande de lo que se pensaba. De hecho, era mucho más grande. Hasta que vio fuera de nuestra galaxia, el pensamiento predominante era que nuestra galaxia era todo el universo. Hubble fue el

Fotografía de un cúmulo de estrellas: NASA.

Edwin Hubble, 1949.

primero en reconocer que la nuestra era solo una de miles de millones de galaxias.

A finales de la década, estudió la luz de las galaxias lejanas y descubrió que no era lo que esperaba. La luz que veía no se correspondía con ningún elemento o combinación de elementos conocidos. Entonces se dio cuenta de que la luz se desplazaba uniformemente hacia el lado rojo del espectro. Todas las características que esperaba seguían ahí, solo que, en un lugar ligeramente diferente del espectro de colores, el extremo rojo. Este fenómeno se conoce como desplazamiento al rojo.

Hubble encontró una explicación para el desplazamiento al rojo aplicando el efecto Doppler. El efecto Doppler establece que, si el sonido se emite desde un objeto que se mueve hacia ti, las ondas sonoras se comprimen o acortan. El acortamiento de la longitud de onda aumenta el tono del sonido; se desplaza a un lugar relativamente más alto del registro. Cuanto más lejos esté el objeto cuando se acerque a ti, más corta será la longitud de onda y más alto el tono. Por el contrario, si el objeto se aleja de ti, las ondas sonoras se alargan. El alargamiento de la longitud de onda disminuye el tono, desplazando el sonido a un punto relativamente más bajo del registro.

> *El efecto Doppler establece que, si el sonido se emite desde un objeto que se mueve hacia ti, las ondas sonoras se comprimen o acortan.*

El efecto Doppler es lo que describe el cambio de tono que se oye en las sirenas de las ambulancias. A medida que la ambulancia se acerca a ti, el sonido que escuchas desciende hacia su tono natural. Cuando está cerca de ti, oyes la sirena en su tono natural. A medida que la ambulancia se aleja, la sirena baja progresivamente de su tono natural.

El efecto Doppler también puede aplicarse a las ondas de luz, y esto es precisamente lo que hizo Hubble para resolver el misterio. El extremo azul del espectro luminoso está compuesto por las longitudes de onda más cortas, mientras que el extremo rojo está compuesto por las longitudes de onda más largas. En todos los lugares del universo a los que miró, vio un desplazamiento hacia el rojo de la luz. Esto significa que los objetos que emiten la luz —las estrellas— se están alejando unos de otros. Por tanto, el universo se está expandiendo.

> *El efecto Doppler también puede aplicarse a las ondas de luz, y esto es precisamente lo que hizo Hubble para resolver el misterio.*

Otros científicos tomaron este descubrimiento y se basaron en él. Si el universo se expande, debe tener un punto de origen desde el que se expande. Se hicieron otros descubrimientos que mostraron que la expansión es más lenta ahora que cuando comenzó, como una explosión. Esta explosión se conoció como el *big bang*, el comienzo del universo.

> *Si el universo se expande, debe tener un punto de origen desde el que se expande... como una explosión.*

> *Esta explosión se conoció como el big bang, el comienzo del universo.*

NASA, ESA y equipo Hubble Heritage (STScI/AURA).

Los dos principales adversarios de la teoría del *big bang* son la teoría del estado estacionario y la teoría de la oscilación. La teoría del estado estacionario sostiene que el universo siempre ha existido y siempre existirá. Las observaciones que apoyan la teoría del *big bang* no solo son contrarias a esta opinión, sino que además requerirían la existencia de infinitos reales. El hecho de que haya un «ahora» hace que la teoría de un número infinito de momentos precedentes sea una imposibilidad.

La teoría de la oscilación establece que el universo dejará finalmente de expandirse y se contraerá hasta llegar a una singularidad que luego explotará y continuará un ciclo que se repetirá eternamente. De nuevo, la teoría requeriría la existencia de infinitos reales, una serie sin principio ni fin. Pero como existimos en la oscilación actual, debe haber un comienzo del ciclo. El otro factor limitante es la segunda ley de la termodinámica. La energía del universo no es infinita. Al igual que una pelota de goma rebota más y más rápido con cada rebote hasta que se detiene, un universo oscilante acabaría por agotarse. De nuevo, un universo oscilante debe tener un principio.

El *big bang* sigue siendo la mejor explicación para el estado actual del universo. Pero si el *big bang* fue una explosión, ¿por qué explotó? ¿Qué explotó y de dónde vino esa explosión? Las explosiones son efectos y los efectos necesitan causas; no se causan a sí mismos. La causa del *big bang* no se encuentra en el universo físico, porque es precisamente eso lo que explotó. Además, la materia que explotó no se creó a sí misma. La inexistencia de infinitos reales demuestra que la materia no puede ser eterna.

Como el universo tuvo un comienzo, algo debió iniciarlo. No se inició por sí mismo. La causa del universo debe encontrarse fuera del universo; debe ser trascendente.

Como el universo tuvo un comienzo, algo debió iniciarlo. No se inició por sí mismo. La causa del universo debe encontrarse fuera del universo; debe ser trascendente. La causa debe ser poderosa para crear todo el universo *ex nihilo*, de la nada. La causa no debe ser un efecto, sino una causa incausada. De lo contrario, caeríamos en una cadena sin sentido de regresión infinita. Y esta causa no debe depender de nada más para su existencia; debe ser no contingente, o necesaria.

Notemos que esta descripción solo describe lo que es necesario para que el *big bang* funcione. Pero si existe una entidad como la descrita, sigue sin ser suficiente para la creación del universo. El hecho de que esta entidad exista no significa que el universo deba existir. Sigue faltando algo: la intencionalidad, la voluntad de hacerlo realidad.

Un automóvil que tiene un motor que funciona, una buena batería, un sistema eléctrico correctamente conectado para arrancar el motor y está lleno de gasolina tiene todas las condiciones necesarias para funcionar. Sin embargo, los estacionamientos están llenos de automóviles que reúnen las condiciones necesarias pero que no están en marcha. Aunque tienen las condiciones necesarias, carecen de las condiciones suficientes. Los automóviles que se mueven por la calle tienen las condiciones necesarias y suficientes para estar en marcha; por eso se mueven. ¿Qué tienen los automóviles en movimiento que no tienen aquellos estacionados? Tienen conductores. ¿Y qué es un conductor? Es un ser que no forma parte del automóvil, que tiene el poder de ponerlo en marcha, que no depende del coche para su existencia, que no depende de nada fuera de él para poder manejar el automóvil, y que tiene la voluntad de poner en marcha y dirigir el automóvil. Y si es especialmente inteligente, esta entidad puede incluso haber construido el automóvil.

Por tanto, el universo necesita un conductor, un agente inteligente que sea capaz de elegir si crea el universo o no. Esta causa necesaria y suficiente del universo es lo que llamamos Dios.

Conclusión

El argumento cosmológico tiene una larga historia y es empleado eficazmente por numerosas religiones. No pretende mostrar todos los atributos y características de Dios, sino solo que Dios existe. Pero si bien el argumento no demuestra cuál de esas religiones es verdadera, sí expone que varias religiones y cosmovisiones son incompatibles con las características del universo que el argumento cosmológico pone de manifiesto. Estas se examinarán en el capítulo 5. El Islam, el judaísmo y el cristianismo, sin embargo, tienen una visión de Dios que es compatible con las características de nuestro universo en las que se basa el argumento cosmológico.

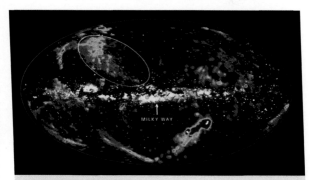

MILKY WAY

Imagen compuesta de luz de radio y representación de nuestra galaxia vista en luz visible. Imagen compuesta por Ingrid Kallick de *Possible Designs*, Madison, Wisconsin. El fondo de la Vía Láctea es un dibujo realizado en el Observatorio de Lund. Las nubes de alta velocidad son del estudio realizado en el Observatorio de Dwingeloo (Hulsbosch & Wakker, 1988).

Cita destacada

¡No tengan miedo de ser librepensadores! Si piensan con la suficiente fuerza se verán obligados por la ciencia a la creencia en Dios, que es el fundamento de toda religión. La ciencia no es antagónica, sino que ayuda a la religión.[10]

—*Sir William Thompson, también conocido como Lord Kelvin*

Notes

1. William Lane Craig, *Reasonable Belief* [Fe razonable] (Wheaton, IL: Crossway, 1984, 1994), 80.
2. J. P. Moreland, *Scaling the Secular City* [Escalar la ciudad secular] (Grand Rapids: Baker, 1987), 18.
3. Tomás de Aquino, *Great Books of the Western World* [Grandes libros del mundo occidental], vol. 19, *Summa Theologica* (Chicago: Encyclopedia Britannica, 1952), 14.
4. Ibid., 13.
5. Ibid.
6. Ibid.
7. G. F. W. von Leibniz, «Nature and Grace» [«Naturaleza y gracia»] en *Leibniz Selections* [Selección de Leibniz], ed. P. Weirner (Nueva York: Scribner's, 1951), 527; citado en Craig, *Reasonable Belief*, 83.
8. Moreland, *Scaling the Secular City*, 17.
9. Cp. Craig, *Reasonable Belief*, 113–16; Moreland, *Scaling the Secular City*, 34–38.
10. Cita de Lord Kelvin, http://www.zapatopi.net/kelvin/quotes/#theo.

CAPÍTULO 3
¿DIOS EXISTE?
EL ARGUMENTO DEL DISEÑO

El relojero

Imagina que vas caminando por el bosque y encuentras un reloj tirado en el suelo. ¿Cuál sería tu primer pensamiento? ¿Qué factores aleatorios, a lo largo del tiempo, formaron un reloj y lo formaron en el suelo? ¿Que unos trozos de metal se ensamblaron por casualidad de una manera que resultaron ser útiles? ¿Que un resorte se formó sin ningún propósito y se encontró inadvertidamente con un engranaje que se formó sin ningún propósito y luego se unieron accidentalmente a una serie de otros engranajes y resortes formando finalmente un instrumento totalmente funcional y preciso que podía medir el tiempo? Por supuesto que no. Supondrías que a alguien se le cayó. Esto se debe a sus evidentes características de diseño.

La precisión y la intencionalidad del mecanismo delatan un propósito, un plan. Tuvo que haber una inteligencia que concibió el reloj y su funcionamiento y luego lo creó.

El argumento

Esta analogía, utilizada a menudo para ilustrar el argumento del diseño, trata de mostrar que cuando observamos la naturaleza, ya sea a un nivel minúsculo (como las células o las proteínas) o a gran escala (como organismos completos o incluso el universo), podemos ver precisión e intencionalidad, un propósito, un plan. Y de esa observación podemos deducir que debe haber una inteligencia detrás de todo ello. Al igual que las huellas dactilares son el producto de unos dedos que tocan algo, la intencionalidad y el propósito son producto de

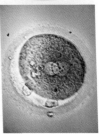

una mente que actúa, no del azar. Como ha dicho un científico naturalista:

> No hay ningún hecho que haya sido extraído de los intrigantes misterios de este extraño y cambiante cosmos que pueda refutar la existencia y las actividades inteligentes de un Dios incondicional y personal. Por el contrario, cuando como científicos cuidadosos analizamos y sintetizamos los datos del mundo natural, incluso por inferencia analógica, solo observamos los fenómenos de las operaciones de ese Ser invisible que no puede ser encontrado por mera búsqueda científica, pero que puede manifestarse, y de hecho lo hizo, en forma humana. Porque la ciencia es, en efecto, «ver a Dios obrar».[1]

Aristóteles

La historia

El argumento del diseño se denomina formalmente argumento teleológico. *Telos* es una palabra griega que significa propósito o fin supremo.

Por tanto, la teleología es el estudio del propósito o diseño de una cosa. El argumento del diseño es anterior al cristianismo. Los antiguos griegos, como Platón y Aristóteles, defendían la existencia de Dios basándose en sus observaciones de las estrellas. En el siglo XIII, Tomás de Aquino

William Paley

utilizó el argumento del diseño como una de sus cinco formas de demostrar la existencia de Dios.[2] En 1802, William Paley publicó la que probablemente sea la articulación más famosa del argumento, la *Teología natural*. De hecho, el ejemplo del relojero procede de este libro. En los últimos años, el argumento del diseño ha sido rebautizado como «diseño inteligente» o «DI». Personajes como Michael Behe, Philip Johnson, William Dembski y Hugh Ross han utilizado los últimos descubrimientos y avances científicos para presentar el argumento del diseño en los términos más actuales.

El día de Navidad de 1968, la tripulación del Apolo 8 tomó esta foto del «Amanecer de la Tierra», mostrando por primera vez el aspecto de nuestro planeta desde el espacio. La noche anterior, los astronautas Frank Borman, Jim Lovell y William Anders, los primeros humanos en dejar la órbita de la Tierra, se turnaron para leer del Libro de Génesis en una transmisión televisiva en directo.

Diferentes perspectivas del argumento

El argumento del diseño se ha utilizado de diversas maneras para defender la existencia de Dios. Sus defensores han señalado el orden, la información, el propósito, la complejidad, la simplicidad, el sentido e incluso la belleza como pruebas del diseño en el universo. En este capítulo veremos tres ejemplos de estos argumentos: el ajuste fino del universo (orden como diseño), el ADN (orden como información) y la complejidad irreducible (orden como complejidad).

El ajuste fino como diseño: El principio antrópico

Los científicos han llegado a entender que el universo tiene una gran precisión. De hecho, el grado de precisión es tan grande que alterar cualquiera de los parámetros, aunque sea mínimamente, destruiría la vida tal y como la conocemos. Esta precisión lleva a algunos científicos a argumentar, basándose en el orden, que el universo fue diseñado para albergar vida. También llamado «ajuste fino», el principio antrópico tiene dos clases de parámetros: uno establecido para las características del universo, el otro para las características de un sistema sol-planeta-luna.

En su libro *The Creator and the Cosmos* [El Creador y el cosmos], el astrofísico Hugh Ross enumera veinticinco parámetros que deben estar dentro de un rango muy estrecho para hacer posible la vida. A continuación, una lista parcial.[3]

- Constante de la fuerza nuclear fuerte.
- Constante de la fuerza nuclear débil.
- Constante de la fuerza gravitatoria.
- Constante de la fuerza electromagnética.
- Relación entre la constante de la fuerza electromagnética y la constante de la fuerza gravitatoria.
- Relación entre la masa de los electrones y la de los protones.
- Relación entre protones y electrones.
- Tasa de expansión del universo.
- Nivel de entropía del universo.
- Densidad de masa del universo.
- Velocidad de la luz.
- Edad del universo.
- Uniformidad inicial de la radiación.
- Constante de estructura fina.
- Distancia media entre las estrellas.

Concepción artística de un cinturón de asteroides. NASA/JPL-Caltech/T. Pyle (SSC).

¿Qué pasaría si alguno de los parámetros se saliera de su estrecho margen que favorece la vida? Tomemos como ejemplo la velocidad de expansión del universo. Si la tasa de expansión fuera más rápida que una parte en 10^{55}, las galaxias no podrían haberse formado; si la tasa de expansión fuera más lenta que una parte en 10^{55}, el universo se colapsaría antes de que las galaxias tuvieran la oportunidad de formarse. Sin galaxias, no podrían formarse estrellas; sin estrellas, no podrían formarse planetas; sin planetas, no podría haber vida.[4] El extraordinario equilibrio y la precisión que exhibe cada uno de los anteriores parámetros demuestran un orden que apunta a un ordenador, un ser que diseñó el universo con un propósito específico.

El segundo conjunto de treinta y dos parámetros tiene que ver con nuestro sistema sol-planeta-luna.[5] Algunos de estos parámetros son:

- Si la inclinación axial de la tierra fuera mayor o menor, las temperaturas de la superficie serían demasiado extremas para soportar la vida tal y como la conocemos.
- Si la distancia de la tierra al sol fuera mayor, la tierra sería demasiado fría para un ciclo del agua estable. Pero si la distancia fuera menor, la Tierra sería demasiado cálida para un ciclo del agua estable.
- Si la corteza terrestre fuera más gruesa, se transferiría demasiado oxígeno de la atmósfera a la corteza. Pero si la corteza fuera más fina, habría demasiada actividad volcánica y tectónica.
- Si la interacción gravitatoria con la luna fuera mayor, los efectos de las mareas sobre los océanos, la atmósfera y el periodo de rotación serían demasiado severos. Pero si fuera menor, la oblicuidad orbital de la Tierra cambiaría demasiado, provocando inestabilidades climáticas.
- Si la gravedad en la superficie de la Tierra fuera mayor, la atmósfera retendría demasiado amoníaco y metano, que son venenosos. Pero si la gravedad fuera menor, la atmósfera perdería demasiada agua.
- Si la duración del día fuera mayor, las diferencias de temperatura serían demasiado grandes para mantener la vida. Pero si el día fuera más corto, las velocidades del viento atmosférico serían demasiado grandes para sobrevivir.

De nuevo, según Ross, «cada uno de estos treinta y dos parámetros no pueden sobrepasar ciertos límites sin perturbar la capacidad de un planeta para albergar vida».[6]

Pero ¿es esto solo una visión egocéntrica del universo? El hecho de que nosotros, los humanos, necesitemos que el universo tenga estos parámetros para poder vivir no significa que se haya creado pensando en nosotros, ¿cierto? Es una posibilidad, por supuesto. Sin embargo, debemos tener en cuenta un par de cosas: en primer lugar, que no tenemos ninguna evidencia de vida de ningún tipo en ningún otro lugar del universo; y, en segundo lugar, que incluso si encontráramos vida en otro lugar del universo, no cambiaría necesariamente nada sobre la naturaleza de los seres humanos o la veracidad del cristianismo.

Digamos que encontramos alguna forma de vida primitiva en Marte y que se parece a alguna forma de vida en la Tierra. ¿Qué significaría eso? ¿Que la vida en la Tierra vino de alguna manera de Marte? Es posible. ¿Pero de dónde vino la vida en Marte? En última instancia, el descubrimiento no respondería nada sobre el origen del hombre; simplemente llevaría nuestro conocimiento un paso atrás en una cadena de regresión que debe tener un comienzo, como

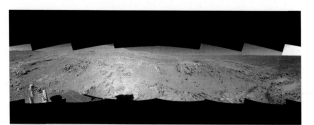

Una imagen panorámica de Marte tomada por Spirit, el 11 de noviembre de 2004.

mostramos en el argumento cosmológico. Además, ¿no sería más probable que la vida en Marte viniera de la Tierra (donde sabemos que hay vida desde hace tiempo)? Un meteorito que se estrellara contra la Tierra podría haber lanzado al espacio restos que acabaran contaminando Marte con la misma facilidad que al revés.

Y lo que es más importante, el descubrimiento de vida en otros lugares no eliminaría nuestra necesidad de salvación. La condición humana seguiría estando caída, estemos o no solos en el universo; que tengamos un antepasado o un contemporáneo en algún planeta lejano es irrelevante.

Entre paréntesis, esto no significa que no debamos continuar con la exploración espacial u otros esfuerzos científicos. Los conocimientos adquiridos en estos proyectos son muy valiosos. Además, la tecnología desarrollada para estas misiones contribuye en gran medida a la calidad de nuestra vida cotidiana y a la economía. Por ejemplo, la tecnología derivada del transbordador espacial contribuyó al desarrollo del corazón artificial, el termómetro de oído, el material protésico y los sistemas de seguimiento automático, entre otros. La tecnología de las misiones Apolo contribuyó a la realización de tomografías y resonancias magnéticas, a la diálisis renal, a las herramientas eléctricas sin cable y al aislamiento de automóviles y camiones; el moldeado por soplado utilizado para fabricar trajes espaciales se adaptó para fabricar calzado deportivo.[7]

La información como diseño: La teoría de la información y el ADN

Para entender esta forma de argumentación, primero debemos comprender los diferentes tipos de orden. Algunos tipos de orden son producto del azar y de factores aleatorios, mientras que otros tipos de orden no pueden tener otra explicación que el diseño inteligente.

El orden específico es simplemente una cadena de información que se repite, CAT CAT CAT, por ejemplo. Este es un tipo de orden que se da de forma natural y puede encontrarse en cosas como los cristales, el nylon o los copos de nieve.

Las complejidades no específicas son no repetitivas y aleatorias. También se dan de forma natural. El sonido del viento que aúlla y la forma de una roca son buenos ejemplos.

La contingencia es la principal característica de la información.

Las complejidades específicas no son repetitivas ni aleatorias. No se producen de forma natural. En contraste con el aullido del viento y la forma de una roca, ejemplos de complejidades

específicas serían la música o una estatua. Incluso la frase que estás leyendo es un ejemplo de orden complejo específico. La forma de reconocer una complejidad especificada es si es contingente. «La contingencia —declara William Dembski— es la principal característica de la información».[8]

La forma de una roca está determinada por las leyes de la naturaleza que le imponen las circunstancias. No hay otras posibilidades para su forma. Sin embargo, una estatua puede tener la forma que quiera su escultor. No está determinada, es contingente.

Si te preguntaran: «¿Hay alguna información en esta página?», ¿cuál sería tu respuesta? Si respondes que no, entonces tienes razón; no hay información en esta ni en ninguna otra página del mundo. Lo único que hay en esta página son garabatos de tinta (aunque específicamente ordenados). De hecho, podrías tener un conocimiento exhaustivo del proceso de impresión y saberlo todo sobre el papel y la química de la tinta, pero seguir sin saber lo que se dice en la página. Si la información fuera una propiedad de la página, nunca tendríamos que aprender a leer; la información saldría volando de la página y pasaría a nuestra mente cada vez que la miráramos.

Entonces, ¿qué es la información? Es la comunicación entre mentes. Pero para que las mentes se comuniquen, debe haber un lenguaje común. El lenguaje debe existir y entenderse antes de cualquier capacidad de comunicación. Por ejemplo, el lenguaje de la música escrita (los pentagramas, las notas y los valores) debe existir antes de intentar tocar o incluso escribir la música. La música puede existir en la cabeza del compositor, pero no puede comunicarse sin la convención de la notación. Todo lenguaje es un conjunto de fichas y un conjunto de convenciones para el uso de las fichas. Una ficha representa algo intangible. Por ejemplo, el número «1» no es realmente un número «1», sino un símbolo que representa el número «1», que es una entidad no física. En esta página no hay letras reales, sino fichas que las representan. En castellano, los

símbolos son A, B, C... X, Y, Z. Como las letras y los números son entidades no físicas, no tienen ubicación ni apariencia. Por eso necesitamos fichas para representarlas. Cada ficha tiene una convención o forma de utilizarla. La letra «A» tiene ciertos usos que, cuando se conectan a otras fichas, forman palabras. Luego las palabras se conectan para formar frases, y así sucesivamente. La cuestión es que las reglas del lenguaje se establecieron antes de que pudiéramos utilizarlas para comunicarnos, incluso en el nivel más primitivo.

La información es comunicación entre mentes.

Así que si estuvieras comiendo una sopa de letras y las letras de tu plato deletrearan TE QUIERO, entenderías inmediatamente que esto no es una comunicación de otra mente. Tu sopa no estaría declarando su apasionado afecto por ti. Lo mismo ocurre si fueras al Gran Cañón y vieras a ESTEBAN ESTUVO AQUÍ grabado en la pared del cañón, y supieras que se hizo de forma natural con el viento y el agua a través de la erosión; también sabrías que no contiene ninguna información. De hecho, ni siquiera sería español, solo garabatos cortados en la roca que se asemejan a las fichas y convenciones utilizadas en nuestro idioma. Pero este parecido sería totalmente involuntario y, por tanto, no comunicaría nada.

¿Y un número ilimitado de monos con máquinas de escribir? Si tuvieran un tiempo ilimitado, ¿podrían estos monos escribir *Hamlet*? La respuesta es no. Incluso si en algún momento dieran con la misma secuencia de letras que *Hamlet*, no sería *Hamlet*. Sería una cadena de letras que se asemejaría a *Hamlet*, pero carecería de toda información. Esto se debe a que no había ninguna intención de comunicación detrás de las acciones del mono; no había un verdadero uso del lenguaje, solo sus fichas. Las fichas carecerían de sentido.

Por eso, no debes pujar en eBay por un sándwich de queso a la parrilla que contenga la cara de la Virgen María. No hay ninguna mente detrás de la supuesta imagen.

Un gran ejemplo de cómo los científicos hacen uso de esta comprensión de la teoría de la información se observa en el proyecto de Búsqueda de inteligencia extraterrestre (SETI, por sus siglas en inglés). El SETI escucha las ondas de radio y busca una cadena de información específicamente compleja.

Recientemente, nuestra comprensión del ADN ha dado nueva fuerza a los que defienden el argumento del diseño basados en la información. No se discute que el ADN contenga información. De hecho, almacena y recupera información, corrige cualquier error cuando se copia a sí mismo, contiene información redundante para que, si un gen muta pueda desactivarse y no causar ningún

Este sándwich de queso a la parrilla, del que se dice que contiene una imagen de la Virgen María, se vendió en eBay por 28 000 dólares en 2004 al casino de Internet GoldenPalace.com.

daño, se solapa para que pueda proporcionar información a más de una proteína, es expresable en términos matemáticos (es digital) y alberga tanta información como el volumen medio de una enciclopedia. Pero, como hemos visto, la información no es intrínseca a los objetos físicos naturales.

Al igual que un sonido es un agente que transporta los elementos y convenciones utilizados en el habla para la comunicación, el ADN es simplemente un agente que alberga un conjunto de elementos utilizados para transmitir y almacenar la información necesaria para que el cuerpo se desarrolle y funcione. Pero antes de que el ADN pudiera ser útil, tuvo que haber un lenguaje establecido. El código genético tuvo que existir antes de la existencia del ADN y tener un origen externo a sí mismo. La información no surgió del propio

La idea es que las señales específicamente complejas (por ejemplo, los primeros veinticinco números primos seguidos, como en la novela Cosmos de Carl Sagan) solo pueden proceder de un agente inteligente que desea comunicarse.

ADN, como tampoco un plato de sopa de letras puede decir TE QUIERO. La mejor explicación para la información encontrada en el ADN es que fue impuesta en él por un ser inteligente.

La principal objeción a esta conclusión es la presuposición de que todas las cosas son producto de fuerzas aleatorias y no dirigidas. Llamamos a esta visión del mundo «naturalismo». Pero, como hemos visto, esta posición no puede explicar cómo la información llegó a incluirse en el ADN y cómo el lenguaje

La mejor explicación para la información encontrada en el ADN es que fue impuesta en él por un ser inteligente.

del código genético llegó a existir. Como señala Dembski, «ni los algoritmos ni las leyes naturales son capaces de producir información».[9] La información necesita un informador, alguien que ordene las cosas de una manera determinada para comunicar un contenido específico.

La complejidad como diseño: Complejidad irreducible

El argumento de la complejidad irreducible afirma que algunas cosas son tan simples como podrían ser y seguir funcionando. En palabras del bioquímico Michael Behe: «Un sistema irreduciblemente complejo no puede producirse directamente (es decir, mejorando continuamente la función inicial, que sigue funcionando por el mismo mecanismo) mediante ligeras modificaciones sucesivas de un sistema precursor, por-

Algunas cosas son tan simples como podrían ser y seguir funcionando.

que cualquier precursor de un sistema irreduciblemente complejo al que le falte una parte es, por definición, no funcional».[10] En otras palabras, estas cosas tuvieron que ser creadas; no pudieron evolucionar mediante fuerzas no dirigidas o el azar. Para ilustrar el argumento, Behe utiliza el ejemplo de una ratonera.[11] ¿Qué parte de una ratonera puede quitarse y seguir funcionando?

La respuesta es que no se puede quitar nada sin desactivar completamente el mecanismo. No empezó como un trozo de madera que atrapaba un par de ratones y luego mutó para incluir un resorte, que atrapó unos cuantos ratones más, que luego se adaptó para incluir un martillo, que atrapó aún más ratones. La ratonera está hecha de componentes individuales que, fuera del conjunto de la ratonera, son inútiles. Y si se resta algún componente individual del conjunto, el mecanismo queda inservible. Las sucesivas etapas de desarrollo no llegaron a la ratonera. La ratonera no podría haber evolucionado. Primero fue concebida por una mente y luego creada por un agente inteligente con el poder y la voluntad de actuar.

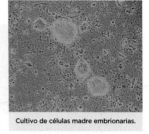

Las implicaciones de esto son enormes. Si hay ejemplos de complejidad irreducible en la biología, entonces la macroevolución, la idea de que la evolución explica los orígenes de la vida y que las especies evolucionan de un tipo a otro, debe ser falsa. El libro de Behe, *La caja negra de Darwin*, expone este argumento utilizando los ejemplos del cilio, el flagelo bacteriano, la coagulación de la sangre, las células animales y los anticuerpos, entre otros. Aunque estos son algunos de los mecanismos biológicos más básicos que conocemos, Behe argumenta que cada una de estas máquinas biológicas es irreductiblemente compleja. Y que cada uno de los componentes de los mecanismos es también irreductiblemente complejo e inútil separado del conjunto.[12]

Cultivo de células madre embrionarias.

Por ejemplo, el flagelo bacteriano es la parte en forma de látigo de una bacteria que le permite moverse —como un motor fuera de borda—, salvo que este motor está refrigerado por agua, cuenta

> *Incluso los mecanismos biológicos más básicos que conocemos son irreductiblemente complejos.*

con una junta universal, tiene engranajes para avanzar y retroceder, puede alcanzar velocidades de 100 000 rpm y puede autoensamblarse y repararse. Demuestra un mecanismo de construcción y una precisión que no puede explicarse por la evolución. La mejor explicación es que fue diseñado y creado por un diseñador inteligente.[13]

Otra máquina biológica utilizada a menudo para ilustrar la complejidad irreducible es el ojo humano. El ojo está formado por más de cuarenta componentes diferentes, cada uno de los cuales contiene una serie de subcomponentes. Si uno de los componentes falla, la visión se ve afectada. De nuevo, la economía de los componentes y la precisión necesaria para la visión delatan a un diseñador.[14]

Una objeción común al uso del ojo como ejemplo de complejidad irreducible es que en la naturaleza se encuentran varios tipos de ojos, que muestran una gran variedad de complejidad. Esta observación se utiliza para defender la evolución. Pero lo que vemos en la naturaleza no es una serie de pasos en una cadena evolutiva. Más bien vemos una variedad de máquinas biológicas irreductiblemente complejas.

Digamos, por ejemplo, que el ojo evolucionó como resultado de procesos aleatorios. ¿Qué nos da eso? Una interfaz sin receptor, como un teclado que no está conectado a un ordenador. Al fin y al cabo, al igual que no hay comunicación real sin que el teclado esté conectado al ordenador, la vista no es vista sin un cerebro que la reciba. El ojo debe

Al igual que no hay comunicación real sin que el teclado esté conectado al ordenador, la vista no es vista sin un cerebro que la reciba.

conectarse al cerebro de alguna manera. Pero ¿cómo sabe el ojo dónde está el cerebro o qué es un cerebro, o incluso que existe o que es necesario para que el ojo sea útil? ¿Y cómo se

conectó el ojo al cerebro? ¿Por qué no se conectó a la nariz o a una rodilla? E incluso si se conectara correctamente al cerebro (una hazaña en sí misma, dadas todas las diferentes partes y funciones del cerebro), ¿cómo supo el ojo hablar un lenguaje que el cerebro entendiera, y viceversa? De nuevo necesitamos un lenguaje creado antes y aparte de la existencia de las cosas que utilizan el lenguaje. Y de nuevo, un diseñador inteligente es la mejor explicación. El ojo no podría haber sido autodirigido o autoorganizado.

Nota técnica

Debemos entender que el argumento del diseño no prueba que el cristianismo sea verdadero, sino que el Dios descrito en la Biblia es consistente con el diseñador inteligente descrito por el argumento. El cristianismo, el judaísmo y el islamismo describen un diseñador inteligente. Las religiones orientales no dan cabida a un ser así, como se demostrará más adelante.

Sin embargo, lo más importante es recordar que la verdad del cristianismo no se sostiene o cae en última instancia con base en la verdad de la macroevolución. Si mañana se demostrara de forma irrefutable que la macroevolución es cierta (en el sentido de que todas las especies tienen una ascendencia común y pueden evolucionar de un tipo a otros nuevos), esto no excluiría ni podría excluir la posibilidad de que Dios la utilice como agente a través del cual realiza Su diseño. Seguiría siendo necesario un agente inteligente que iniciara y dirigiera el proceso, creara los lenguajes y códigos necesarios para el intercambio de información y proporcionara la finalidad y el diseño de los mecanismos biológicos. En resumen, nada de la naturaleza humana habría cambiado en última instancia. Seguiríamos siendo pecadores que necesitan un salvador, independientemente de la forma en que Dios decidiera crearnos.

Conclusión

Todos los enfoques del argumento del diseño intentan mostrar lo mismo: que el naturalismo solo puede explicar algunas cosas; en cierto punto su poder explicativo falla. Pero no es este fracaso el que apunta a un diseñador inteligente (la llamada teoría del «Dios de las lagunas»). La precisión del universo, la naturaleza de la información y la observación de que las fuerzas aleatorias y no dirigidas no pueden dar cuenta de la complejidad de los seres vivos conducen a un diseñador trascendente, personal e inteligente.

Cita destacada

> El mundo es demasiado complicado en todas sus partes e interconexiones para que se deba solo al azar. Estoy convencido de que la existencia de la vida con todo su orden en cada uno de sus organismos está sencillamente demasiado bien armada. Cada parte de un ser vivo depende de todas sus otras partes para funcionar. ¿Cómo lo sabe cada parte? ¿Cómo se especifica cada parte en el momento de la concepción? Cuanto más se aprende de la bioquímica, más increíble resulta, a menos que exista algún tipo de principio organizador, un arquitecto para los creyentes.[15]
>
> —*Allan Sandage*

Notes

1. Merritt Stanley Congdon, «The Lesson of the Rosebush» [«La lección del rosal»], en *The Evidence of God in an Expanding Universe* [La evidencia de Dios en un universo que se expande], ed. John Clover Monsma (Nueva York: Putnam, 1958), 35–36.

2. Tomás de Aquino, *Great Books of the Western World* [Grandes libros del mundo occidental], vol. 19, *Summa Theologica* (Chicago: Encyclopedia Britannica, 1952), 14.

3. Hugh Ross, *The Creator and the Cosmos* [El Creador y el cosmos] (Colorado Springs: NavPress, 1994), 111–14.

4. Ibid., 109–10.

5. Ibid., 129–32.

6. Ibid., 114.

7. NASA—*Scientific and Technical Information* [información científica y técnica], http://www.sti.nasa.gov/tto/spinoff.html.

8. William Dembski, *Intelligent Design* [Diseño inteligente] (Downers Grove, IL: InterVarsity, 1999), 160.

9. Ibid., 153.

10. Michael Behe, *Darwin's Black Box* [La caja negra de Darwin] (Nueva York: Simon & Schuster, 1996), 39.

11. Ibid., 42–43.

12. Ibid., 51–161.

13. Ibid., 70–72.

14. Ibid., 16–21.

15. Allan Sandage, «A Scientist Reflects on Religious Belief» [«Un científico reflexiona sobre la creencia religiosa»], *Leadership U.*, en http://www.leaderu.com/truth/1truth15.html.

CAPÍTULO 4
¿DIOS EXISTE?
EL ARGUMENTO MORAL

Definiciones

¿Son el bien y el mal realidades objetivas que se aplican a todas las personas en todo momento, o son realidades subjetivas únicamente, cuestiones de opinión? ¿Era Adolfo Hitler malo, o simplemente tenía una opinión diferente sobre las cosas? El estudio de la moralidad y los valores se denomina axiología (*axios* significa «valor» en griego). El argumento moral, o axiológico, trata de demostrar que los valores morales deben ser objetivos y universales para tener algún sentido.

Y si los valores morales son objetivos, la fuente debe ser un ser trascendente y personal para el que las acciones y los motivos humanos no son una cuestión indiferente.

El estudio de la moralidad y los valores es llamado axiología.

La opinión moral más extendida en nuestra cultura se llama «relativismo». El relativismo sostiene que las sociedades o los individuos deciden lo que está bien y lo que está mal y que esos valores varían de una cultura a otra o de una persona a otra. No hay verdades morales objetivas y universales, sino convenciones de comportamiento creadas por personas para personas y que están sujetas a cambios. Hay tres formas diferentes de relativismo: el relativismo cultural, el convencionalismo y el subjetivismo ético.

> *El relativismo sostiene que las sociedades o los individuos deciden lo que está bien y lo que está mal y que esos valores varían de una cultura a otra o de una persona a otra.*

Relativismo cultural

El relativismo cultural se basa en la observación de que las distintas culturas parecen tener valores diferentes. Y como todas tienen sistemas de valores diferentes, no debe haber ningún sistema correcto, ninguna moral objetiva. Por ejemplo, algunas culturas, como es evidente en algunos estados de México, declaran que el aborto es aborrecible y han aprobado leyes que lo prohíben. Otras culturas, como la de Estados Unidos, permiten el aborto como una opción legal. Y otras culturas, como China, exigen el aborto en determinadas circunstancias.

> *El relativismo cultural establece que, dado que cada cultura mantiene su propia visión de la moralidad, y dado que estas visiones difieren, no debe haber una moralidad objetiva.*

El relativismo cultural establece que, dado que cada cultura mantiene su propia visión de la moralidad, y dado que estas visiones difieren, no debe haber una moralidad objetiva. Hay varios problemas con esta línea de pensamiento. Uno de ellos es que la observación del comportamiento de las culturas es solo eso: una observación y nada más. En el mejor de los casos, estas observaciones son simples declaraciones de hechos. La moral no es una descripción de cómo son las cosas. La moral es una prescripción de cómo deberían ser las cosas. Que las cosas sean de una manera determinada no significa que deban ser así. Cuando Popeye dice: «Soy lo que soy», es una afirmación de un hecho, no una afirmación moral. Si dijera: «Debería ser lo que soy», estaría haciendo una afirmación moral.

Otro problema del relativismo cultural es su premisa de que las diferentes respuestas a una determinada pregunta significan que no hay una respuesta correcta. El hecho de que México, Estados Unidos y China no estén de acuerdo en la cuestión del aborto no significa que no haya un enfoque correcto o incorrecto del mismo. Si dos jugadores de golf no están de acuerdo en cuántos golpes hizo uno de ellos en un hoyo, no significa que no haya una respuesta incorrecta. O ambos están

equivocados o uno de ellos tiene razón. Los dos no pueden tener razón. Como dicen Francis Beckwith y Gregory Koukl: «El simple hecho de que haya un desacuerdo sobre la moralidad no lleva a la conclusión de que no exista una verdad moral».[1]

Al igual que las culturas desarrollan lenguas, modismos y jerga que difieren entre sí, el relativista cultural ve la moral como una convención de comportamiento que se moldea de la mano de cada cultura. Y al igual que no hay una lengua equivocada, no puede haber una moral equivocada. Pero para hacer este argumento, el relativismo cultural debe presuponer el relativismo, descartando la posibilidad misma de una moral objetiva.

Por último, digamos que alguien no está de acuerdo con el relativismo cultural. Si los relativistas culturales quieren ser coherentes, deben estar de acuerdo en que el hecho de que haya un desacuerdo significa que no hay una visión incorrecta de la teoría moral. Pero, como relativistas culturales, afirman que hay una visión correcta de la teoría moral, el relativismo cultural, y que las

demás visiones son incorrectas. En consecuencia, no pueden vivir su propia filosofía. Por otro lado, si los relativistas culturales afirman que el punto de vista opuesto es una forma incorrecta de pensar en el tema, entonces de nuevo muestran que no son realmente relativistas. Por tanto, el relativismo cultural no es una explicación adecuada de la moral. La diferencia en la moralidad de una cultura a otra es un fenómeno antropológico interesante, pero no puede dar una explicación satisfactoria de la base de la moralidad.

Convencionalismo

La opinión de que cada sociedad decide lo que está bien o mal se denomina convencionalismo. En contraste con el relativismo cultural, que declara que no hay una respuesta correcta o incorrecta, el convencionalismo afirma que hay un bien y un mal, pero que varían de una sociedad a otra. La mayoría manda y la moral se convierte simplemente en lo que es legal.

Si el convencionalismo es cierto, los resultados son contraintuitivos y muy difíciles de vivir. Por ejemplo, supongamos que se aprueba una ley que hace ilegal tener los ojos azules y que la pena por tenerlos es la muerte. La ley no solo no tendría nada de inmoral, sino que, de hecho, ¡sería inmoral tener los ojos azules!

Pero no necesitamos emplear situaciones hipotéticas absurdas para ver cómo sería una sociedad convencionalista. Esta filosofía se adoptó en Alemania en los años 30 y 40. Cuando los nazis declararon que los judíos eran infrahumanos y merecían la muerte, no hubo recurso para los judíos. La ley era la ley; por definición era «moral». La gran comunidad de países que protestó fue ignorada. Después de todo, ¿qué motivos tenían para criticar a la sociedad alemana? Como resultado, seis millones de judíos fueron asesinados sistemáticamente. La defensa que dieron los nazis juzgados en Nuremberg fue el convencionalismo. «No podía estar mal; era la ley —decían—. Solo seguíamos órdenes».

El convencionalismo se hace aún más difícil por su incapacidad de ser reformado. Los campos de concentración alemanes no estaban poblados solo por judíos,

> *La opinión de que cada sociedad decide lo que está bien o mal se denomina convencionalismo.*

> *«No podía estar mal; era la ley —decían—. Solo seguíamos órdenes».*

Campo de concentración de Auschwitz-Birkenau

sino también por alemanes que protestaban contra la ley y la política de los nazis. Si la sociedad define la moralidad, entonces una persona que protesta contra las leyes de esa sociedad es, por definición, inmoral y criminal. Si una sociedad cambiara una ley, no cambiaría de inmoral a moral o de injusta a justa. La ley solo podría cambiar de una norma a otra. Simplemente sería diferente, no mejor ni peor.

Además, si el convencionalismo fuera cierto, entonces los profetas hebreos, Gandhi, Jesús, Gautama Buda, William Wilberforce, la Madre Teresa, Abraham Lincoln y Martin Luther King Jr. estarían entre los criminales más atroces que jamás hayan existido. ¿Su crimen? Señalaron lo que veían mal en la sociedad y declararon que debía cambiarse, que no debía ser así. La criminalización de tales reformadores morales es, por supuesto, tremendamente contraintuitiva y es una indicación más de lo deficiente de la visión convencionalista.

También desde este punto de vista hay que presuponer el relativismo y descartar de plano la moral objetiva. Los objetivistas dicen que la moral es como el Polo Norte: fijo, inamovible y un punto que puede utilizarse para la navegación. Los convencionalistas pueden plantar el Polo Norte donde la mayoría diga que va. Y puede moverse si la mayoría decide que debe estar en otro lugar. No solo eso, cualquiera que no se oriente hacia el polo está actuando inmoralmente.

En última instancia, el convencionalismo tiene que ver con el poder, no con la moral. Soplara como soplara el viento, la voluntad de la mayoría es lo que es moral. Como una banda de matones que obliga a someterse a quienes se atreven a oponerse a ellos, el convencionalismo impone sus preferencias a todo el mundo definiéndose a sí mismo en el poder. Y al igual que el relativismo cultural, es una explicación inadecuada de la moral.

Subjetivismo ético

La forma más extendida de relativismo es, con mucho, el subjetivismo ético. Según este punto de vista, los individuos deciden lo que está bien o mal para ellos mismos y solo para ellos. La moral se vuelve fluida y privatizada, cambiando para adaptarse a las circunstancias y conformándose a la conveniencia. La moral no es más que una preferencia y un punto de vista personal. «Lo que es cierto para ti es cierto para ti, y lo que es cierto para mí es cierto para mí» es un estribillo familiar del subjetivismo ético. «¿Quién eres tú para juzgar?» es otro. Alister E. McGrath observa este tipo de relativismo cuando «do significante ha sustituido al significado como foco de orientación y valor».[2]

> «Lo que es cierto para ti es cierto para ti, y lo que es cierto para mí es cierto para mí» es un estribillo familiar del subjetivismo ético.

La primera víctima del subjetivismo ético es el lenguaje. La conversación sobre valores y temas morales se vuelve completamente incoherente. Ya no se puede decir que algo esté bien o mal. Lo mejor que se puede decir es «elijo no hacer eso porque es malo para mí» o «no prefiero eso». Un subjetivista ético no podría calificar los atentados terroristas del 11 de septiembre de 2001 de malvados, ni siquiera de erróneos. Y nada podría llamarse correcto o bueno. Esto se debe a que no solo se descarta la condena, sino también el elogio. Un subjetivista ético podría decir que quienes arriesgaron sus vidas y quizá sufrieron heridas importantes al rescatar a la gente del *World Trade Center* hicieron algo bueno. Pero lo que ellos entienden por «bueno» es muy diferente de lo que la mayoría de los hispanohablantes quieren decir cuando atribuyen el bien a esas acciones. Si alguien les contradijera diciendo: «Creo que fue malo rescatar a la gente», solo podrían responder: «Bueno, esa es tu opinión. Y tu opinión es tan válida como la mía». La verdad es que muy pocas personas se sentirían cómodas con esta postura.

Tal vez el defecto fatal de este punto de vista es que es descaradamente autorefutante. ¿Es toda la verdad relativa? Si la respuesta es afirmativa, ¿qué debemos hacer con esa misma afirmación, ya que sería universalmente verdadera? Y si no es cierta para todo el mundo, entonces ¿por qué los relativistas imponen su moral a otras personas? En cualquier caso, cae sobre su propia espada. Paul Copan señala que la afirmación del relativismo comete la «falacia de la autoexclusión», al pretender que una afirmación es verdadera para todos menos para uno mismo.[3]

«Algo puede ser verdadero para una persona, pero falso para otra» no cumple su propio criterio de verdad. Piénsalo: mientras que una cosmovisión puede ser internamente consistente o lógica y aun así ser falsa, ninguna cosmovisión puede ser verdadera si se contradice a sí misma.[4]

Una forma muy eficaz de exponer lo deficiente del subjetivismo ético es utilizar ejemplos de claridad moral obvia que se aplican a todas las personas en todo momento y en todo lugar. «Torturar a los bebés por diversión está mal» es un ejemplo muy utilizado. Ante esta afirmación, un subjetivista ético se encontraría en la nada envidiable posición de tener que argumentar en contra. Puede que personalmente no piense que está bien, pero no podría decir que está mal y ser coherente. Imagina qué tipo de personas produce este sistema. En este sistema, un subjetivista ético debe pasar de largo al presenciar una violación, ya que no puede condenarla. Después de todo, lo que es correcto para el violador puede no serlo para un subjetivista ético. Los subjetivistas éticos deben permitir que los intrusos entren en su casa, que los ladrones la roben y que los pirómanos la quemen, siempre y cuando los intrusos, los ladrones y los pirómanos no crean que sus actos son incorrectos. Pero nadie vive así. ¿O no?

Una forma de medir un sistema moral es observar el tipo de héroes que produce el sistema. Tomemos la postura moral objetiva de la visión judeocristiana. Los héroes son muchos y poderosos: Jesús, la Madre Teresa y Martin Luther King Jr. vienen inmediatamente a la mente.

¿Pero qué pasa con el subjetivismo ético? ¿Qué clase de héroe ejemplifica mejor los ideales de creer que ellos humanos individuales definen el bien y el mal? Los héroes del subjetivismo ético van mucho más allá de los holgazanes, los egocéntricos y los individualistas. Vivido de forma coherente, el subjetivismo ético produce monstruos morales, personas que no viven la necesidad de preocuparse por los demás, personas que no se controlan ni rinden cuentas más que por decreto personal. Como señalan Beckwith y Koukl: «El relativista por excelencia es un sociópata, alguien sin conciencia».[5] Jack el Destripador, Charles Manson, Ted Bundy, Albert Fish (una de las personas en quien se basó Hannibal Lecter), Ed Gein (quien dio origen a Norman

Bates en *Psicosis*, *La matanza de Texas* y Buffalo Bill en *El silencio de los inocentes*). Estos son los héroes del relativismo ético.

Moralidad objetiva

La moral no es una opinión. No son decisiones personales y privadas, ni descripciones de la conducta. Son prescripciones de comportamiento y motivación que tienen la fuerza de un mandato. Contienen un sentido de la obligación y del deber que es universal y autorizado y que supera las consideraciones de cultura, tiempo y lugar.

Para entender cuáles son nuestras obligaciones morales, no lo hacemos de forma científica. La ciencia investiga el mundo físico, recoge hechos y saca conclusiones de esos hechos. Las leyes científicas no nos dicen lo que debe ocurrir, sino lo que probablemente ocurrirá en determinadas circunstancias. Las leyes científicas son simplemente descriptivas.

Si la moral no puede basarse en descripciones del mundo, tampoco puede derivarse de la razón. La razón nos ayuda a reconocer las contradicciones, pero no la moralidad de las proposiciones. Por ejemplo, si alguien te dijera: «Yo siempre miento», utilizarías la razón para entender que se trata de una afirmación paradójica. Si es verdadera, entonces es falsa, y si es falsa, entonces es verdadera. Pero la razón no nos dice nada sobre si mentir está bien o mal o si la confesión veraz es una virtud o no.

Una forma de llegar al conocimiento moral es de forma directa. Conocemos la moral a través de la intuición. Este conocimiento inmediato es importante porque algunas cosas se conocen solo en sí mismas. No es necesario investigar los hechos ni razonar. Esto es precisamente lo que demuestran los ejemplos de casos claros, como que torturar a los bebés por diversión está mal. La razón no nos ayuda a responder a esta afirmación. Y nadie tiene que investigar qué es la tortura, qué son los bebés y qué es la diversión antes de poder adoptar una postura moral al respecto. Esto es evidente; el conocimiento y nuestra intuición nos permiten reconocerlo como tal. (Observemos que la intuición moral no significa una vaga sospecha, una premonición o un sentimiento persistente. La intuición moral es una forma genuina de conocimiento).

Hay varias formas de demostrar que todas las personas, incluso las autoproclamadas relativistas, creen realmente en la moral objetiva. Como hemos mostrado, una forma es a través de ejemplos de casos claros. Estos ejemplos no tienen por qué limitarse a afirmaciones extravagantes como el ejemplo de la tortura. A menudo, las conversaciones ofrecen la oportunidad de plantear esta cuestión de una manera mucho más personal:

El pensador cristiano Francis Schaeffer tuvo una vez una conversación con varios estudiantes, uno de los cuales no estaba de acuerdo con

el objetivismo moral de Schaeffer. El estudiante creía que, en última instancia, no había diferencia entre la crueldad y la no crueldad. Otro estudiante que estaba escuchando decidió poner esa creencia a la prueba. Cogió una tetera llena de agua hirviendo y la sostuvo sobre la cabeza del primer estudiante como si fuera a verterla sobre él. Entonces dijo: «No hay diferencia entre la crueldad y la no crueldad».

El primer alumno se levantó y salió del salón.[6]

El filósofo J. P. Moreland cuenta que una vez habló sobre el relativismo con un estudiante en un dormitorio. El estudiante dijo básicamente que lo que era cierto para él era cierto para él y lo que era cierto para Moreland no era menos legítimo, aunque pudiera ser diferente. Moreland agradeció al estudiante su tiempo, recogió el equipo de música del estudiante y comenzó a marcharse. El estudiante, como era de esperar, protestó. Moreland dijo que estaba de acuerdo con el estudiante, que la moral era una cuestión personal, y continuó diciendo que no creía que robar estuviera mal. Está bien que el estudiante pensara que robar está mal, pero no debería imponer su moral a quienes piensan que está bien.[7]

John Silber, presidente (1971-1996) y rector (1996-2003) de la Universidad de Boston, fue uno de los educadores más innovadores de Estados Unidos. Antes de ir a Boston, el profesor Silber fue presidente del departamento de filosofía de la Universidad de Texas y posteriormente decano de la Facultad de Artes y Ciencias. Durante su estancia en Texas, impartía anualmente un curso para algunos de los

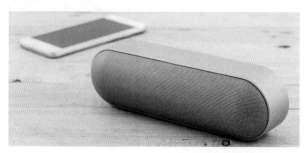

estudiantes más brillantes de primer año. Silber relata
la siguiente historia de un estudiante que llegó a ver lo
inadecuado del relativismo.

> A la clase se le había asignado el diálogo *Protágoras* de
> Platón, en el que Protágoras argumenta que el hombre
> es la medida de todas las cosas. Al escribir este trabajo,
> un excelente estudiante llegó a la conclusión de que el
> individuo es la medida de todas las cosas, y que cualquiera
> que sea la opinión de uno sobre cualquier tema, es tan
> válida y verdadera como la de cualquier otro. Lo reprobé.
>
> Cuando este buen estudiante recibió la nota, se sorprendió y
> vino a hablar conmigo al respecto. Le dije: «¿De qué te quejas?
> Tu argumento me pareció convincente y mi nota se desprende
> estrictamente de tu propio argumento. Como la opinión de
> cualquiera es válida, mi opinión es que tu trabajo merece esa
> nota». El estudiante finalmente vio la devastadora implicación de
> su conclusión. Vio que la afirmación de que todos los juicios son
> relativos es, de hecho, autorrefutante.[8]

Lo que hace que los ejemplos de Schaeffer, Moreland y Silber sean
tan poderosos es que vieron la oportunidad de sacar sus conversaciones
de lo abstracto y ponerlas en el mundo cotidiano en el que todos vivimos.
Desde este punto de vista, la fuerza de la posición objetivista es innegable,
por mucho que alguien intente resistirse a ella.

Según el relativismo, un individuo es la medida de todas las cosas; sea cual sea la
opinión de uno sobre cualquier tema, es tan válida y verdadera como la opinión de cualquier otra persona.

Otra demostración sería exponer que un relativista espera ser tratado con respeto
y dignidad. Un objetivista podría preguntar si hay alguna razón para no maltratar
verbalmente, rebajar y ridiculizar al relativista. Un relativista tendría que aceptar el
abuso o no dar ninguna respuesta para seguir siendo coherente. Sin embargo, el
relativista protestará con toda seguridad si
recibe este tipo de trato porque su intuición
moral le señala que está mal tratar a la
gente de esta manera.

Una tercera forma de exponer el objetivismo en un relativista es descubrir la
pasión de esa persona y relativizarla.
Digamos, por ejemplo, que un relativista
cree profundamente en los derechos de los
animales y está muy involucrado en PETA
(Personas por el trato ético de los animales).
Un objetivista moral podría contarle al
relativista que está tratando de encontrar
un nuevo champú y quiere probar un par
de marcas frotando el champú en los ojos
del perro del relativista para ver si hay
alguna reacción adversa. Los relativistas
traicionarán lo que dicen creer y objetarán

estas acciones. Y con razón. Pero al objetar, han demostrado la realidad del objetivismo moral: las leyes morales no son puntos de vista personales.

Así que el subjetivismo ético se une al relativismo cultural y al convencionalismo como una teoría moral inadecuada. Además, el objetivismo se erige como la única visión coherente de la moral y la única forma en la que se puede vivir de forma consistente.

¿De dónde viene la moral?

En este punto del argumento, todo lo que se ha mostrado es que hay buenas razones para creer que la moral objetiva existe. Ahora surgen dos preguntas: ¿de dónde viene la moral? y ¿por qué debemos obedecerla? Para encontrar el origen, debemos fijarnos en las características de la moral.

- La moral consiste en prescripciones de comportamiento y motivos, no en descripciones del mundo.
- La moral consiste en mandatos, no en sugerencias. La moral dice: «Haz esto» y «No hagas aquello», no «Sería bueno que hicieras esto o te abstuvieras de hacer aquello».
- La moral tiene un alcance universal. La moral se aplica a todas las personas en todos los lugares y en todo momento.
- La moral es objetiva. El bien y el mal existen fuera de nuestras creencias y con independencia de ellas.
- La moral tiene autoridad. Estamos obligados a obedecer sus mandatos.

¿Qué tipo de ser tiene estas características? Las prescripciones y los mandatos son formas de comunicación, y la comunicación solo se produce entre mentes. Como han escrito Beckwith y Koukl: «No puede haber una orden si nadie habla».[9]

Además, como la moral tiene que ver con el propósito y la voluntad, la fuente de la moral también debe tener propósito y voluntad. De nuevo, estas cosas solo provienen de las mentes. Dado que la

La moral procede de una persona trascendente que tiene el poder y la autoridad para imponernos una ley moral.

Sin Dios, la culpa es un estado mental pasajero que carece de sustancia y es, en última instancia, ilusoria.

moral es universal y trasciende a los individuos, las sociedades y el tiempo, la fuente debe ser universal y trascendente. Como la moral es autoritaria, debe provenir de una autoridad, y la autoridad solo puede tenerla una persona. Por último, esta persona debe tener el poder de imponer su voluntad moral. Esta persona también debe ser capaz de proporcionarnos la capacidad de conocer esta voluntad moral a través de la intuición. Así pues, la moral procede de una persona trascendente que tiene el poder y la autoridad para imponernos una ley moral. Y a esta persona la llamamos Dios. (Una variante de este argumento es la «Cuarta vía» de Aquino para demostrar la existencia de Dios).[10]

Otro indicio de la procedencia de la moral se encuentra en lo que ocurre cuando violamos la ley moral. No solo todos tenemos la capacidad de ignorar nuestra intuición y hacer lo que sabemos que está mal, sino que todos lo hemos hecho muchas veces. El resultado es la culpa.

¿Hacia quién nos sentimos culpables? A veces es evidente para nosotros. Si hemos mentido a alguien, nos sentimos culpables ante la persona a la que hemos engañado. Otras veces, el objeto de nuestra culpa no es tan obvio, por ejemplo, cuando nuestra culpa proviene de nuestros propios pensamientos o motivos. ¿Con quién nos sentimos culpables entonces? La respuesta tiene que ver con quién, no con qué. Nos sentimos culpables ante personas, no ante objetos. Es difícil imaginarnos sintiéndonos culpables ante una ventana rota o un automóvil destrozado, pero es fácil imaginarnos sintiéndonos culpables ante el dueño de la ventana o del automóvil. Y no solo nos sentimos culpables hacia la persona a la que engañamos o perjudicamos, sino que entendemos que la ley vino de alguien, no de algo, y nos sentimos culpables hacia esa persona.

Es razonable sugerir que las leyes morales provienen de un legislador moral, y es a este legislador a quien la culpa debe su fuerza. Y si la ley moral es trascendente, universal y con autoridad, también debe serlo el legislador. Si la moral conlleva obligaciones, entonces es el legislador a quien estamos obligados. Si la moral es prescriptiva, es el legislador quien la prescribe. Y una persona trascendente, inmutable, autorizada, prescriptora y moral a la que estamos obligados es lo que llamamos Dios. Sin Dios, la culpa es un estado mental pasajero que carece de sustancia y es, en última instancia, ilusoria.

¿De dónde viene la moral de Dios?

Algunos filósofos, como Platón, han planteado la cuestión de si Dios es el fundamento de la moral.[11] La primera posibilidad es que la moral sea simplemente la opinión de Dios o un decreto personal. Esto significa que las cosas son buenas o malas solo porque Dios lo dijo, y que lo que es bueno podría haber sido declarado malo con la misma facilidad. Por lo tanto, la moral es arbitraria y no tiene ninguna fuerza u obligación real. La otra posibilidad es que Dios entienda lo que es bueno porque la bondad existe aparte de Él. Esto haría que Dios respondiera a una ley ajena a Él.

Según este punto de vista, Dios no sería soberano y sería muy diferente de Dios tal y como se revela en las Escrituras. La fuente de la moral sería impersonal, lo que eliminaría su naturaleza autoritaria. De cualquier manera, la posición objetivista está en problemas. ¿O no? ¿Son realmente esas dos hipótesis las únicas posibilidades?[12]

Hay una tercera posibilidad que responde a ambas objeciones y muestra que el objetivismo moral es completamente coherente. Esta explicación declara que la bondad es un reflejo del carácter de Dios. La bondad no es externa a Dios, ni es algo que tenga autoridad sobre Dios. Más bien, se llama bueno a lo que corresponde a Su carácter. Sus preferencias son extensiones de Su carácter, no una decisión arbitraria de Su parte. Como Su carácter no cambia, la moral se basa en el propio carácter de Dios.

¿Qué pasa con los conflictos morales?

La mayoría de los conflictos morales no tienen nada que ver con la moral. De hecho, hay un gran acuerdo en cuestiones morales cuando se estudian los sistemas morales de otras culturas y religiones.[13] Son, en el fondo, disputas fácticas. Tomemos de nuevo la cuestión del aborto. La posición provida sostiene que está mal quitarle la vida a un ser humano inocente. La posición proelección está de acuerdo con la posición provida en este punto esencial. La diferencia es que la posición proabortista no está de acuerdo en que el feto, el blastocisto o el embrión sea un ser humano. En el fondo, el debate es fáctico. Una vez que se responde a esta cuestión, las prescripciones de la moral pueden entrar en la discusión, y el aborto se reconoce como un procedimiento moralmente neutro y completamente aceptable o como un asesinato.

Los deberes genuinamente conflictivos deben tratarse caso por caso. En cada caso, probablemente encontraremos que la moral parece tener una propiedad jerárquica. Siempre parece haber un bien mayor o un mal menor entre los que elegir. Por ejemplo, imagina que tu bebé es rehén de un hombre con una pistola. El hombre dice que disparará al bebé a menos que robes el banco de enfrente y le lleves el dinero. Robar siempre está mal, pero matar a un bebé es un mal mucho más atroz. Reconocer esa jerarquía nos da información sobre lo que debemos hacer.

Conclusión

En conclusión, el relativismo moral resulta no ser un sistema moral en absoluto, sino simplemente un conjunto de opiniones. Estas opiniones no tienen ningún sentido del deber o de la autoridad y pueden cambiar en cualquier momento. Parece claro que, aunque mucha gente defiende esta filosofía, nadie la vive. Como ha señalado Paul Copan:

- El relativismo... no es solo emocionalmente ofensivo. No se sostiene lógicamente. No puede sostenerse como cosmovisión.[14]
- El relativismo es una moral que funciona en un buen día, pero en cuanto una persona es perjudicada, cree instantáneamente en los absolutos morales.
- El objetivismo es la única visión coherente de la moral. Solo el objetivismo da sentido a nuestra experiencia, a nuestra percepción de la sociedad y de las leyes, a nuestra intuición y a la culpa. Es la única visión de la moral que puede vivirse de forma coherente. Y apunta con fuerza a la existencia de un Dios trascendente, poderoso y personal.

Cita destacada

Siempre que encuentres a un hombre que diga que no cree en
el verdadero bien y mal, encontrarás al mismo hombre retractándose
un momento después. Puede romper su promesa contigo, pero si intentas

romper una con él, se quejará de que «no es justo» antes de que puedas decir «Jack Robinson». Una nación puede decir que los tratados no importan; pero al minuto siguiente, echan a perder su caso diciendo que el tratado concreto que quieren romper era injusto. Pero si los tratados no importan, y si no existe el bien y el mal, [...] ¿cuál es la diferencia entre un tratado justo y uno injusto? ¿No se han llevado el gato al agua y han demostrado que, digan lo que digan, realmente conocen la ley de la naturaleza como cualquier otra persona?[15]

—*C. S. Lewis*

Notes

1. Francis J. Beckwith y Gregory Koukl, *Relativism: Feet Firmly Planted in Mid-Air* [Relativismo: Pies firmes en el aire] (Grand Rapids: Baker, 1998), 46.

2. Alister E. McGrath, *Intellectuals Don't Need God* [Los intelectuales no necesitan a Dios] (Grand Rapids: Zondervan, 1993), 175–76.

3. Paul Copan, *True for You, but Not for Me* [Verdadero para ti, pero no para mí] (Minneapolis: Bethany House, 1998), 24.

4. Ibid., 24.

5. Beckwith y Koukl, *Relativism*, 31.

6. Véase Francis A. Schaeffer, *The God Who Is There* [El Dios que está ahí] (Downers Grove, IL: InterVarsity, 1968), 101.

7. J. P. Moreland, «Arguments for the Existence of God» [«Argumentos a favor de la existencia de Dios»], conferencia en Biola University.

8. Correspondencia con John Silber, 19 de octubre de 2005.

9. Beckwith y Koukl, *Relativism*, 167.

10. Tomás de Aquino, *Great Books of the Western World* [Grandes libros del mundo occidental], vol. 19, *Summa Theologica* (Chicago: Encyclopedia Britannica, 1952), 13.

11. Plato, «Euthyphro», *The Dialogues of Plato* [Diálogos de Platón], vol. 2, trad. B. Jowett (Oxford University Press, 1892), 75–93.

12. En la ética islámica, este es efectivamente el dilema, ya que la norma moral objetiva es obedecer lo que Dios quiera y, por tanto, es arbitraria o está sujeta a una ley moral que existe aparte de Dios. Esto difiere de la ética cristiana, en la que la norma moral objetiva se basa en el carácter de Dios, no simplemente en Su voluntad. Cp. Norman L Geisler y Abdul Saleeb, *Answering Islam* [Respondiendo al Islam] (Grand Rapids: Baker, 1993, 2002), 138.

13. Un estudio como este fue realizado por C. S. Lewis e incluido como apéndice en *The Abolition of Man* [La abolición del hombre] (Nueva York: Macmillan, 1947, 1955), 95–121.

14. Copan, *True for You, but Not for Me*, 23.

15. C. S. Lewis, *Mere Christianity* [Mero cristianismo] (HarperCollins: New York City, 2001), 6–7

CAPÍTULO 5
¿CUÁL DIOS EXISTE?

El elefante y los sabios ciegos

Cada religión presenta una imagen diferente de Dios. Aunque a menudo hay similitudes entre estas imágenes, como la afirmación de que las personas necesitan la salvación, estas similitudes no suponen más que una base común superficial. Hay diferencias importantes y fundamentales, como la forma de alcanzar esa salvación. Estas diferencias fundamentales son las que hacen que cada religión sea distinta, ya que no pueden conciliarse. Lógicamente, las afirmaciones contradictorias no pueden ser todas verdaderas; o una imagen de Dios es verdadera o todas son falsas.

Muchos han argumentado que cada religión tiene una parte de la imagen de Dios, y que todas las piezas juntas forman la imagen completa. Esto se ilustra con la historia del elefante y los sabios ciegos.[1]

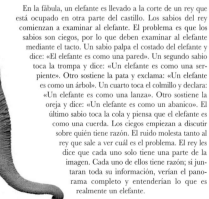

En la fábula, un elefante es llevado a la corte de un rey que está ocupado en otra parte del castillo. Los sabios del rey comienzan a examinar al elefante. El problema es que los sabios son ciegos, por lo que deben examinar al elefante mediante el tacto. Un sabio palpa el costado del elefante y dice: «El elefante es como una pared». Un segundo sabio toca la trompa y dice: «Un elefante es como una serpiente». Otro sostiene la pata y exclama: «Un elefante es como un árbol». Un cuarto toca el colmillo y declara: «Un elefante es como una lanza». Otro sostiene la oreja y dice: «Un elefante es como un abanico». Otro el último sabio toca la cola y piensa que el elefante es como una cuerda. Los ciegos empiezan a discutir sobre quién tiene razón. El ruido molesta tanto al rey que sale a ver cuál es el problema. El rey les dice que cada uno solo tiene una parte de la imagen. Cada uno de ellos tiene razón; si juntaran toda su información, verían el panorama completo y entenderían lo que es realmente un elefante.

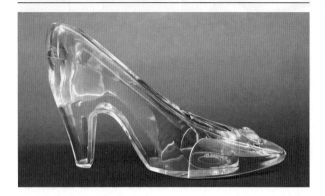

El problema de esta ilustración es que, si Dios fuera el elefante y nosotros los sabios ciegos, no quedaría nadie que fuera el rey que viera la imagen completa. Nadie está lo suficientemente alejado de la situación como para tener una visión clara. Irónicamente, la ilustración que trata de mostrar que nadie tiene una visión correcta de Dios, en realidad ilustra justo lo contrario. Para hacer esta afirmación, una persona debería tener una visión correcta de Dios, que es precisamente lo que la afirmación niega. Esto nos lleva de nuevo a la cuestión de cuál Dios existe.

La zapatilla de cristal

Los argumentos de los tres capítulos anteriores no solo nos proporcionan buenas razones para creer en la existencia de Dios, sino que también nos proporcionan una lista parcial de los atributos de Dios. Los argumentos cosmológicos y de diseño muestran que Dios es necesario, poderoso, trascendente, no contingente, inteligente y personal. El argumento moral muestra que Dios tiene una voluntad moral, un propósito sobre cómo debemos vivir, que está comprometido con el mundo y que los motivos y las acciones de los seres humanos le importan. Por último, hay que añadir que Dios es único, que no hay nada ni nadie como Dios. Si Dios, tal como se ha descrito, existe, no hay nada fuera de Él que no haya creado; no podría existir ningún otro dios.

Si podemos encontrar el pie que encaja, encontraremos una religión que mantiene una visión precisa de Dios.

En consecuencia, estos argumentos nos proporcionan una especie de zapatilla de cristal tipo Cenicienta, un conjunto de criterios que debe cumplir cualquier descripción exacta de Dios. Si podemos encontrar el pie que encaja, encontraremos una religión que mantiene una visión precisa de Dios. Cualquier visión que niegue uno o más de estos atributos debe presentar una visión falsa de Dios o debe explicar la discrepancia. Ahora, tomemos la zapatilla de cristal en busca de su dueño.

Ateísmo

El ateísmo afirma que Dios no existe o que, si existe, no podemos saber nada de Él (lo que equivale prácticamente a lo mismo). El universo físico es lo único que existe y punto. Obviamente, esto no se corresponde con un solo atributo de la zapatilla de cristal. El ateísmo rechaza todas las conclusiones de los argumentos cosmológicos, de diseño y morales. Pero el ateísmo no proporciona explicaciones alternativas adecuadas de cómo llegó a existir el universo, de la aparición

Ateísmo: Dios no existe o que, si existe, no podemos saber nada de Él.

del diseño en el universo y de la existencia de la moral. Las ideas de los infinitos reales en el mundo, la macroevolución y el relativismo intentan proporcionar estas explicaciones, pero todas son profundamente defectuosas.

La única religión que se adhiere propiamente a una forma de ateísmo es el budismo. El budismo considera que la existencia de Dios es, en última instancia, irrelevante. Dios no es necesario en el sistema budista; si Dios existiera, nada del budismo cambiaría. Es una religión sin Dios. Aunque la fuerza de los argumentos a favor de la existencia de Dios es poderosa, muchas personas importantes, brillantes e incluso admirables de todos los ámbitos de la vida han rechazado esos argumentos. El autor Isaac Asimov parece no inmutarse ante tales argumentos.

> La noción de un universo eterno introduce un gran número de dificultades, algunas de ellas aparentemente (al menos en el estado actual de nuestros conocimientos científicos) insuperables, pero a los científicos no les molestan las dificultades; todas ellas forman parte del juego. Si desaparecieran todas las dificultades y se respondieran todas las preguntas, el juego de la ciencia se acabaría.[2]

Una característica fascinante de la afirmación de que no existe Dios es que su conclusión lógica es autorrefutante. Afirmar que Dios existe es simplemente decir que las cosas que existen. Pero afirmar que Dios no existe es decir de todas las cosas que existen, Dios no está entre ellas. Pero ¿quién puede afirmar honestamente tal cosa? Para hacer esa afirmación honestamente, una persona debe tener un conocimiento completo y exhaustivo de todo lo que existe. Y la única persona que puede hacer esa afirmación honestamente es Dios, ¡la misma persona que el ateo está tratando de negar! El filósofo ateo Bertrand Russell dio este rechazo:

> La religión se basa, creo, principal y fundamentalmente en el miedo. En parte es el terror a lo desconocido y en parte, como he dicho, el deseo de sentir que tienes una especie de hermano mayor que estará a tu lado en todos tus problemas y disputas. El miedo es la base de todo: el miedo a lo misterioso, el miedo a la derrota, miedo a la muerte [...]. La ciencia puede enseñarnos, y creo que nuestros propios corazones pueden enseñarnos, a no seguir buscando apoyos imaginarios a nuestro alrededor, a no inventar aliados en el cielo, sino a mirar nuestros propios esfuerzos aquí abajo

Karl Marx

Friedrich Nietzsche

Hellen Keller

para hacer de este mundo un lugar adecuado para vivir, en lugar del tipo de lugar en el que las iglesias en todos estos siglos lo han convertido.[3]

Para ser justos, hay que decir que muchos ateos se limitan a afirmar que no podemos saber nada de Dios. A veces conocido como «agnosticismo fuerte», esta forma de ateísmo tiene sus propios problemas. ¿De dónde saca un «agnóstico fuerte» su información sobre la incognoscibilidad de Dios?

Como en el caso del ateísmo, una persona tendría que saberlo todo para saber con certeza que algo es incognoscible. Por lo tanto, solo Dios podría saber si Dios es incognoscible.

Como el ateísmo no corresponde a ninguno de los diez atributos que hemos aprendido sobre Dios, podemos rechazar el ateísmo como una forma válida de entender a Dios. No hay ni un pie para intentar poner la zapatilla de cristal. Una muestra rápida de otros ateos notables incluye a:

- Sigmund Freud
- Charles Darwin
- Friedrich Nietzsche
- Karl Marx
- Francis Crick, codescubridor del ADN
- Helen Keller
- Thomas Edison
- Woody Allen
- Ayn Rand
- Frank Zappa
- Kurt Vonnegut Jr.

Agnosticismo

La palabra agnóstico significa no tener conocimiento. El punto de vista que declara que Dios es desconocido, pero no necesariamente incognoscible, es el agnosticismo. Este punto de vista es a menudo caracterizado por sus adherentes como un terreno neutral —que no están ni a favor ni en contra de la afirmación de que Dios existe—. Para el agnóstico, el jurado todavía no ha llegado a un veredicto.

El agnosticismo débil no es un punto de vista sobre Dios, sino una descripción del estado actual de falta de conocimiento e indecisión de un individuo. El agnosticismo de cualquier tipo no aborda ningún atributo del zapato de cristal.

Panteísmo

El panteísmo es la opinión de que todo lo que existe es Dios. Hay varias expresiones diferentes de panteísmo. Una de ellas sostiene que Dios es una fuerza que está en todas las cosas (piensa

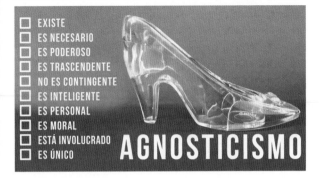

EXISTE
ES NECESARIO
ES PODEROSO
ES TRASCENDENTE
NO ES CONTINGENTE
ES INTELIGENTE
ES PERSONAL
ES MORAL
ESTÁ INVOLUCRADO
ES ÚNICO

AGNOSTICISMO

en *La guerra de las galaxias*). Otro punto de vista ve a Dios como la totalidad de todo. Todo es uno y uno es todo. Otros consideran que Dios se manifiesta en muchas formas, cada una de las cuales es una parte de la suprema realidad. (¡Los hindúes tienen hasta 330 000 000 dioses!) Muchos panteístas creen que la naturaleza es solo una parte del todo. Otros creen que la realidad material es solo una ilusión. Los panteístas creen que Dios es impersonal. Y como todo lo que existe es parte de Dios, nosotros mismos somos parte de Dios, fragmentos del todo divino. Como Dios es impersonal, nuestra persona individual es solo una ilusión. Cuando morimos, somos absorbidos por el todo impersonal. En el panteísmo, las dualidades u opuestos no existen. Las cosas son o no son; son reales o son una ilusión; existen o no existen. Esto significa, por ejemplo, que no puede haber lo correcto y lo incorrecto, el bien y el mal, o lo verdadero y lo falso. Como Dios es impersonal, no puede tener una voluntad moral. Lo que es, es la realidad; lo demás es ilusión. No hay distinciones morales. Algunos dioses del panteón hindú son tanto benévolos como malévolos. En el panteísmo, en última instancia, no hay diferencia entre la benevolencia y la malevolencia. La lógica y la razón también son ejemplos de ilusiones. Como la lógica y la razón tratan con opuestos (las cosas son verdaderas o falsas), no existen. No tienen sentido.

Panteísmo: todo lo que existe es Dios.

El panteísmo no da cuenta de las características de la realidad que se expresan en los argumentos cosmológicos, de diseño y morales. Como el panteísmo dice que Dios es impersonal, Dios no puede ser inteligente, porque solo las personas tienen inteligencia. Y Dios no puede estar comprometido con el mundo, porque la intencionalidad y el compromiso son también características exclusivas de las personas. Además, si todo lo que existe es en sí mismo una parte de Dios, entonces nada puede ser trascendente. Por último, en el panteísmo el universo es eterno e inmutable; no tiene principio ni fin. Esto requeriría la existencia de infinitos reales, algo que es claramente falso, como se mostró en el argumento cosmológico de Kalam en el capítulo 2.

Una corriente de panteísmo se basa en la observación de que la misma materia y energía que hacen el universo nos hacen a nosotros. Somos hechos por el universo, sostenidos por el universo, destruidos por el universo y devueltos al universo después de nuestra muerte. El universo es todo lo que existe. El asombro, la reverencia, la humildad y el respeto derivan de una comprensión adecuada del universo.

Esta corriente de pensamiento se denomina panteísmo científico. Una diferencia importante del panteísmo científico es que no niega los opuestos. Por el contrario, se basa en gran medida en la lógica y la razón. Si observamos nuestra lista, vemos que el panteísmo solo corresponde a cinco de los diez atributos de la realidad que componen nuestro zapato de cristal.

- EXISTE
- ES NECESARIO
- ES PODEROSO
- ☐ ES TRASCENDENTE
- ☐ NO ES CONTINGENTE
- ES INTELIGENTE
- ES PERSONAL
- ES MORAL
- ☐ ESTÁ INVOLUCRADO
- ES ÚNICO

PANTEÍSMO

Las religiones que tienen una visión panteísta de Dios incluyen el hinduismo, el taoísmo, algunas formas de budismo, el movimiento de la Nueva Era, el paganismo, algunas formas de universalismo unitario, la ciencia cristiana y la cienciología.

Entre los adeptos al panteísmo de una u otra forma se encuentran
- Carl Sagan
- Albert Einstein
- Henry David Thoreau
- Oscar Wilde
- Henri Matisse

A pesar de que ha tenido algunos adherentes brillantes, el panteísmo está plagado de problemas difíciles. Uno de ellos tiene que ver con la moral. Si, cuando morimos, todos somos absorbidos por el todo impersonal, entonces todos compartimos el mismo destino. La forma de vivir no supone ninguna diferencia. No hay motivo para la moralidad. La Madre Teresa y Adolfo Hitler comparten el mismo destino. Esto no solo es contraintuitivo, sino que es un fundamento ineficaz para la vida.

Los panteístas también afirman que somos una parte de Dios, y que Dios es inmutable. Pero si podemos llegar a comprender que somos una parte de Dios, entonces hemos cambiado. Por lo tanto, Dios cambiaría porque nosotros cambiamos.

Albert Einstein

Oscar Wilde

Henry David Thoreau

El panteísmo tiene una respuesta conveniente para esta contradicción: no existe la lógica ni la razón. El problema con esta solución es que utiliza la lógica y la razón para afirmar que la lógica y la razón no existen. O existen la lógica y la razón o no existen. Hacer tal afirmación, o cualquier afirmación, presupone la lógica y la razón. La lógica es ineludible.

Y, como ya se ha dicho, el panteísmo exigiría la existencia de infinitos reales, algo imposible. Así que el panteísmo es una mala explicación para entender a Dios. No corresponde con las características de la realidad que pueden conocerse al margen de la religión. La zapatilla de cristal no se ajusta al panteísmo.

Panenteísmo

El panenteísmo considera que Dios es distinto y dependiente del mundo al mismo tiempo. Dios viene del mundo y el mundo viene de Dios. Es una relación simbiótica. Ron Brooks y Norman Geisler describen el panenteísmo diciendo que «Dios es para el mundo lo que el alma es para el cuerpo».[4] Dios es la suprema realidad (panenteísmo significa literalmente «todo en Dios»). Dado que nuestras almas son nuestra esencia, que a su vez forma parte de la realidad suprema, todos formamos parte de Dios, aunque no seamos Dios. Y como el mundo está en constante cambio, Dios también está en constante cambio. A medida que nuestras almas aprenden y crecen, Dios se vuelve más poderoso. Entonces, Dios utiliza ese poder para crear cosas nuevas para que aprendamos. Dios está aprendiendo y creciendo al igual que nosotros.

Una forma de concebir el panenteísmo es ver a Dios como una semilla y un árbol. El árbol representa todo lo que Dios podría llegar a ser. La semilla representa el estado actual de Dios (y, en consecuencia, del mundo). Pero en el panenteísmo, la semilla nunca

Panenteísmo: Dios viene del mundo y el mundo viene de Dios.

se convierte en un árbol. Aunque Dios siempre está creciendo y cambiando, nunca alcanzará todo lo que es posible llegar a ser. Por eso el panenteísmo se conoce también como teología del proceso; Dios está siempre en proceso.

En el panenteísmo, el universo, o Dios, siempre ha existido y siempre existirá. Sin embargo, Dios siempre está cambiando. Dios es finito y temporal. A un Dios finito siempre le falta algo. Por eso puede cambiar. Y el cambio es un fenómeno secuencial; las cosas cambian de una cosa a otra a lo largo del tiempo. Así, en el panenteísmo, Dios es simultáneamente finito, limitado por el tiempo y, sin embargo, eterno.

Aunque no se articuló plenamente hasta el siglo XX, las ideas que sustentan el panenteísmo se remontan a Platón y Sócrates. El panenteísmo ha sido adoptado por algunas formas de judaísmo y cristianismo. Más recientemente, en la década de 1960, los rebeldes latinoamericanos

EXISTE
ES NECESARIO
ES PODEROSO
ES TRASCENDENTE
NO ES CONTINGENTE
ES INTELIGENTE
ES PERSONAL
ES MORAL
ESTÁ INVOLUCRADO
ES ÚNICO

PANENTEÍSMO

mezclaron el panenteísmo, el marxismo y el catolicismo romano para crear la teología de la liberación. El panenteísmo puede explicar siete de los atributos del zapato de cristal.

Los atributos del zapato de cristal revelan que la idea de un Dios finito y dependiente es inexacta. Y la idea de un universo eternamente existente vuelve a tropezar con el problema de la existencia de infinitos reales. El panenteísmo no encaja en el zapato de cristal al no dar ningún fundamento a la moral. Si la moral está arraigada en Dios y Dios está siempre cambiando, entonces los valores morales también están cambiando, o al menos pueden cambiar. Se vuelven fluidos y pierden su fuerza, su «deber». ¿Por qué cambiar el comportamiento inmoral si la propia moral puede

Esta estatua de Freddie Mercury se encuentra en Montreux, Suiza, su antiguo hogar.

cambiar pronto y hacer que lo inmoral sea moral? La moral panenteísta, por tanto, no tiene autoridad para imponer la moral, y por tanto no es moral en absoluto.

En definitiva, el panenteísmo no da cuenta de las características de la realidad que se encuentran en los argumentos cosmológicos, de diseño y morales.

El deísmo finito

El deísmo finito describe a Dios como la primera causa que es personal, amorosa y buena. Pero también establece que, como el mal existe, Dios no puede controlarlo ni erradicarlo. Por lo tanto, Dios no es todopoderoso y tiene una naturaleza limitada. A Dios no le gusta el mal, pero no puede evitarlo. El deísmo finito señala la imperfección del universo y razona que la fuente de la imperfección es un Dios imperfecto. Y como el universo es finito, la fuente del universo es un Dios finito. La mayoría de los partidarios del deísmo finito no creen que Dios haga milagros.

Dado que Dios es finito, no hay ninguna certeza real de que la moralidad esté dentro del alcance de la capacidad de Dios para fundamentarla. La fuente de la moralidad en el deísmo finito es, en última instancia, desconocida. Algunos de los que defienden el deísmo finito ven a Dios como la fuente de la moralidad.

Aunque el deísmo finito se encuentra en algunas expresiones del judaísmo reformista, no es una doctrina enseñada explícitamente por ninguna religión. Sin embargo, el zoroastrismo, que enseña que existe una dualidad de dioses autoexistentes, uno bueno y otro malo, es en última instancia una forma de deísmo finito. En el zoroastrismo, el Señor Sabio (Dios) está en guerra con el Espíritu Destructor (el diablo). Puesto que cada uno de los dioses es autoexistente y cada uno creó cosas diferentes —uno bueno y el otro malo—, cada uno es finito. Cada uno es algo que el otro no es, y cada uno tiene un poder que el otro no tiene.

George Harrison

El libro del rabino Harold Kushner, *Cuando cosas malas le ocurren a gente buena*, es una articulación bien conocida del deísmo finito.[5] Otro adepto famoso fue Freddie Mercury, el ahora fallecido cantante del grupo de rock Queen y practicante del zoroastrismo.

Habiendo fallado en cuatro puntos y medio, el deísmo finito se enfrenta así a cuestiones muy serias. Si Dios es finito, ¿de dónde viene Dios? Y si Dios no hace milagros, ¿de dónde salió el universo? Si Dios no es la fuente de la moral, ¿qué importa lo que hagamos? Si Dios es la fuente de la moralidad, entonces la moralidad tiene una fuerza limitada, ya que Dios es finito y puede o no ser capaz de responder con justicia a cualquier mala acción. Y si, como en el zoroastrismo, Dios puede ser derrotado por el Espíritu Destructor, entonces Dios no es un ser necesario ya que las cosas podrían existir sin Él. Pero un Dios que no es nece-

Joseph Smith Jr.

sario no es Dios en absoluto. En resumen, el deísmo finito tiene una serie de rasgos internamente incoherentes y está muy lejos de encajar en la zapatilla de cristal.

Politeísmo

El politeísmo es la opinión de que hay una multitud de dioses. Estos dioses provienen de la naturaleza o fueron alguna vez humanos y se convirtieron en dioses. Como tales, los dioses son

EXISTE
ES NECESARIO
ES PODEROSO
ES TRASCENDENTE
NO ES CONTINGENTE
ES INTELIGENTE
ES PERSONAL
ES MORAL
ESTÁ INVOLUCRADO
ES ÚNICO

POLITEÍSMO

Voltaire

Thomas Jefferson

Benjamin Franklin

contingentes y finitos, pero el universo es eterno o está hecho de materia eterna. Aunque no hay consenso, muchos politeístas son relativistas morales y no creen que la moral provenga de los dioses.

Politeísmo: hay una multitud de dioses.

Las religiones que enseñan el politeísmo incluyen el hinduismo, el budismo Mahayana, el confucianismo, el taoísmo, el sintoísmo, el paganismo y el mormonismo. Los mormones generalmente se oponen a esta caracterización, afirmando que adoran a un solo Dios. Pero en el mormonismo hay millones de dioses, aunque solo adoran a uno. Esta es una forma de politeísmo llamada henoteísmo.

Entre los politeístas más conocidos se encuentran George Harrison, Joseph Smith Jr. (fundador del mormonismo) y los autores Aldous Huxley y J. D. Salinger.

La zapatilla de cristal no se ajusta a esta visión. El argumento cosmológico declara que todo tuvo un principio y que no existió eternamente. Pero el politeísmo enseña que el universo (o la materia) siempre ha existido —una imposibilidad debido a la inexistencia de infinitos reales—. El mormonismo requiere además infinitos reales para acomodar la idea de que los dioses vienen de otros dioses que a su vez vienen de otros dioses, y así sucesivamente. De nuevo, esta es una idea derrotada por la inexistencia de infinitos reales. Sin un primer dios que inicie la cadena, no podríamos explicar los dioses del presente.

- ☐ EXISTE
- ☐ ES NECESARIO
- ☐ ES PODEROSO
- ☐ ES TRASCENDENTE
- ☐ NO ES CONTINGENTE
- ☐ ES INTELIGENTE
- ☐ ES PERSONAL
- ☐ ES MORAL
- ☐ ESTÁ INVOLUCRADO
- ☐ ES ÚNICO

DEÍSMO

Pero incluso sin el problema de los infinitos reales, el politeísmo no puede explicar la existencia del universo porque no hay seres trascendentes en el politeísmo. Todas las cosas, incluidos los dioses, proceden del universo. No existen aparte de él. Y los seres que existen tienen un poder limitado. Por lo tanto, el politeísmo no solo no se corresponde con los atributos de la zapatilla de cristal, sino que además es internamente incoherente.

Deísmo

El deísmo sostiene que Dios no se conoce a través de la religión, sino solo a través de la razón y la naturaleza. Dios es un ser necesario, personal, poderoso y trascendente, y el mundo es su única revelación sobre sí mismo. Por tanto, no existen los milagros. Para que lo entendamos a través de Su creación, nos dio la razón. Básicamente, en el deísmo, Dios creó el mundo y lo observa pasivamente sin interactuar con él.

El deísmo no es enseñado por ninguna religión. Es un sistema de creencias sostenido por individuos, incluyendo a Voltaire, George Washington, Benjamin Franklin y Thomas Jefferson. Jefferson incluso llegó a editar físicamente su Nuevo Testamento eliminando todo el contenido milagroso y dejando solo las enseñanzas éticas de Jesús.

Deísmo: Dios se conoce solo a través de la razón y la naturaleza.

En este punto de vista, por primera vez la zapatilla de cristal se acerca a la perfección. Solo falla en uno de los diez atributos. El mayor problema del deísmo es que requiere lo único que niega: los milagros. O al menos un milagro. La creación del mundo no fue un acto natural. Se necesitó un milagro, la intervención de un ser trascendente, todopoderoso y personal. Sin este milagro, el mundo no podría existir. Si el mundo pudiera existir sin Dios, Dios no sería todopoderoso ya que no podría detener el mundo, no sería necesario y no tendría autoridad moral ya que no podría tener un propósito para lo que no creó.

El resultado es que el deísmo, aunque está cerca de encajar en nuestra zapatilla de cristal, sigue sin dar cuenta del universo tal y como lo encontramos.

Monoteísmo

El monoteísmo ve a Dios como la persona que ha creado todas las cosas y las mantiene, pero es diferente de ellas. Dios interactúa con la creación de varias maneras y puede revelarse a nosotros a través de la moral, la naturaleza, la razón e incluso la revelación directa. El monoteísmo es enseñado por tres de las religiones del mundo: el judaísmo, el islam y el cristianismo.

Monoteísmo: Dios es la persona que ha creado todas las cosas y las mantiene, pero es diferente de ellas.

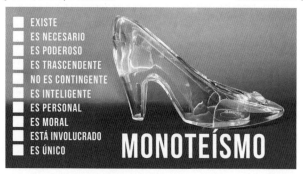

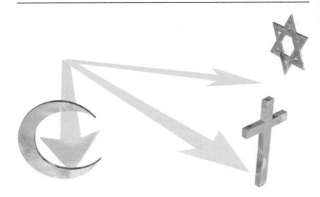

El monoteísmo cumple todos los puntos necesarios de la zapatilla de cristal. La zapatilla encaja perfectamente.

Conclusión

La forma de pensar en Dios que concuerda con las características que podemos conocer a través de la razón y la observación del universo es el monoteísmo. Ahora la pregunta es: ¿cuál religión monoteísta es la verdadera?, ¿o todas son falsas?

Curiosamente, las religiones monoteístas no solo tienen la misma descripción básica de Dios, sino que todas afirman hablar del mismo Dios. El Dios que se ha revelado en el Antiguo Testamento es reclamado por judíos, cristianos y musulmanes por igual. El islam, sin embargo, afirma que el Antiguo Testamento se ha corrompido. Y los cristianos creen que las promesas mesiánicas del Antiguo Testamento se cumplieron en Jesús. El judaísmo niega ambas afirmaciones.

Además, las tres religiones monoteístas hacen afirmaciones sobre quién era Jesús. Para el islam, fue un gran profeta, pero los relatos evangélicos sobre Él están corrompidos y no muestran quién era realmente. Para el judaísmo, era un impostor que pretendía ser el Mesías prometido por los profetas. Para los cristianos, era el Mesías largamente esperado.

Para ver el camino a seguir, vamos a examinar la autenticidad y la fiabilidad del Nuevo Testamento. Si no es un relato fiable de la persona y la obra de Jesús, podemos reducir nuestras opciones al judaísmo y al islam. Pero si el Nuevo Testamento es confiable y digno de confianza, entonces el islam puede ser rechazado como inexacto, porque contradice el Nuevo Testamento. Después podemos mirar el *Tanak*, lo que los cristianos llaman el Antiguo Testamento, para ver si ha cambiado o es digno de confianza. Si es fiable, ¿qué dice sobre el Mesías? y ¿se parece el Mesías a Jesús? Si las respuestas no concuerdan con lo que sabemos sobre Jesús, entonces podemos rechazar el cristianismo y abrazar el judaísmo. Por otro lado, si lo que sabemos sobre Jesús sí concuerda con las enseñanzas del *Tanak*, entonces podemos descartar la visión del judaísmo sobre Jesús. Así que nuestro siguiente paso es investigar el Nuevo Testamento.

Notes

1. Esta antigua fábula india fue relatada por Lillian Fox Quigley en su libro para niños *The Blind Men and the Elephant* [Los hombres ciegos y el elefante] (Nueva York: Charles Scribner's Sons, 1959). Su versión es utilizada como ilustración por Francis J. Beckwith y Gregory Koukl, *Relativism: Feet Firmly Planted in Mid-Air* [Relativismo: Pies firmes en el aire] (Grand Rapids: Baker, 1998), 47.

2. Asimov, *In the Beginning* [En el principio] (Nueva York: Crown, 1981), 12.

3. Bertrand Russell, *Why I Am Not a Christian* [Por qué no soy cristiano] (Nueva York: Simon & Schuster, 1957), 22.

4. Don Brooks y Norman Geisler, *When Skeptics Ask* [Cuando los escépticos preguntan] (Grand Rapids: Baker, 1996), 47.

5. Harold Kushner, *When Bad Things Happen to Good People* [Cuando cosas malas le ocurren a gente buena] (Nueva York: Schocken, 1981).

CAPÍTULO 6
¿DE DÓNDE VIENE EL NUEVO TESTAMENTO?

El desafío

Los veintisiete libros que componen el Nuevo Testamento registran las enseñanzas y los acontecimientos que constituyen el fundamento del cristianismo. De todas las fuentes antiguas, contienen la mayor cantidad de información sobre Jesús y las personas a las que encargó la difusión de Su mensaje. Estos escritos, llamados Nuevo Testamento, hacen tanto suposiciones como afirmaciones abiertas sobre el mundo y por qué es como es. Proporcionan una perspectiva única sobre lo que son los seres humanos, por qué son así, y dos posibles destinos: la vida eterna o la muerte eterna. Los escritos del Nuevo Testamento describen un mundo caído cuyos habitantes se han rebelado contra el propósito para el que fueron creados. También prescriben una solución para remediar ese problema:

la persona y la obra de Jesús, el Mesías. Las afirmaciones del Nuevo Testamento son poderosas y exigen tocar cada área de nuestras vidas. Si lo tomáramos en serio, el Nuevo Testamento exigiría un cambio radical en nuestra forma de ver el mundo y a nosotros mismos.

Las afirmaciones del Nuevo Testamento tienen un gran alcance tanto en profundidad como en extensión, pero ¿son verdaderas? ¿Cómo podemos empezar a evaluar su veracidad? ¿Quién escribió estos libros? ¿Son los autores dignos de confianza? ¿Son estos relatos históricamente precisos? ¿Cuándo se escribieron? ¿Cómo fueron elegidos para ser incluidos en el Nuevo Testamento y quién los eligió? ¿Y qué hay de los libros que fueron rechazados para su inclusión en el Nuevo Testamento? Si

estas preguntas pueden responderse satisfactoriamente a favor del Nuevo Testamento, entonces su contenido tiene profundas implicaciones para nuestras vidas y debe ser tomado en serio. De lo contrario, podemos tachar al cristianismo de nuestra corta lista de religiones que pretenden ver a Dios correctamente.

¿Quién eligió los libros y cómo se eligieron?

Los concilios de Cartago, en el 393, y de Hipona, en el 397, fijaron la lista de libros del Nuevo Testamento en su forma definitiva. Pero estos libros no fueron seleccionados arbitrariamente; cada uno de ellos debía cumplir ciertos criterios. Debían tener un origen apostólico, lo que significa que cada libro tenía que haber sido escrito por un apóstol o por un asociado que conservara las enseñanzas de un apóstol. Las únicas excepciones fueron concedidas a Santiago y Judas, hermanos de Jesús que se convirtieron en sus seguidores después de Su muerte. Este requisito también significa que los libros tuvieron que haber sido escritos durante la era apostólica, el tiempo en que los apóstoles aún vivían (terminando con la muerte de Juan probablemente a finales de los años 90). Tenían que haber sido generalmente aceptados por la Iglesia y en uso continuo en los servicios de adoración. Las enseñanzas de los libros debían coincidir y estar de acuerdo con las Escrituras aceptadas e indiscutibles. Por último, los libros debían ser inspirados por Dios. Como tales, debían tener una calidad evidente y el poder de transformar vidas. Este criterio es un poco más difícil de precisar. Algunos pensaban que los libros eran inspirados debido a su apostolado. Otros se centraron en la inspiración más que en la apostolicidad. Sea cual sea la razón por la que se cree en la inspiración, los libros que componen el Nuevo Testamento se diferenciaron de todos los

Esta copia griega de la Biblia, Codex Sinaiticus, está fechada alrededor del 350 d. C. y se puede ver en la Biblioteca británica de Londres.

Atanasio

Eusebio

Tertuliano

demás libros porque se creía que eran inspirados. Los libros que cumplían los criterios formaban lo que se llama el canon del Nuevo Testamento («canon» viene de la palabra griega *kanōn*, que significa medida o regla) porque toda la enseñanza tenía que someterse a su autoridad.

Antes de los concilios de Cartago e Hipona, se había discutido mucho sobre la cuestión. En una carta del año 367, Atanasio, obispo de Alejandría, fue el primero en elaborar una lista de los veintisiete libros tal y como los tenemos ahora. También fue la primera persona de la Iglesia que utilizó *kanōn* en este sentido alrededor del año 353. En *De decretis* 81.3, Atanasio dice que el *Pastor de Hermas* «no pertenece al

ESPURIOS:

AMPLIAMENTE ACEPTADOS:

CANÓNICOS:
Los 4 Evangelios,
Hechos,
14 cartas de Pablo
(incluyendo Hebreos),
1 Juan,
1 Pedro,
Apocalipsis.

Santiago,
Judas,
2 Pedro,
2 y 3 Juan.

Hechos de Pablo,
Bernabé,
Pastor de Hermas,
La Didaché,
El apocalipsis de Pedro.

Eusebio dividió los libros de esta manera.

canon». Unos diez años más tarde, el Sínodo de Laodicea hizo una distinción entre libros canónicos y no canónicos. La primera aparición de la frase «canon del NT» aparece alrededor del año 400 d. C. en el *Apocríticus* 4.10 de Macario Magnes. Sin duda, Atanasio se basó en la obra de Eusebio, el padre de la historia de la Iglesia.

En el año 325, Eusebio, alentado por el deseo de Constantino de lograr la unidad y la uniformidad del cristianismo, comenzó a investigar la historia de los libros que se utilizaban como Escritura o que tenían defensores a favor de utilizarlos como Escritura. Eusebio tenía acceso a grandes bibliotecas de escritos cristianos tanto en Cesarea Marítima, su casa, como en Jerusalén. Estas bibliotecas contenían las obras de los padres de la Iglesia que se remontan al siglo I. Los escritos de los padres de la Iglesia son importantes porque citaban en gran medida los escritos que consideraban autorizados por su origen apostólico. Por ejemplo, Tertuliano (aprox. 150—aprox. 229) cita veintitrés de los veintisiete libros del Nuevo Testamento. De hecho, la mayor parte del Nuevo Testamento puede reconstruirse a partir de las citas de los padres de la Iglesia. A partir de la importancia concedida a estos escritos y de los criterios del canon, Eusebio dividió los libros en cuatro categorías:

> *Los escritos de los padres de la Iglesia son importantes porque citaban en gran medida los escritos que consideraban autorizados por su origen apostólico.*

- Canónicos
- Ampliamente aceptados
- Rechazados (también llamados «espurios»)
- Heréticos[1]

Los libros canónicos eran libros cuya autoría y autoridad rara vez se había puesto en duda. Eusebio contó veintidós libros en esa categoría:

- Los cuatro Evangelios
- Los Hechos
- Las catorce cartas de Pablo (Hebreos se cuenta entre las obras de Pablo)

El Evangelio de Juan (izquierda) y partes de Gálatas y Filipenses (derecha) datan de aprox. 180 a 200 d. C., aproximadamente al mismo tiempo que el Canon Muratoriano. Es parte de un Nuevo Testamento casi completo llamado Papairo de Chester Beatty y se puede ver en la Biblioteca Chester Beatty, Dublín, Irlanda.

- 1 Juan
- 1 Pedro
- Apocalipsis (aunque señala que había quienes dudaban de la autoría de Juan)

Marción

Entre los libros que fueron ampliamente aceptados, pero que contaban con cierto debate se encuentran:
- Santiago
- Judas
- 2 Pedro
- 2 Juan
- 3 Juan

Estos cinco libros, además de los veintidós libros canónicos de Eusebio, constituyen el Nuevo Testamento.

Había varios libros que tenían la apariencia de las Escrituras, y que algunas iglesias utilizaban para la instrucción y el culto, pero que no fueron incluidos en el Nuevo Testamento. Estos libros no cumplían con los requisitos del canon de una manera u otra. Eusebio menciona cinco de ellos:
- Los Hechos de Pablo
- La Carta de Bernabé
- El Pastor de Hermas
- La Didaché (o la Enseñanza de los Doce Apóstoles)
- El Apocalipsis de Pedro

Aunque Eusebio no intentó hacer una lista exhaustiva de los libros citados como Escritura por los herejes, menciona los evangelios de Tomás, Pedro, Matías y cualquier otro evangelio además de los cuatro aceptados; los Hechos de Andrés, Juan y cualquier otra obra que pretenda documentar la vida de un apóstol.

En algún momento entre el 180 y el 200 d. C. se recopiló la lista más antigua conocida de libros del canon del Nuevo Testamento. Fue descubierta en el siglo XVII por Antonio Muratori y contaba con veintidós libros como Escritura. El canon muratoriano, como se ha llegado a conocer, incluye:
- Los Evangelios
- Los Hechos
- Las trece cartas de Pablo (sin contar Hebreos)
- Judas
- 1, 2 y 3 de Juan
- Apocalipsis[2]

La cuestión de lo que era y no era Escritura no empezó realmente en serio hasta el año 140 d. C. aproximadamente. La cuestión se agudizó y se hizo más urgente por un acontecimiento en la iglesia de Roma.

En el año 135 d. C., Marción, un rico constructor de barcos e hijo de un obispo cristiano de Sinope, en la provincia del Ponto, llegó a Roma y dio a la iglesia un gran regalo: 200 000 sestercios. Casi inmediatamente, Marción se convirtió en una persona muy influyente en la iglesia romana. Pero pronto se hizo evidente que los puntos de vista teológicos de Marción diferían significativamente de los que sostenían los cristianos no solo en Roma, sino en todo el mundo mediterráneo.

Ignacio de Antioquía fue arrojado a los leones en el Coliseo romano.

Marción sostenía que el Dios del Antiguo Testamento y el Dios del Nuevo Testamento eran dos Dioses diferentes. Donde la mayoría de los cristianos veían una continuidad entre las Escrituras hebreas y las enseñanzas de Jesús y los apóstoles, Marción veía una discontinuidad irreconciliable. Durante casi un siglo, los cristianos habían aceptado las Escrituras hebreas como Escritura.

Marción sostenía que el Dios del Antiguo Testamento y el Dios del Nuevo Testamento eran dos Dioses diferentes.

Para desafiar esta opinión tan arraigada de que Jesús es el cumplimiento de las Escrituras hebreas, Marción creó su propio canon de las Escrituras que excluía por completo el Antiguo Testamento y cualquier referencia a Dios tal y como se presenta en el Antiguo Testamento. El canon de Marción incluía diez cartas de Pablo y el Evangelio de Lucas. Pero incluso estos fueron editados para eliminar elementos del judaísmo y de un Dios iracundo y retributivo.[3]

Uno de los valores de la herejía de Marción y de otras herejías en las iglesias del siglo II y III fue que obligaron a los cristianos a reflexionar sobre la tradición que les había sido transmitida y a reevaluar los fundamentos de su veracidad.

Ya en el año 115 d. C., veinte años antes de que apareciera Marción en Roma, Ignacio, obispo de Antioquía, se refería al «Evangelio» como un escrito autorizado. El Evangelio circulaba como una unidad encuadernada en forma de códice como los libros que conocemos ahora y no en pergaminos separados.

En la década de 1950, se encontró en Egipto un alijo de rollos de papiro y códices, así como códices de vitela. Las copias datan de aproximadamente el año 200 d. C. y se conocen como Papiros Bodmer. Los papiros ilustrados contienen las copias completas más antiguas de 1 Pedro y Jonás. (Colección Schøyen MS 193, Oslo y Londres).

Juan   Policarpo   Ireneo

«El Evangelio» era el título de este libro y cada componente tenía un subtítulo, «Según Mateo», «Según Marcos», etc. Las cartas de Pablo también se reunieron en un solo códice a principios del siglo II.

Para Marción, el Dios supremo era el Padre de Jesús, no el Dios presentado en el judaísmo. Pero la predicación de la Iglesia primitiva y su presentación de Jesús mostraban que este tomaba la Escritura hebrea como la Palabra de Dios y que tenía una fuerte continuidad con la revelación de Dios en Jesús. Para mantener su posición, Marción tuvo que afirmar que la predicación apostólica de Jesús era una distorsión. La tarea de Marción fue entonces purgar del Evangelio de Lucas y de las Epístolas Paulinas aquellos elementos que apoyaban la opinión de que el Dios creador de Abraham, Isaac y Jacob era idéntico al Dios y Padre de Jesús.

De nuevo, Marción cumplió una valiosa función al establecer un canon de las Escrituras del Nuevo Testamento. Si no hubiera hecho esto y desafiado el pensamiento de sus contemporáneos, el proceso de canonización podría haber procedido mucho más lentamente con los temas más definidos.

El canon de Marción apareció con el telón de fondo de una tradición firmemente desarrollada, aunque no del todo definitiva, sobre los libros que tenían autoridad. Según Bruce Metzger:

En el transcurso del siglo II, la mayoría de las iglesias llegaron a poseer y reconocer un canon que incluía los cuatro Evangelios actuales, los Hechos, trece cartas de Pablo, 1 Pedro y 1 Juan. Siete libros aún carecían de reconocimiento general: Hebreos, Santiago, 2 Pedro, 2 y 3 Juan, Judas y Apocalipsis. Es difícil decir si esto fue la causa o el efecto de las opiniones divergentes sobre su canonicidad.[4]

Los cuatro evangelistas según los retrata el Libro de Kells aprox. 800 d. C.

Cuando surgían preguntas o había que defender las enseñanzas del cristianismo, estos eran los libros a los que la Iglesia acudía como única autoridad y juez. La razón por la que se daba tanta importancia a estos libros era que conservaban las enseñanzas de los apóstoles, aquellos a los que Jesús había encargado personalmente la difusión de sus enseñanzas.

¿Quién escribió los libros?

Llegados a este punto, hay que investigar el origen de los libros. Si hemos de someternos a su autoridad y utilizarlos como norma para juzgar asuntos teológicos, como ellos exigen y como la Iglesia primitiva querría, ¿qué credenciales pueden demostrar estos libros? ¿Hay alguna razón para pensar que los apóstoles participaron en su redacción?

Uno de los testimonios más sorprendentes de la autoridad y el origen de los Evangelios se encuentra en un escrito de Ireneo, obispo de Lyon, conservado por Eusebio. Ireneo fue alumno de Policarpo, el obispo de Esmirna, que había sido personalmente discípulo del apóstol Juan. Hacia el año 180, Ireneo transmitió la historia de los Evangelios que había aprendido de Policarpo, quien a su vez había recibido la información de Juan. Según Ireneo:

> Mateo publicó su Evangelio entre los hebreos en su propia lengua, mientras Pedro y Pablo predicaban y fundaban la Iglesia en Roma. Después de su partida, Marcos, el discípulo e intérprete de Pedro, también nos transmitió por escrito lo que Pedro había predicado; y Lucas, el asistente de Pablo, registró en un libro el Evangelio que Pablo había declarado. Después, Juan, el discípulo del Señor, que también se reclinó en su seno, publicó su Evangelio, estando en Éfeso, en Asia.[5]

Juan le contó la historia de los Evangelios a Policarpo, quien se lo contó a Ireneo.

Esta historia fue corroborada por Papías, un asociado de Policarpo. Papías pudo haber sido un «oyente» de Juan, o incluso un discípulo suyo, y afirmó conocer a muchos de los amigos íntimos de Juan. Papías escribió que Juan enseñaba lo siguiente:

> Marcos, habiéndose convertido en el intérprete de Pedro, escribió con exactitud, aunque no ciertamente en orden, todo lo que recordaba de las cosas dichas o hechas por Cristo. Porque ni oyó al Señor ni le siguió, sino que después, como he dicho, siguió a Pedro, quien adaptó su enseñanza a las necesidades de sus oyentes, pero sin intención de dar una relación cronológica del discurso del Señor, de modo que Marcos no cometió ningún error mientras escribía algunas cosas tal como las recordaba. En efecto, tuvo cuidado de no omitir ninguna de las cosas que había oído, y de no exponer ninguna de ellas falsamente […]. Así que Mateo escribió los oráculos en lengua hebrea, y cada uno los interpretó como pudo.[6]

Clemente, que asumió un papel de liderazgo en Roma en la última parte del siglo I, escribió una carta a los Corintios en algún momento del año 95 d. C. que citaba diez libros diferentes del Nuevo Testamento. Clemente, según Eusebio, también dejó constancia de cómo se escribió el Evangelio de Marcos y de que contaba con la bendición de Pedro.

> Y tanto iluminó el esplendor de la piedad el ánimo de los oyentes de Pedro, que no se contentaron con oír una sola vez y no se conformaron con la enseñanza no escrita del divino Evangelio, sino que con toda clase de

Mateo

Marcos

súplicas rogaron a Marcos, seguidor de Pedro y cuyo Evangelio se conserva, que les dejara un monumento escrito de la doctrina que les había sido comunicada oralmente. Y no cesaron hasta que se impusieron al hombre, y se convirtieron así en la ocasión del Evangelio escrito que lleva el nombre de Marcos. Y dicen que Pedro, cuando se enteró, por revelación del Espíritu, de lo que se había hecho, se alegró del celo de los hombres, y que la obra obtuvo la sanción de su autoridad con el fin de ser utilizada en las iglesias.[7]

Cabe señalar que la mayoría de los eruditos modernos no están de acuerdo con la historia antigua de Mateo, como se ha indicado anteriormente. La opinión mayoritaria, aunque no unánime, es actualmente que Marcos fue escrito primero y que Mateo se basó en el relato de Marcos cuando escribió su Evangelio. Esto se debe a que los dos Evangelios comparten muchas redacciones exactas o casi exactas de los mismos relatos. En los casos en los que difieren en el tratamiento de un mismo acontecimiento, Mateo suele ser el más extenso y detallado. La mayoría de los estudiosos creen que Mateo embelleció a Marcos en lugar de que este editara los relatos de Mateo. Curiosamente, esta dependencia de Mateo respecto a Marcos habla de la autoridad con la que este escribió, ya que Marcos no era un apóstol como Mateo. ¿Por qué habría de apoyarse Mateo en Marcos si no hubiera conservado con precisión la enseñanza de otro apóstol? Además, los fragmentos más antiguos de Mateo que tenemos no están en hebreo o arameo, como dicen Papías y Policarpo, sino en griego. Sin

Según Eusebio, el Evangelio de Pedro fue una falsificación condenada por Serapión (m. 211 d. C.). Esta copia data de los siglos VII al IX.

Lucas

Juan

embargo, los eruditos que creen que Mateo fue el primer Evangelio escrito sugieren que hubo una versión anterior, abreviada o más primitiva de Mateo que fue escrita en hebreo o arameo.

Es posible que Marcos utilizara este material al componer su Evangelio. Después, Mateo revisó y amplió su relato utilizando material del Evangelio de Marcos.[8] Según Craig Blomberg, erudito del Nuevo Testamento, la tradición que se encuentra en Papías y Policarpo es tan persistente en la iglesia primitiva que probablemente haya algo de cierto en ella».[9] Sin embargo, la forma en que esto se desarrolla sigue siendo una cuestión de conjeturas.

Uno de los argumentos más interesantes sobre la autoría de los Evangelios es simplemente a quién se atribuyen. Juan, amigo íntimo de Jesús, es el tipo de persona prominente cuyo nombre esperaríamos encontrar unido a un relato de la vida de Cristo. ¿Pero quién era Mateo? Aunque tuvo el privilegio de ser un apóstol, francamente no tiene mucha importancia en los relatos. ¿No tendría más peso el libro si se atribuyera a Pedro o a Santiago? El hecho de que lleve el nombre de un apóstol «menor» es en sí mismo una buena razón para aceptar la tradición. Más aún en el caso de Marcos y Lucas, ya que no eran apóstoles en absoluto y no tenían ninguna autoridad. Sin embargo, sus escritos se consideraron inmediatamente autorizados. Según la tradición, como hemos visto anteriormente, Pedro conocía los escritos de Marcos y les dio su

Un tintero y un estilete encontrados en Qumrán que data del siglo I a. C. hasta el 68 d. C. (Colección Schøyen MSS 1655/2 y 5095/3, Oslo y Londres).

Prisión de Mamertina en Roma, donde tanto Pedro como Pablo estuvieron detenidos antes de su ejecución. El agujero en el techo era la única entrada en su día.

bendición. Asimismo, se dice que Pablo se refiere al Evangelio de Lucas como «mi evangelio».[10]

Otra característica interesante de los Evangelios es que los nombres de los autores no se encuentran en ninguna parte de los textos. Sin embargo, todos los libros fueron aceptados muy pronto como enseñanzas de los apóstoles. En cambio, los escritos apócrifos, como el Evangelio de Pedro y el Evangelio de Tomás, son un contraste. Estos escritos y docenas de otros reclaman explícitamente la autoría apostólica en sus textos y, sin embargo, fueron rechazados como no autorizados y, en muchos casos, declarados heréticos debido a sus enseñanzas. La reivindicación de la autoría apostólica no era suficiente para alcanzar un estatus de autoridad. La mejor explicación de los nombres que figuran en los cuatro Evangelios es que estos eran en realidad sus autores. La mejor explicación de su pronta y rápida aceptación es que conservaron con precisión las enseñanzas de los apóstoles.

La datación de los Evangelios

Existe una tradición muy fuerte y temprana de que no solo Juan escribió el cuarto Evangelio, sino que lo hizo después de que se hubieran escrito los otros tres Evangelios. Según Clemente, obispo de Roma a finales del siglo I, Juan escribió su Evangelio porque otros le instaron a enriquecer los tres primeros Evangelios.[11] En su Evangelio, Juan menciona lugares emblemáticos de Jerusalén como si todavía existieran en el momento de escribirlo, como la Puerta de las Ovejas (Juan 5:2). Dado que Jerusalén fue arrasada en el año 70 y la Puerta de las Ovejas se encontraba entre

7Q5, este pequeño fragmento de papiro, una parte de los hallazgos de los Rollos del Mar Muerto, data entre el 50 a. C. y el 50 d. C. y algunos afirman que es un fragmento de Marcos.

la gran destrucción, hay un buen argumento para afirmar que los cuatro Evangelios fueron escritos antes del año 70. Esta posición se apoya además en la ausencia total de cualquier mención de la destrucción de Jerusalén en el Evangelio o en cualquier otro libro del Nuevo Testamento. Al tratarse del cumplimiento de una profecía hecha por el propio Jesús, parece improbable que fuera omitida por Juan. Sin embargo, se ha señalado que, en otras partes de su Evangelio, Juan utiliza el tiempo presente cuando se refiere a cosas del pasado. Esto deja abierta la cuestión de la fecha de escritura a cualquier momento justo antes de la destrucción de Jerusalén hasta alrededor del año 98 d. C., cuando Juan murió. Muchos eruditos que rechazan una fecha anterior al año 70 sitúan el escrito en algún momento entre el 80 y el 85 d. C. Argumentan que para entonces había pasado suficiente tiempo como para que la destrucción de Jerusalén fuera un hecho y, por tanto, no fuera necesario mencionarla. También señalan que Juan escribió sus epístolas porque los gnósticos habían tomado

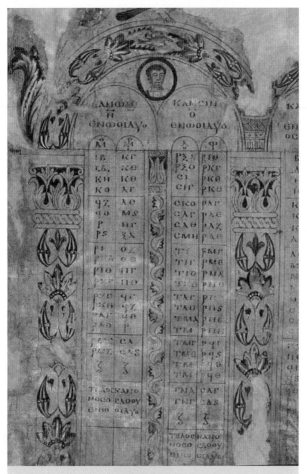

Una lista de libros bíblicos, llamada Tabla del Canon, del siglo VI y que se encuentra en la Biblioteca británica.

el Evangelio de Juan y lo habían malinterpretado. Por lo tanto, debe haber transcurrido una buena cantidad de tiempo entre la redacción de los Evangelios y las Epístolas. Esto hace que la ventana del 80 al 85 d. C. sea un buen candidato para los que sostienen una visión posterior al 70 d.C.[12]

Es probable que el Evangelio de Lucas se concibiera como un conjunto de dos volúmenes compuesto por el Evangelio de Lucas y los Hechos de los Apóstoles. En general, los libros del Nuevo Testamento se escribieron probablemente para que cupieran en cualquier tamaño de pergamino que estuviera a la mano. El trozo de pergamino más grande que se utilizaba era de unos nueve o diez metros.[13] Tanto el Evangelio de Lucas como los Hechos requieren unos nueve o diez metros de pergamino cada uno. Esto y el flujo narrativo entre el final del Evangelio y el principio de los Hechos sugieren a muchos estudiosos que Lucas pretendía que sus escritos se vieran como un todo.

El Libro de los Hechos termina con Pablo en una prisión romana. Antes de eso, Lucas documenta muchos otros encarcelamientos, juicios, persecuciones y otros abusos que sufrió Pablo. Pero Lucas no documenta la decapitación de Pablo bajo Nerón al final del encarcelamiento mencionado al final de los Hechos. Tampoco menciona ningún otro acontecimiento ocurrido después del año 62 d. C. aproximadamente.[14] Esto sugiere que los Hechos se escribieron antes de la ejecución de Pablo. Parece muy improbable que Lucas mencionara otras persecuciones de este tipo y no el martirio de Pablo. Así, los Hechos pueden fecharse razonablemente antes de la muerte de Pablo, en algún momento entre el 62 y el 65 d. C. Y el Evangelio de Lucas precedió poco tiempo a los Hechos, probablemente a principios de los años 60.

Parece evidente que Lucas tuvo acceso al Evangelio de Marcos y tomó prestado su material. Si los indicios de que el Evangelio de Lucas fue escrito a principios de los años 60 son correctos y si Lucas realmente utilizó a Marcos, entonces Marcos fue escrito no más tarde del año 60. Esto va en contra de alguna tradición temprana que dice que Marcos escribió su Evangelio después de la muerte de Pedro, alrededor del 64 al

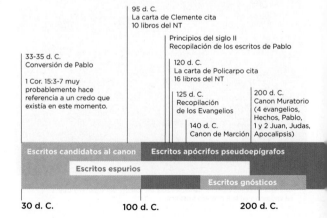

95 d. C.
La carta de Clemente cita
10 libros del NT

Principios del siglo II
Recopilación de los escritos de Pablo

33-35 d. C.
Conversión de Pablo

1 Cor. 15:3-7 muy
probablemente hace
referencia a un credo que
existía en este momento.

120 d. C.
La carta de Policarpo cita
16 libros del NT

125 d. C.
Recopilación
de los Evangelios

200 d. C.
Canon Muratorio
(4 evangelios,
Hechos, Pablo,
1 y 2 Juan, Judas,
Apocalipsis)

140 d. C.
Canon de Marción

Escritos candidatos al canon   Escritos apócrifos pseudoepígrafos

Escritos espurios

Escritos gnósticos

30 d. C.   100 d. C.   200 d. C.

La inscripción de Galión, también conocida como la inscripción de Delfos, es la clave principal para datar a Pablo.

65 d. C. Pero otra tradición, como ya se ha señalado, dice que Pedro bendijo la obra de Marcos. Algunos estudiosos sitúan la obra en los años 40. Sostienen que algunos de los fragmentos encontrados en los rollos del Mar Muerto son de Marcos.[15] Puede que con el tiempo se demuestre que esto es cierto, pero tiene dos obstáculos que superar antes de ser aceptado. Uno es que los fragmentos son discutidos. De hecho, pueden ser de Marcos o pueden ser de una tradición aún más antigua que Marcos utilizó. Los fragmentos son demasiado pequeños para ser concluyentes. Además, muchos de los escritos de Pablo son anteriores a los Evangelios. Parece probable que, si el Evangelio de Marcos existiera en los años 40, Pablo lo hubiera invocado como autoridad en sus escritos. Aunque estos argumentos no son en absoluto concluyentes, teniendo en cuenta lo que sabemos, la fecha de redacción de Marcos que parece tener más sentido es la de finales de los años 50.

Muchos eruditos modernos sitúan a Mateo entre los años 70 y 100 d. C. Sin embargo, hay una serie de buenas razones para mantener una fecha anterior. La tradición que se remonta al siglo I atribuye la redacción del Evangelio a Mateo, algo que rechazan quienes sostienen una fecha

325 d. C.
Eusebio registra la historia de los libros del NT:
22 canónicos
5 ampliamente aceptados
5 espurios
Varios heréticos

367 d. C.
Atanasio enlista los 27 libros del NT

393 d. C.
Concilio de Hipona establece los 27 libros

397 d. C.
Concilio de Cartago también establece los 27 libros del NT

300 d. C.   400 d. C.

Este fragmento del Libro de Romanos del siglo III fue encontrado en Egipto. (Colección Schøyen MS 113, Oslo y Londres).

Esta copia de La Didaché es de finales del siglo IV y se puede ver en la Biblioteca Sackler de Oxford, Reino Unido.

posterior. Además, al igual que Juan, Mateo menciona costumbres y puntos de referencia que dejaron de serlo tras la destrucción de Jerusalén. Esto hace razonable una fecha anterior al año 70. La tradición más antigua, como ya se ha mencionado, considera que Mateo fue escrito antes que Marcos, en lugar de basarse en este. Pero esto haría más difícil de explicar la superposición de material entre Mateo, Marcos y Lucas. Dado que Mateo y Lucas tienen mucho más en común con Marcos que entre sí, parece que ambos utilizaron a Marcos en lugar de que Lucas y Marcos utilizaran a Mateo. Una solución popular a este problema sugiere que hay una diferencia entre el Mateo canónico de la Biblia y el Mateo mencionado por los padres de la Iglesia. Por tanto, si Mateo utilizó a Marcos para parte de su material, no puede fecharse antes del año 60 d. C. Aunque no es en absoluto concluyente, el peso de las pruebas sitúa la autoría de la versión canónica de Mateo en algún momento de los años 60.

Datación de los escritos de Pablo

Las primeras partes del Nuevo Testamento fueron escritas por Pablo. Aunque no todos sus escritos son anteriores a los Evangelios, algunos sí lo son. Para fechar los escritos de Pablo, podemos tomar las pruebas de sus cartas y de los Hechos y tratar de conciliarlas con lo que sabemos por la arqueología y otros indicios históricos. Sabemos que Pablo murió durante la persecución de Nerón en torno al año 64-67 d. C., por lo que los escritos no deben ser posteriores a esa fecha. Muchos eruditos creen que Gálatas, 1 Tesalonicenses y 2 Tesalonicenses son probablemente los primeros escritos de Pablo y datan de principios de los años 50. Gálatas puede fecharse incluso a finales de los años 40.

La principal razón utilizada para fechar la cronología de Pablo se encuentra en Hechos 18:12: «Mientras Galión era gobernador de Acaya, los judíos a una atacaron a Pablo y lo condujeron al tribunal». En 1905, una carta del emperador Claudio a Galión fue descubierta en París por un estudiante de doctorado que estaba revisando una colección de inscripciones. Esta carta, conocida como la inscripción de Galio o Delfos, fue fechada más tarde en torno al año 52 d. C. y fijó la fecha del proconsulado de Galio entre el 51 y el 52 d. C.[16] Por tanto, los acontecimientos de Hechos 18:12-17 tuvieron lugar en algún momento de ese período. Con ese marco temporal, los estudiosos pueden trabajar hacia atrás. Dado que el encuentro de Pablo con Galión tuvo lugar aproximadamente un año después de su segundo viaje misionero, el Concilio de Jerusalén mencionado en Hechos 15:6-30, que precedió al segundo viaje misionero, probablemente tuvo lugar alrededor del año 48 d. C. El Concilio de Jerusalén fue precedido por la visita de Pablo a Jerusalén con el fin de aliviar el hambre (Hech. 11:27-30). Josefo, el historiador del siglo I, data esta hambruna en torno al año 45 o 46, lo que sitúa la visita de Pablo entre el 45 y el 47 d. C.[17] En Gálatas 2:1, Pablo escribe que después de catorce años subió de nuevo a Jerusalén. ¿Pero catorce años desde qué? ¿Catorce años desde su conversión o catorce años desde su primera visita, tres años después de su conversión? Aunque se discute, muchos estudiosos prefieren la opinión de que los catorce años deben contarse desde el momento de la conversión de Pablo, porque la conversión es el principal punto de referencia tempo-

El Códice Bezae es del siglo VI y una vez fue propiedad del sucesor de Calvino, Theodor Beza. Contiene los Evangelios, los Hechos y algunos versículos de 3 Juan. Se encuentra en la Universidad de Cambridge.

ral en el pasaje, y es el que tiene más sentido de todos los acontecimientos que deben contabilizarse en una cronología de Pablo. Partiendo de la visita de socorro por la hambruna en 45-47, llegamos a la conversión en el 32-35 d. C. En el mundo antiguo, era común contar lapsos de tiempo de manera inclusiva. Por ejemplo, si Jesús murió un viernes y resucitó el domingo, se podía contar como tres días, así como un día y medio. Las dos fechas más probables para la crucifixión de Jesús son el 30 y el 33 d. C. (por razones que discutiremos en el capítulo 10, que se relacionan con la profecía). Por tanto, este lapso de tiempo entre el 32 y el 35 d. C. encaja con cualquiera de las dos fechas y muestra lo temprana que fue la conversión de Pablo.

Este ejercicio de formulación de una cronología de Pablo es importante debido a pasajes como 1 Corintios 15:3-8:

> Porque ante todo les transmití a ustedes lo que yo mismo recibí:
> que Cristo murió por nuestros pecados según las Escrituras, que fue
> sepultado, que resucitó al tercer día según las Escrituras, y que
> se apareció a Cefas, y luego a los doce. Después se apareció a más
> de quinientos hermanos a la vez, la mayoría de los cuales vive todavía,
> aunque algunos han muerto. Luego se apareció a Jacobo, más tarde
> a todos los apóstoles, y, por último, como a uno nacido fuera de tiempo,
> se me apareció también a mí.

Notemos que Pablo declara que está transmitiendo lo que ha recibido. Observemos también la repetición gramaticalmente innecesaria de la palabra «que». Debido a que esta tradición fue transmitida a Pablo, y debido a la forma en que se utiliza «que», el pasaje tiene el aspecto de un credo, un resumen de las creencias de los primeros cristianos en una forma que era fácil de memorizar. Y como la conversión de Pablo se produjo entre uno y cuatro años después de la crucifixión, este credo es muy probablemente una de las partes más antiguas del Nuevo Testamento, ya que data de tres años después de la muerte de Jesús.

Su importancia es enorme por el contenido del credo. Según el credo, Jesús fue una persona real que murió, fue enterrado, resucitó de entre los muertos y luego se presentó en un estado resucitado y glorificado a sus seguidores, tanto colectiva como individualmente. También es importante la apelación a las Escrituras como la forma adecuada de entender a Jesús. ¿A qué Escrituras se referían? Después de todo, el Nuevo Testamento no existía en ese momento. El credo afirma que Jesús debe ser visto a través de la lente del Antiguo Testamento. Los críticos del Nuevo Testamento que afirman que se desarrolló una leyenda muchos años después de los hechos que atribuía la divinidad a Jesús, se ven en apuros para hacer frente a esta tradición extremadamente temprana.

¿Qué sucede con los libros que se omitieron?

Eusebio menciona cinco libros que califica de espurios: los Hechos de Pablo, la Epístola de Bernabé, el Pastor de Hermas, la Didaché y el Apocalipsis de Pedro. Se trata de libros que algunos consideraban autorizados, pero que finalmente quedaron fuera del canon del Nuevo Testamento.[18]

La Didaché, también conocida como la Enseñanza de los Doce, se remonta posiblemente al año 70 d. C.[19] El libro afirma ser la «enseñanza del Señor a través de los doce apóstoles a las naciones»[20] y se utilizaba básicamente como un manual para los nuevos creyentes. A medida que la Iglesia se fue organizando, este libro acabó cayendo en desuso, lo que puede haber contribuido, junto con su improbable atribución de autoría, a su falta de inclusión en el canon.

Los Hechos de Pablo es una obra a la que se refieren a menudo los primeros escritores cristianos y se considera que contiene mucha información precisa sobre la historia de Pablo. Sin embargo, Tertuliano, un sacerdote de Cartago de finales del siglo II, escribe que un anciano de Cartago fue el autor del libro por su gran admiración por Pablo y que quería aumentar su fama, aunque de forma equivocada. Como el libro es pseudoepígrafo, una falsificación, el anciano que lo escribió fue destituido de su cargo y el libro fue descalificado para su inclusión en el canon.[21]

La Epístola de Bernabé data de finales del siglo I o principios del siglo II. Nada en su contenido está fuera de la línea de la ortodoxia. Incluso fue citada por Clemente de Alejandría y Orígenes. Pero la autoría de este libro (en realidad no es una carta) se pensaba que era de un padre de la Iglesia primitiva y no del compañero misionero de Pablo, Bernabé.[22] Así que, no cumplía los criterios establecidos para el canon.

El Pastor de Hermas es un escrito de principios del siglo II. Contiene una serie de visiones recibidas por un pastor llamado Hermas. Al igual que la Epístola de Bernabé, esta carta no contenía nada sospechoso. Pero lo más probable es que su autor fuera un padre de la Iglesia y no un apóstol.

El Apocalipsis de Pedro es un libro muy conocido por sus representaciones gráficas del cielo y el infierno. Pero se descubrió que fue escrito en algún momento de la primera mitad del siglo II, demasiado tarde para relacionarlo con el propio Pedro.[24]

Fuera de estos libros espurios y de los del canon del Nuevo Testamento, nunca se consideró seriamente la inclusión de ningún otro libro. Aunque hay docenas de libros con nombres de testigos oculares, como el Evangelio de Tomás, el Evangelio de Pedro y los Hechos de Pilato, ninguno de ellos cumplía los criterios para ser incluido en el Nuevo Testamento. Estos libros fueron escritos mucho después de la época apostólica (algunos incluso en la Edad Media) y la mayoría de ellos son claramente legendarios o heréticos. De hecho, no existen escritos antiguos que defiendan la aceptación de estos libros del siglo II y III como Escritura, excepto los herejes como Marción y los gnósticos. Los libros que se atribuyen falsamente a alguien se llaman libros pseudoepígrafos. Los libros apócrifos, es decir, los libros que fueron ocultados, comprenden el resto. Para los defensores, estos libros se ocultan a los no iniciados y a las personas de mente simple. Para los que rechazaron estos libros, se ocultaron por sus herejías. En cualquier caso, no eran candidatos al canon.

Conclusión

Es interesante observar que el proceso de creación del Nuevo Testamento hizo que fuera mucho más probable excluir las Escrituras auténticas que incluir los escritos falsos. El largo proceso garantizó un sano debate desde muchas perspectivas diferentes. Y, sin embargo, la mayoría de los libros del Nuevo Testamento gozaron de un apoyo sostenido y abrumador para su inclusión. Bruce Metzger describe este proceso con las siguientes palabras: «En el sentido más básico, ni los individuos ni los concilios crearon el canon; en cambio, llegaron a percibir y reconocer la calidad autentificadora de estos escritos, que se impusieron como canónicos a la iglesia».[25] Merrill C. Tenney está de acuerdo y declaró: «La iglesia no determinó el canon; reconoció el canon».[26]

Vemos que el Nuevo Testamento tiene una cadena de tradición muy fuerte en torno a su autoría por parte de testigos oculares o de aquellos que escribieron lo que los testigos oculares reportaron. Los libros que no están incluidos en el Nuevo Testamento, por muy útiles que sean algunos, no tienen cabida en el canon dados los criterios de inclusión. Así pues, la Biblia fue escrita por personas que pudieron documentar de forma fidedigna los acontecimientos que registraron.

- Pero ¿cómo se copiaron los libros?
- ¿Se corrompió la información de los libros?
- ¿Qué pasa con todas las contradicciones del Nuevo Testamento?
- ¿Y qué antigüedad tienen las copias más antiguas del Nuevo Testamento que aún existen?

A estas preguntas debemos dirigir nuestra atención.

Citas notables

Sin embargo, incluso un conocimiento casual de los evangelios apócrifos y sus credenciales demostrará que nadie los excluyó de la Biblia; ellos mismos se excluyeron.[27]

—*Bruce Metzger*

Notes

1. Alexander Roberts y James Donaldson, eds., *Nicene and Post-Nicene Fathers* [Padres nicenos y postnicenos], vol. 1, 2, *The Church History of Eusebius* [La historia de la Iglesia de Eusebio] (Peabody, MA: Hendrickson, 2004), 155–57.

2. Mark Knoll, *Turning Points* [Puntos de inflexión] (Grand Rapids: Baker, 1997, 2000), 36.

3. Ibid., 35.

4. Bruce Metzger, *The New Testament: Its Background, Growth, and Content* [El Nuevo Testamento: Su trasfondo, crecimiento y contenido] (Nashville: Abingdon, 1965), 274–75.

5. Roberts y Donaldson, eds., *Church History of Eusebius*, 222.

6. Ibid., 173.

7. Ibid., 116.

8. Un excelente resumen del «problema sinóptico» se encuentra en D. A. Carson, Douglas J. Moo y Leon Morris, *An Introduction to the New Testament* [Introducción al Nuevo Testamento] (Grand Rapids: Zondervan, 1992), 19–60.

9. Craig Blomberg, «The Historical Reliability of the New Testament» [«La confiabilidad histórica del Nuevo Testamento»], en William Lane Craig, *Reasonable Faith* [Fe razonable] (Wheaton, IL: Crossway, 1984), 204–5.

10. Roberts y Donaldson, eds., *Church History of Eusebius*, 136–37.

11. Ibid., 153.

12. Carson, Moo y Morris, *Introduction to the New Testament*, 166–68.

13. Metzger, *The New Testament*, 278–79.

14. Carson, Moo y Morris, *Introduction to the New Testament*, 116.

15. Randall Price, *Secrets of the Dead Sea Scrolls* [Secretos de los rollos del Mar Muerto] (Eugene, OR: Harvest House, 1996), 185–89.

16. Charles Ludwig, *Ludwig's Handbook of New Testament Rulers and Cities* [Libro de bolsillo de Ludwig sobre los gobernantes y ciudades del Nuevo Testamento] (Denver: Accent, 1976, 1983), 133.

17. Josefo, *Antiquities* [Antigüedades] 20.2.5.17

18. Roberts y Donaldson, eds., *Church History of Eusebius*, 156–57.

19. Craig A. Evans, *Noncanonical Writings and New Testament Interpretation* [Escritos no canónicos e interpretación del Nuevo Testamento] (Peabody, MA: Hendrickson, 1992), 157.

20. Alexander Roberts y James Donaldson, eds., *Ante-Nicene Fathers* [Padres antenicenos], vol. 7, *The Teaching of the Twelve Apostles* [La enseñanza de los doce apóstoles] (Peabody, MA: Hendrickson, 2004), 377.

21. Alexander Roberts y James Donaldson, eds., *Ante-Nicene Fathers* [Padres antenicenos], vol. 3, *Tertullian, On Baptism* [Tertuliano, sobre el bautismo] (Peabody, MA: Hendrickson, 2004), 677.

22. Craig A. Evans, *Noncanonical Writings and New Testament Interpretation* [Escritos no canónicos e interpretación del Nuevo Testamento] (Peabody, MA: Hendrickson, 1992), 158; comp. Alexander Roberts y James Donaldson, eds., *Nicene and Post-Nicene Fathers* [Padres nicenos y postnicenos], vol. 1, 2, *The Church History of Eusebius* [Historia de la Iglesia de Eusebio] (Peabody, MA: Hendrickson, 2004), 156, n. 20.

23. Evans, *Noncanonical Writings*, 158.

24. Alexander Roberts y James Donaldson, eds., *Ante-Nicene Fathers* [Padres antenicenos], vol. 9, *The Apocalypse of Peter* [El Apocalipsis de Pedro] (Peabody, MA: Hendrickson, 2004), 142.

25. Metzger, *The New Testament*, 276.

26. Merrill C. Tenney, *New Testament Survey* [Estudio del Nuevo Testamento] (Grand Rapids: Eerdmans, 1953, 1985), 405.

27. Metzger, *The New Testament*, 101.

CAPÍTULO 7
¿ES CONFIABLE EL NUEVO TESTAMENTO?

El problema del Nuevo Testamento

Cuando Johannes Gutenberg introdujo la tipografía móvil en Europa en la década de 1450, no solo creó un método que permitía producir escritos en masa con relativa facilidad, sino que también hizo obsoleta la copia de libros a mano, un método que casi garantizaba la introducción de errores en los textos. Esto significa que durante unos 1400 años el Nuevo Testamento fue muy vulnerable a la corrupción, tanto intencionada como no intencionada. Si el Nuevo Testamento es un documento escrito por testigos presenciales de la vida y las enseñanzas de Jesús, la transmisión exacta de estos documentos a lo largo del tiempo es un verdadero problema.

¿Cómo podemos saber que lo que ahora llamamos Nuevo Testamento es en realidad lo que se escribió originalmente? Al fin y al cabo, no tenemos los escritos originales.

Crítica textual

Para abordar la cuestión de la recuperación del texto original de los escritos antiguos, se desarrolló una disciplina llamada crítica textual. En la crítica textual, todas las copias existentes de un manuscrito se comparan entre sí y se emplean ciertas técnicas para analizar el texto de manera que se pueda sugerir cuál de las copias es la más primitiva. Por ejemplo, cuando se encuentra una variación en los textos, se prefieren las copias más tempranas a las más tardías, ya que el cambio probablemente se introdujo en algún momento después de las primeras copias. Además, las versiones más cortas de los manuscritos tienen más peso que las más largas. Esto se debe a que es mucho más probable que los escribas que hicieron las

Una página de la Biblia de Gutenberg.

copias añadieran al texto para aclarar o comentar los pasajes a que lo sustrajeran. Cuando se enfrentaban a variaciones, los escribas solían poner lo que creían auténtico en el cuerpo principal del texto y luego documentaban la variación en los márgenes de la página. Una tercera técnica consiste en preferir la lectura de la mayoría de los textos. Cada una de estas técnicas es una regla general, no una norma estricta.

Los escribas copiaban los libros de dos maneras. Una de ellas consistía en que cada escriba tenía delante una edición del libro que quería copiar, llamada ejemplar. Entonces copiaban tediosamente palabra por palabra el texto del libro. El otro método requería que un lector leyera en voz alta el ejemplar mientras varios escribas tomaban el dictado. Este método era mucho más rápido para producir copias, pero también conllevaba un inconveniente que no estaba presente en el primer método. El inconveniente era que algunas palabras suenan exactamente iguales, o muy parecidas, pero pueden escribirse de dos maneras diferentes. Esto también es cierto en castellano. «A» y «ha» o «cocer» y «coser», por ejemplo, son indistinguibles por el sonido.[1]

Dado que los libros del Nuevo Testamento no se consideraron oficialmente Escrituras hasta finales del siglo IV, los escribas probablemente trataron lo que estaban copiando con menos reverencia que la que se daba a las Escrituras del Antiguo Testamento. Las precauciones, desarrolladas por los escribas del Antiguo Testamento para asegurar que una copia reflejara con exactitud el ejemplar (de las que hablaremos en el próximo capítulo), no se utilizaron inicialmente en la copia del Nuevo Testamento. Los libros del Nuevo Testamento fueron tratados como otras cartas e historias valiosas hasta que se formó finalmente el canon. Así, las variaciones que encontramos en los manuscritos se introdujeron en gran medida en los textos antes del siglo V.

Transmisión

Una idea errónea sobre el Nuevo Testamento es que se transmitió como los eslabones de una cadena, copiando cada libro, que luego fue copiado por otro, que luego fue copiado por otro, y así sucesivamente. Esto se compara a menudo con el juego del «teléfono descompuesto», en el

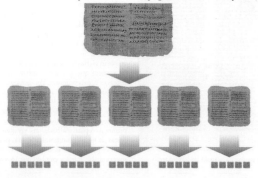

que una persona susurra un mensaje a otra, y esta se lo susurra a otra, y así va recorriendo la habitación. Cuando llega a la última persona, el mensaje suele ser muy diferente al original.

Pero no fue así como se transmitieron los escritos del Nuevo Testamento. Como vimos en el capítulo anterior, los libros de origen apostólico se consideraron autorizados muy temprano en la historia. Como resultado, los libros eran muy valorados. Pero cada iglesia no tenía cada libro. Así que cuando una iglesia recibía un documento de un apóstol, compartía el libro haciendo varias copias para enviarlas a otras iglesias. Los receptores también hacían múltiples copias y las enviaban a otras iglesias, y así sucesivamente.

Cuando una iglesia recibía un documento de un apóstol, compartía el libro haciendo varias copias para enviarlas a otras iglesias. Los receptores también hacían múltiples copias y las enviaban a otras iglesias, y así sucesivamente.

Este fragmento de Juan está fechado entre los años 125 y 130 d. C.

Incluso vemos que Pablo ordena que se hagan copias y se compartan (Col. 4:16).

Como resultado, el número de copias creció de forma exponencial, y cada copia engendró un número de copias.

Autoridad de los manuscritos

Dado que la crítica textual se basa por completo en los manuscritos existentes, cuantos más manuscritos tengamos, más exactamente se podrá recrear el texto original. En el caso del Nuevo Testamento, si nos limitamos solo a los manuscritos en lengua original, disponemos de más de 5300 copias, incluidos los fragmentos.[2]

La mayoría de estos manuscritos se encontraron en bibliotecas de monasterios de todo el Mediterráneo, y se siguen descubriendo más. El Nuevo Testamento completo más antiguo, que también contiene aproximadamente la mitad del Antiguo Testamento, se encontró en un monasterio del Monte Sinaí. El Códice Sinaítico, como se lo conoce, data del año 350 d. C. Considera que esto es antes de que se formara oficialmente el canon. El Códice Vaticanus data del 325 al 350 d. C. y contiene casi todo el Nuevo Testamento. El Papiro Chester Beatty data del año 180 d. C. y contiene los escritos completos de Pablo. El Papiro Bodmer es una copia de la mayor parte del Evangelio de Juan, del año 150 al 200 d. C.[3]

El fragmento más antiguo del Nuevo Testamento, universalmente aceptado, se encontró en Egipto en 1920. Pertenece al Evangelio de Juan y está fechado entre los años 125 y 130 d. C. Si Juan escribió su Evangelio poco antes del año 70 d. C., el lapso entre la escritura y la copia es de unos 60 años. Si Juan escribió el libro entre el 80 y el 85 d.C., el intervalo es de 50 años o menos.[4]

Hay dos copias notables cuyas fechas se debaten. El Papiro Magdalena, también llamado Papiros de Jesús, es un conjunto de cinco fragmentos que contiene partes de Mateo, originalmente fechado en el siglo III o IV d. C.; recientemente se ha fechado antes del año 70 d. C. El otro, mencionado en el capítulo anterior, se llama 7Q5, lo que indica que el fragmento fue el quinto documentado en la séptima cueva de Qumrán, cerca del Mar Muerto. Se ha fechado entre el 50 a. C. y el 50 d. C. El texto es muy discutido, porque el contenido conservado en este fragmento tan pequeño contiene en su mayoría palabras comunes, pero se han presentado buenos argumentos para identificarlo como un fragmento de Marcos.[5]

Papiro Magdalena.

CONFIABILIDAD DE LOS MANUSCRITOS DEL NUEVO TESTAMENTO COMPARADOS CON OTRAS OBRAS CLÁSICAS.

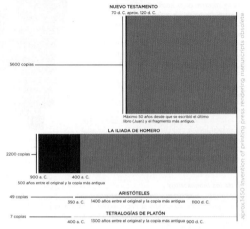

Incluso si excluimos de la consideración las dos últimas copias disputadas, en comparación con otros escritos del mundo antiguo, el Nuevo Testamento cuenta con una enorme cantidad de manuscritos y un periodo de tiempo extremadamente corto entre la escritura y la copia más antigua.

La *Ilíada* de Homero tiene probablemente la siguiente mayor autoridad de manuscritos en comparación con el Nuevo Testamento. Homero escribió la *Ilíada* alrededor del año 900 a. C. La copia más antigua que tenemos es del 400 d. C., un lapso de 500 años. El número total de manuscritos es de 643, y las lecturas coinciden en un 95 % de las veces.[6]

Aristóteles escribió entre el 384 y el 322 a. C. La copia más antigua está fechada en el año 1100 a. C., 1400 años después. El número total de manuscritos en lengua original es de 49 de un mismo libro.[7]

Platón escribió sus *Tetralogías* entre el 427 y el 347 a. C. La copia más antigua que se conserva es de 900 a 1300 años después. Solo se conocen siete manuscritos.[8]

Además de los manuscritos en lengua original del Nuevo Testamento, disponemos de unas 8000 Vulgatas latinas (una versión latina común traducida por Jerónimo en el siglo IV) y otras 9300 versiones tempranas. Estas otras versiones tempranas son traducciones a lenguas como el copto, el sirio, el armenio y el nubio.[9]

La tercera pieza del rompecabezas utilizado para recuperar el texto son las citas de la Escritura en los escritos de los primeros padres de la Iglesia. Como se mencionó en el capítulo 6, la totalidad del Nuevo Testamento puede reconstruirse prácticamente a partir de las citas encontradas en sus cartas.

> *Cuantos más manuscritos tengamos, más exactamente se podrá recrear el texto original.*

¿Miles de errores?

Cuando se comparan los manuscritos en el idioma original entre sí, encontramos que hay unas 200 000 variantes o errores en 10 000 lugares diferentes. Las variantes son, simplemente, desacuerdos entre los textos. Estas variantes pueden dividirse en dos categorías: involuntarias e intencionadas.

La gran mayoría de las variantes son involuntarias y son errores ortográficos, interpolaciones de palabras o líneas, o de naturaleza ortográfica.[10] Cada vez que una determinada palabra está mal escrita en un punto determinado del texto, se cuenta como un error. Por ejemplo, si una determinada palabra en un determinado verso tuviera la misma falta de ortografía en 537 copias, eso contaría como 537 errores o variantes. Las variantes ortográficas se refieren a la forma en que las palabras se escriben de manera diferente en distintos lugares.

La diferencia entre «hierba» y «yerba» es ortográfica. Ambas grafías son correctas, pero cada una se prefiere en un lugar geográfico diferente.

Dado que conservan los errores de sus ejemplares, las primeras traducciones del Nuevo Testamento ayudan a localizar dónde se conocían principalmente ciertas variantes textuales que probablemente se produjeron. Además, los escritos de los primeros padres de la Iglesia son una gran ayuda en este punto, porque cuando citan el Nuevo Testamento, esencialmente han etiquetado los errores que conservaron con un tiempo y un lugar. Si la aparición más antigua de una variante se encuentra en Agustín, por ejemplo, sabremos que el error no es posterior a finales del siglo IV o principios del V y que se conocía en las copias norteafricanas.

Un fragmento del siglo IV de un escrito de Melito, un obispo de Sardis. (La Colección Schøyen MS 2337, Oslo y Londres).

Si un error diferente de la misma época se conserva en Crisóstomo, sabríamos que el error se encontraba en copias de la región bizantina. Y si se encuentra una variante en los escritos de Justino Mártir, sabemos que la variante no era posterior a mediados del siglo II y que era conocida por los romanos.

Estas observaciones llevaron a los estudiosos a dividir las copias en tres grandes tipos de texto, cada uno con sus propias peculiaridades. El tipo de texto occidental recibe el nombre de las versiones encontradas en los alrededores de Roma. El tipo de texto bizantino abarca la actual

ROMA
TEXTO OCCIDENTAL

ALEJANDRÍA
TEXTO ALEJANDRINO

TURQUÍA
TEXTO BIZANTINO

MEDITERRÁNEO

Una copia del siglo V de Romanos escrita en siríaco (Colección Schøyen MS 2530, Oslo y Londres).

Turquía, Grecia y Oriente Medio. El tipo de texto alejandrino se denomina así por las copias encontradas en el norte de África.[11]

El tipo de texto alejandrino cuenta con los manuscritos más antiguos. Es el tipo de texto que se encuentra en los casi noventa papiros que se conservan y que se remontan al siglo II (y posiblemente al I). La gran mayoría de las traducciones al castellano se basan en el tipo de texto alejandrino, ya que la mayoría de los expertos lo consideran hoy la forma más antigua del Nuevo Testamento. El tipo de texto con mayor número de copias es el bizantino. Estos manuscritos se escribieron en vitela, un soporte mucho más duradero que los papiros. Los textos bizantinos datan del siglo IX en adelante. Este tipo de texto fue utilizado por Erasmo para compilar el primer Nuevo Testamento griego publicado. La versión inglesa King James se basó en el trabajo de Erasmo. Esto explica la variación que se observa entre la versión King James y casi cualquier otra traducción inglesa importante. Todavía se discute si el bizantino es el último tipo de texto y el alejandrino el más antiguo. La opinión mayoritaria es que el bizantino es una combinación de los tipos alejandrino y occidental. Pero el argumento de que al menos algunas partes del texto bizantino se remontan a la misma época que los otros tipos de texto es sólido.

El otro tipo de error que se encuentra en las Escrituras es el error intencionado. Se trata de cambios deliberados en el texto por parte de los escribas. Sin embargo, probablemente no era la intención de los escribas corromper el texto. A veces intentaban corregir lo que veían como un error o mejorar el texto de alguna otra manera.

Un buen ejemplo de un error intencionado se encuentra en Marcos 1:1-3 (énfasis añadido):

Comienzo del evangelio de Jesucristo, el Hijo de Dios.

Sucedió como está escrito en el profeta Isaías: «Yo estoy por enviar a mi mensajero delante de ti, el cual preparará tu camino». «Voz de uno que grita en el desierto: «Preparen el camino del Señor, háganle sendas derechas»».

La traducción NVI arriba mencionada utiliza como fuente el tipo de texto alejandrino (también conocido como egipcio).[12] Compara esta traducción con la de la Nueva Versión King James (NKJV, por sus siglas en inglés), basada en el tipo de texto bizantino (énfasis añadido):

El principio del evangelio de Jesucristo, el Hijo de Dios.

Como está escrito en los Profetas: «He aquí que envío a mi mensajero ante tu rostro, que preparará tu camino delante de ti». «La voz de uno que clama en el desierto: «Preparad el camino del Señor; enderezad sus sendas»».

Notemos que la NVI atribuye la cita a Isaías, pero la NKJV atribuye la cita a «los Profetas». Al parecer, en algún momento un escriba reconoció que la cita no solo era de Isaías 40:3, sino también de Malaquías 3:1, y trató de corregir la atribución. Se desconoce si Marcos, intencionadamente y por la razón que sea, hizo la atribución únicamente a Isaías.

El osario de Caifás que fue encontrado afuera de Jerusalén en 1990.

La inscripción de Sergio Pablo corrobora Hechos 13:7-12.

Flavio Josefo

Sin embargo, este dilema ilustra otro principio utilizado en la recuperación de la Escritura original: preferir la lectura más difícil. Entre las dos interpretaciones de Marcos 1:1-3, es más fácil explicar la diferencia como una corrección de «Isaías» a «los Profetas» que explicarla como una corrupción de «los Profetas» a Isaías». La lectura más difícil es la de «Isaías», por lo que se considera que tiene una mayor probabilidad de ser el original.

Independientemente del valor de las técnicas descritas anteriormente, hay algunas partes del Nuevo Testamento en las que simplemente no estamos seguros de lo que decía el escrito original. Unas 400 palabras entran en esta categoría y comprenden unos cuarenta versículos. El contenido de estos versículos no contiene la base de ninguna doctrina esencial de la fe cristiana. Como resultado, los estudiosos pueden recuperar con certeza entre el 97 y el 99 % del contenido original del Nuevo Testamento.[13]

Resulta que, en lugar de estar en desventaja por no tener los escritos originales, nos encontramos en una buena posición. Si tuviéramos los originales, un crítico de los escritos solo tendría que cuestionar un documento. En cambio, un crítico tiene que enfrentarse a más de 5300 documentos que coinciden sustancialmente en el 99.5 % de las veces. En última instancia, esto tiene tanto o más peso que tener los originales.

Arqueología y escritos no cristianos

Dado que el Nuevo Testamento pretende documentar la historia —sucesos que, según afirma, ocurrieron a personas reales en lugares reales en determinados momentos—, una de las formas de comprobar su fiabilidad es comparar los escritos con los hallazgos arqueológicos. ¿Los hallazgos corroboran o contradicen el Nuevo Testamento?

Esta prueba se hizo especialmente necesaria con el auge de la teología liberal y la «alta crítica» a principios del siglo XIX. Los eruditos bíblicos y los teólogos de esta corriente ignoraron la tradición y el testimonio conservado por los primeros padres de la Iglesia y fecharon los libros del Nuevo

Testamento en gran medida en el siglo II o incluso más tarde. Con la aparición de la arqueología como disciplina científica (también en el siglo XIX), se pudo comprobar la veracidad histórica del Nuevo Testamento.

¿Los hallazgos arqueológicos corroboran o contradicen el Nuevo Testamento?

Desde entonces, la arqueología ha confirmado repetida y sistemáticamente el Nuevo Testamento. Mucha información sobre el mundo mediterráneo de aquella época que solo se encontraba en el Nuevo Testamento ha sido corroborada por los hallazgos arqueológicos. Títulos, nombres de gobernantes locales, períodos de tiempo y puntos de referencia que antes se consideraban erróneos o incluso ficticios, ahora se consideran reales.

Cornelio Tácito

Hay muchos libros escritos sobre este tema que detallan el número cada vez mayor de hallazgos, e incluso un breve estudio sería lamentablemente insuficiente. Ya se han mencionado dos de los hallazgos más importantes: la Piedra de Pilatos (capítulo 1) y la inscripción de Galio o Delfos (capítulo 6). Otros hallazgos notables son el osario de Caifás (una caja utilizada para enterrar los huesos de Caifás), hallado en las afueras de Jerusalén en 1990; la inscripción Sergius Paulus, que documenta la existencia del primer converso de Pablo en Chipre (Hech. 13:7); el estanque de Siloé (Juan 9:1-11);[14] el estanque de Betesda (Juan 5:1-15); e inscripciones que documentan a Lisanias como tetrarca de Abilene en la época en que Juan el Bautista comenzó su ministerio según Lucas 3:1.

Plinio el Joven

Además de los hallazgos arqueológicos, hay una serie de escritos de fuentes no cristianas que han sobrevivido y corroboran el Nuevo Testamento. De nuevo, son demasiados para detallarlos todos en este contexto. La más famosa de estas fuentes no cristianas es Josefo (37-100 d. C.), un historiador judío al servicio de los romanos. En su obra *Antigüedades*, libro 18, capítulo 3, Josefo escribió lo siguiente:

> Por aquel tiempo estaba Jesús, un hombre sabio, si es que es lícito llamarlo hombre; porque era un hacedor de obras maravillosas, un maestro de los hombres que reciben la verdad con gusto. Atrajo hacia sí a muchos de los judíos y a muchos de los gentiles. Él era el Cristo. Y cuando Pilato, por sugerencia de los principales hombres de entre nosotros, lo condenó a la cruz, los que lo amaban al principio no lo abandonaron, pues al tercer día se les apareció de nuevo vivo, como los divinos profetas habían predicho estas y otras diez mil cosas maravillosas sobre él. Y la tribu de los cristianos, así llamada por él, no se ha extinguido hasta hoy.

Dado que Josefo era judío, parece extremadamente improbable que este pasaje se haya conservado tal y como lo escribió. Se considera que fue añadido después, probablemente por escribas cristianos. El resto del texto, sin embargo, es considerado por la mayoría de los estudiosos como auténtico. En la obra de Josefo también encontramos menciones a Santiago (el hermano de Jesús), Juan el Bautista, Herodes el Grande y muchas otras personas y acontecimientos documentados en el Nuevo Testamento.[15]

El historiador romano Tácito (55-117 d. C.) menciona a Jesús y al cristianismo en un pasaje que registra el incendio de Roma por parte de Nerón.

Luciano de Samósata

> En consecuencia, para deshacerse de la denuncia, Nerón fijó la culpa e infligió las más exquisitas torturas a una clase odiada por sus abominaciones, llamada «cristianos» por el populacho. Christus, de quien procede el nombre, sufrió la pena extrema durante el reinado de Tiberio a manos de uno de nuestros procuradores, Poncio Pilato, y la superstición más maligna, así frenada por el momento, volvió a estallar no solo en Judea, la primera fuente del mal, sino incluso en Roma, donde todas las cosas horribles y vergonzosas de todas partes del mundo encuentran su centro y se hacen populares.[16]

Plinio el Joven, gobernador de Bitinia, en Asia Menor, del 109 al 111, escribió al emperador Trajano explicando, entre otras cosas, cómo trataba a los cristianos.

> Les pregunto si son cristianos y, si lo admiten, les repito la pregunta una segunda y una tercera vez, con la advertencia del castigo que les espera. Si persisten, ordeno que los lleven a la ejecución, porque, sea cual sea la naturaleza de su admisión, estoy convencido de que su terquedad y su inquebrantable obstinación no deben quedar impunes […]. También declararon que la suma total de su culpa o error no ascendía más que a esto: que se habían reunido regularmente antes del amanecer en un día fijo para cantar versos alternativamente entre ellos en honor a Cristo como si fuera un dios, y también para obligarse por juramento, no para ningún propósito criminal, sino para abstenerse de hurtos, robos y adulterios […]. Esto me hizo decidir que era aún más necesario extraer la verdad mediante la tortura de dos mujeres esclavas, a las que llaman diaconisas. No encontré más que una especie de culto degenerado llevado a extremos extravagantes.[17]

El satírico griego del siglo II, Luciano, escribió:

> [Los cristianos] siguen adorando al hombre que fue crucificado en Palestina porque introdujo este nuevo culto en el mundo […]. Los pobres desgraciados se han convencido, ante todo, de que van a ser inmortales y a vivir para siempre, en consecuencia de lo cual desprecian la muerte e incluso se entregan voluntariamente a la custodia; la mayoría de ellos. Además, su primer legislador los persuadió de que todos son hermanos entre sí, después de haber transgredido de una vez por todas al negar a los dioses griegos y adorar a ese sofista crucificado y vivir bajo sus leyes. Por lo tanto, desprecian todas las cosas indiscriminadamente y las consideran propiedad común, recibiendo tales doctrinas tradicionalmente sin ninguna evidencia definitiva.[18]

La Biblia es la Palabra inspirada por Dios

La razón por la que debemos de creerlo es porque es la Palabra inspirada por Dios.

Sabemos esto porque lo dice.

Solo a partir de las cuatro citas no cristianas mencionadas anteriormente, observamos que Jesús fue una persona real que vivió en Palestina durante la época de Tiberio y Poncio Pilato. Tuvo fama de obrar maravillas y de enseñar una doctrina radical. Era adorado como Dios. Sus seguidores se reunían en un día determinado de la semana y mostraban una devoción extrema, hasta el punto de soportar la tortura y dar la bienvenida a la muerte. Había una cultura comunitaria que se preocupaba por el bienestar de todos los creyentes. Sus seguidores estaban obligados por juramento a adherirse a un alto estándar ético.

Todas estas cosas, escritas por partes neutrales en el mejor de los casos, corroboran el Nuevo Testamento. Y muchos otros escritos antiguos no cristianos se unen a ellos para apoyar la historia documentada en el Nuevo Testamento.[19]

¿Es el Nuevo Testamento la Palabra inspirada de Dios?

La palabra «inspiración» significa literalmente «exhalada por Dios». No significa un dictado divino en el que cada autor se convirtió en un autómata que registraba mecánicamente las palabras de Dios. Más bien, Dios utilizó las personalidades, experiencias y talentos de cada escritor para revelarse a sí mismo. Es porque el hombre es pecador y propenso al error que Dios supervisó la escritura de las Escrituras. Eso es, de hecho, lo que separa la auténtica Escritura de cualquier otro conjunto de literatura. Pero la pretensión de ser la Palabra inspirada de Dios no es exclusiva del Nuevo Testamento (véase 2 Tim. 3:16; 1 Tes. 2:13). El Corán, por ejemplo, se encuentra entre otros escritos sagrados que hacen esta afirmación. Sin embargo, el contenido de los libros que reclaman inspiración no puede conciliarse entre sí; son incompatibles. O bien uno de ellos es la Palabra de Dios inspirada, o bien todos ellos no son inspirados.

Dios utilizó las personalidades, experiencias y talentos de cada escritor para revelarse a sí mismo.

La afirmación de que un escrito es inspirado puede caer fácilmente en un razonamiento circular o en un cuestionamiento en el que la conclusión del argumento se presupone en las premisas. Esto es así: «La Biblia es la Palabra inspirada de Dios. Lo sabemos porque lo dice. La razón por la que debemos creerla es porque es la Palabra inspirada de Dios». Este razonamiento circular no sirve para nada. Se puede tomar cualquier conjunto de documentos y argumentar a favor de su autoridad divina utilizando un razonamiento tan falaz.

Para comprobar la inspiración debemos determinar primero si el Nuevo Testamento es un documento histórico fiable, ya que pretende serlo. Algunos documentos religiosos no hacen este tipo de afirmaciones. La arqueología y los escritos no cristianos atestiguan los elementos históricos del Nuevo Testamento, verificando las épocas, los nombres y los títulos de las personas que alguna vez los críticos consideraron ficticias o inexactas. La Piedra de Pilato, la inscripción de Galio, los escritos de Josefo, Luciano y otros similares son solo algunas de las evidencias antiguas que corroboran el testimonio del Nuevo Testamento.

Representación del siglo XII del apóstol Pablo.

Jesús afirmó que era Dios encarnado, la Palabra hecha carne, por lo que debemos centrar nuestra investigación en las afirmaciones de Jesús sobre sí mismo.

Jesús consideró el Antiguo Testamento como la Palabra autorizada de Dios hablada a través de los profetas.

Si los argumentos a favor de la resurrección son convincentes, entonces debemos tomar en serio lo que Jesús dijo sobre el Antiguo y el Nuevo Testamento.

Para los primeros cristianos, la Biblia era el Antiguo Testamento.

Además, la amplia autoridad de los manuscritos, como se ha descrito anteriormente, nos da buenas razones para creer que conocemos el texto original con notable certeza. Asimismo, la cadena de pruebas y tradiciones que remontan el Nuevo Testamento a los relatos de los testigos oculares es muy sólida. De hecho, no tiene parangón en la literatura antigua.

Jesús afirmó que era Dios encarnado, la Palabra hecha carne. Esta afirmación se examinará en el capítulo 12. Si se puede demostrar que Jesús hizo una afirmación tan extravagante, seguramente también debe haber proporcionado una forma de autentificar la afirmación. Esta autentificación vino en la forma de la resurrección, que Él mismo predijo y que será examinada en el capítulo 11. Si los argumentos a favor de la resurrección son convincentes, entonces debemos tomar en serio lo que Jesús dijo sobre el Antiguo y el Nuevo Testamento.

Según los registros del Nuevo Testamento, Jesús consideró el Antiguo Testamento como la Palabra autorizada de Dios, hablada a través de los profetas. Habló de Abraham, Moisés, David, Noé, Jonás, los profetas y otros como personas reales en la historia, personas cuya propia existencia ha sido cuestionada por los críticos.

Habló de los milagros como actos de Dios que realmente ocurrieron. Habló de la profecía como un fenómeno genuino.

Por lo tanto, si se puede demostrar que el Nuevo Testamento es historia real conservada con precisión por testigos oculares, transmitida a nosotros de una manera en la que podemos tener un buen grado de certeza de los escritos originales, y que hay buenas razones para creer que la resurrección tuvo lugar, entonces debemos tomar en serio las palabras y creencias de Jesús. Dado que Él consideraba el Antiguo Testamento como la Palabra de Dios autorizada, tenemos buenas razones para aceptarlo también. Por eso los apóstoles recurrían a menudo al Antiguo Testamento, porque Jesús lo hacía. Para los primeros cristianos, la Biblia era el Antiguo Testamento.

Después de que el Espíritu Santo vino en el día de Pentecostés y les dio poder, los apóstoles comenzaron a enseñar lo que se les había enseñado.

Jesús también dijo que, tras Su muerte, Dios Padre enviaría el Espíritu Santo a los apóstoles. El Espíritu Santo les enseñaría y les haría recordar todo lo que Jesús enseñó. Después de que el Espíritu Santo vino en el día de Pentecostés y les dio poder, los apóstoles comenzaron a enseñar lo que se les había enseñado. Eventualmente estas cosas fueron escritas por ellos y esa obra es lo que llamamos el Nuevo Testamento.

Pentecostés representado en el Salterio de Ingeborg que data de antes de 1210.

Por lo tanto, si se puede demostrar que Jesús afirmó ser Dios, y si se puede demostrar que es razonable creer que la resurrección es un hecho histórico, entonces tenemos buenas razones para creer que la Biblia es la Palabra inspirada de Dios. Si se puede demostrar la inspiración de la Biblia, entonces también es razonable creer que la Biblia es infalible en sus escritos originales. La idea de la inspiración es que Dios se aseguró de que los escritos de los autores contuvieran ciertos relatos que transmiten la verdad con exactitud. La infalibilidad es un subproducto de la inspiración.

Conclusión

El Nuevo Testamento tiene una autoridad manuscrita que supera con creces cualquier otro escrito antiguo y nos permite tener un grado muy alto de certeza del texto original. Además, la afirmación de inspiración que hace el Nuevo Testamento no es un alarde vano; es una afirmación que puede ser investigada. Por tanto, el Nuevo Testamento no es una obra ordinaria de los hombres, sino la infalible y siempre fiable Palabra de Dios hablada a través de instrumentos de Su elección.

> *Por tanto, el Nuevo Testamento no es una obra ordinaria de los hombres, sino la infalible y siempre fiable Palabra de Dios hablada a través de instrumentos de Su elección.*

Cita destacada

Si yo fuera el diablo (por favor, sin comentarios), uno de mis primeros objetivos sería impedir que la gente investigara la Biblia. Sabiendo que es la Palabra de Dios, que enseña a los hombres a conocer, amar y servir al Dios de la Palabra, haría todo lo posible para rodearla con el equivalente espiritual de fosas, setos de espinas y trampas para asustar a las personas.[20]

—*J. I. Packer*

Notes

1. Bruce Metzger, *The New Testament: Its Background, Growth and Content* [El Nuevo Testamento: Su trasfondo, crecimiento y contenido] (Nashville: Abingdon, 1965), 280.

2. Ibid., 283.

3. Norman Geisler, *Christian Apologetics* [Apologética cristiana] (Grand Rapids: Baker, 1976), 306.

4. Craig Blomberg, «The Historical Reliability of the New Testament» [«La confiabilidad histórica del Nuevo Testamento»] en William Lane Craig, *Reasonable Faith* [Fe razonable] (Wheaton, IL: Crossway, 1984), 194.

5. Randall Price, *Secrets of the Dead Sea Scrolls* [Secretos de los rollos del Mar Muerto] (Eugene, OR: Harvest House, 1996), 185–89.

6. Josh McDowell, *Evidence That Demands a Verdict* [Evidencia que exige un veredicto] (San Bernardino: Here's Life, 1972, 1979), 43.

7. Ibid., 42.

8. Ibid.

9. Metzger, *New Testament*, 283.

10. Ibid., 281.

11. David Allen Black, «Key Issues in New Testament Textual Criticism» [«Puntos clave en la crítica textual del Nuevo Testamento»] conferencia en la Universidad de Biola; Larry W. Hurtado, «How the New Testament Has Come Down to Us» [«Cómo ha llegado el Nuevo Testamento a nosotros»] en *Introduction to the History of Christianity* [Introducción a la historia del cristianismo], ed. Tim Dowley (Minneapolis: Fortress, 2002), 132.

12. En el libro en inglés (idioma original) se utiliza la CSB en lugar de la NVI. La CBS utiliza el *Novum Testamentum Graece*, 27ª ed., como base para la traducción del Nuevo Testamento. El *Novum Testamentum Graece* se basa principalmente en el tipo de texto alejandrino.

13. Black, «Key Issues in New Testament».

14. Juan 9:1-11; comp. Hershel Shanks, «Where Jesus Cured the Blind Man» [«Cuando Jesús sanó al ciego»] *Biblical Archaeology Review* 31, no. 5 (septiembre/octubre 2005): 16–23.

15. Blomberg, «Historical Reliability», 215.

16. Tácito, *Annals* 15.44.

17. Plinio el Joven, *Epistles* 10.96.

18. Luciano, *The Passing of Peregrinus*, 11–13.

19. Un excelente compendio y estudio de tales escritos se encuentra en Gary R. Habermas, *The Historical Jesus* [El Jesús histórico] (Joplin, MO: College Press, 1996), 143–255.

20. J. I. Packer, prefacio en R. C. Sproul, *Knowing Scripture* [Conociendo la Escritura] (Downers Grove, IL: InterVarsity, 1977), 9.

CAPÍTULO 8

¿ES CONFIABLE EL ANTIGUO TESTAMENTO?

¿Por qué prestar atención al Antiguo Testamento?

Con la muerte de Jesús, los primeros cristianos no quedaron en una crisis de autoridad. Jesús se había preparado para Su ausencia encargando a los apóstoles, hombres cuya misión era preservar y difundir Sus enseñanzas y supervisar Su Iglesia. Sus enseñanzas pronto se codificaron en escritos que acabarían conociéndose como el Nuevo Testamento. Pero los apóstoles y otros judíos del siglo I ya tenían un conjunto de escritos que consideraban canónicos. Jesús confirmó y mantuvo esta opinión de que la Biblia hebrea era la Escritura,[1] la Palabra de Dios escrita, una autoridad para sus vidas.

Un Tárgum del siglo XI, una traducción al arameo del Antiguo Testamento.

Según Jesús, el Antiguo Testamento era la revelación específica de Dios de sí mismo; como tal, solo a través del Antiguo Testamento podían percibir correctamente a Dios, el mundo que los rodeaba y, lo más importante, al propio Jesús. El marco del Antiguo Testamento era absolutamente esencial para entender a Jesús y Sus enseñanzas. Y, a su vez, las enseñanzas, la vida y la muerte de Jesús arrojaron una gran luz sobre el Antiguo Testamento.

Como resultado de la importancia del Antiguo Testamento para el cristianismo, hay que plantear las mismas preguntas que se hicieron al Nuevo Testamento. ¿Qué es? ¿De dónde procede? ¿Es confiable?

¿Qué es el Antiguo Testamento?

No es sorprendente que los judíos no se refieran a sus Escrituras como «el Antiguo Testamento». Aunque los escritos tienen entre 2400 y 3400 años de antigüedad, para los judíos los escritos no son antiguos en el sentido de haber sido aumentados por una obra más reciente, como los escritos de los apóstoles sobre Jesús. Por lo tanto, los judíos consideran que el término «Antiguo Testamento» es, en el mejor de los casos, un nombre equivocado. La Biblia hebrea se conoce como el *Tanak*. La palabra *Tanak* es un acrónimo creado a partir de la primera letra de cada una de las tres secciones de las Escrituras. La primera sección es la Torá, que significa «la ley». Los primeros cinco libros de la Biblia, todos atribuidos a Moisés, comprenden la ley. La segunda sección es el Neviim, que significa «los profetas». Esta sección documenta la vida de los profetas y sus mensajes.

TANAK

TORÁ

NEVIIM

KETUVIM

LA LEY
Génesis
Éxodo
Levítico
Números
Deuteronomio

LOS PROFETAS
Josué
Jueces
Samuel
Reyes
Isaías
Jeremías
Ezequiel
Los 12 profetas
menores

LOS ESCRITOS
Salmos
Proverbios
Job
Los cinco rollos
Esdras/Nehemías
Crónicas
Daniel

La tercera sección se llama Ketuvim, que significa «los escritos». En esta sección se encuentra la literatura sapiencial, los cantos y las historias diversas.

¿Cómo se escribió el Antiguo Testamento?

En el siglo XIX, la opinión predominante era que no había grandes obras maestras de la literatura en la época en que vivió Moisés. Desde el siglo XIX, los arqueólogos han descubierto obras maestras que datan de varios siglos antes que Moisés, como la Epopeya de Gilgamesh. No hay textos hebreos fuera de la Biblia de la época de Moisés, salvo unas pocas inscripciones breves en el Sinaí que pueden ser hebreas. Lo más probable es que el propio Moisés supiera leer y escribir debido a su educación privilegiada y podría haber sabido leer y escribir hasta en tres idiomas.[2]

Al igual que Lucas trabajó con múltiples fuentes al escribir el Evangelio que lleva su nombre, es probable que Moisés tuviera numerosos documentos que se habían transmitido de generación en

Esta tablilla es uno de los seis registros conocidos que contienen una lista de reyes y ciudades de antes del gran diluvio. Data de entre 2000 y 1800 a. C. y procede de Babilonia. (La Colección Schøyen MS 2855, Oslo y Londres).

La conciencia de los hebreos de su papel único como pueblo de Dios habría sido una motivación para transmitir lo que Dios había revelado anteriormente.

generación. La conciencia de los hebreos de su papel único como pueblo de Dios habría sido una motivación para transmitir lo que Dios había revelado anteriormente. Ahora sabemos que la gente de esta época solía mantener amplios registros escritos de los negocios y las comunicaciones, y que los primeros israelitas probablemente tenían relatos escritos y otras fuentes sobre los acontecimientos de la vida de los patriarcas.

Hay un par de razones por las que los escritos de Moisés fueron aceptados por la nación de Israel como la Palabra inspirada de Dios. Una de las razones son los muchos milagros que observaron que Moisés hizo o en los que participó. Estos milagros no eran para el beneficio de Moisés, sino para aquellos que eran

Moisés recibiendo la Ley tal y como se representa en el Pentateuco de Ashburnham, una Torá española del siglo VI.

testigos. No eran de naturaleza gratuita, sino que se hacían para autentificar a Moisés como alguien que hablaba en nombre de Dios. Otra razón es que llevó a cabo su ministerio abiertamente, sin intentar ocultar nada a nadie. Nadie tenía motivos para cuestionar sus motivos o sus métodos. La nación de Israel tomaba lo que veía al pie de la letra: Moisés era un hombre a través del cual Dios había decidido revelarse.

Por lo tanto, los escritos de los profetas tenían un criterio que cumplir. Tendría que haber alguna señal, principalmente una profecía predictiva, que autentificara a los que decían hablar en nombre de Dios. Los mensajes e historias de estas personas se conservaron y aceptaron en última instancia por las mismas razones que las obras de Moisés. Según la tradición, desde Moisés hasta Nehemías parece haber una cadena de profetas cuyos mensajes fueron registrados. Después de Nehemías, el canon de los *Neviim* (los profetas) quedó, a todos los efectos, cerrado. La cadena de profetas llegó a su fin.

Los libros restantes del *Tanak* fueron, por una u otra razón, tratados como Escrituras. Una indicación primaria de la alta estima que se tenía por estos libros,

Un pasaje de Éxodo 20 extraído de un Pentateuco de la Biblioteca Británica.

como los Salmos, Job y Proverbios, es que se escribieron comentarios sobre ellos. En los Rollos del Mar Muerto se encontraron muchos ejemplos de estos comentarios. Los libros no canónicos no inspiraron tal literatura auxiliar.

Un gran testimonio de la canonicidad de los libros lo proporciona el Nuevo Testamento. Como se mencionó en el último capítulo, Jesús se refirió a muchas personas y acontecimientos del *Tanak* como historia real. Siguiendo su ejemplo, los escritores del Nuevo Testamento también hacen referencia y apelan a los personajes y acontecimientos documentados en el *Tanak* como reales y fiables. Norman Geisler hace la siguiente observación:

> Jesús y los escritores del Nuevo Testamento no tuvieron ocasiones concretas de citar todos los libros del Antiguo Testamento, pero cuando citaron un libro específico fue a menudo con frases introductorias que indicaban su creencia en la autoridad divina de ese libro específico. De los veintidós libros numerados en el Antiguo Testamento judío, unos dieciocho son citados por el Nuevo Testamento. No hay ninguna cita explícita de Jueces, Crónicas, Ester o el Cantar de los Cantares, aunque Hebreos 11:32 se refiere a acontecimientos de Jueces, 2 Crónicas 24:20 puede ser aludido en Mateo 23:35, el Cantar de los Cantares 4:15 puede reflejarse en Juan 4:15, y la fiesta de Purim establecida en Ester fue aceptada por los judíos del Nuevo Testamento.[3]

El historiador Josefo conserva en sus escritos lo que los judíos del siglo I d. C. pensaban sobre el *Tanak*. Menciona las Escrituras de los judíos de una manera que implica que los libros no estaban en disputa, que eran un canon de facto. Este punto de vista fue corroborado por los líderes judíos que se reunieron en Jamnia en los años 90 y 92 d. C. Su objetivo no era necesariamente fijar un canon, sino prever cómo debería ser el judaísmo sin el templo y su sistema de sacrificios. Ciertamente se discutieron los libros, pero no se dio ni se reclamó ninguna autoridad formal para fijar el canon. El punto de su autoridad para determinar oficialmente el canon es probablemente discutible ya que finalmente no sugirieron ningún cambio.

Como pueblo a través del cual Dios se revelaba, necesitaban asegurarse de que todo el pueblo tuviera acceso y un recuerdo de la revelación que se les había dado.

Con la destrucción del templo de Jerusalén en el año 70, los judíos se descentralizaron. Cuando empezaron a dispersarse a otras regiones, la necesidad de un texto estandarizado se volvió primordial si querían seguir siendo un pueblo distinto. Como pueblo a través del cual Dios se revelaba, necesitaban asegurarse de que todo el pueblo tuviera acceso y un recuerdo de la revelación que se les había dado. Eran el pueblo del Libro y, como tal, instituyeron medidas para garantizar su correcta transmisión.

Este fragmento de la Septuaginta data entre el 50 a. C. y el 50 d. C.

La diferencia entre el Tanak y el Antiguo Testamento

Si comparamos el *Tanak* y el Antiguo Testamento, notaremos inmediatamente una diferencia. El Antiguo Testamento tiene treinta y nueve libros, pero el Tanak solo tiene veinticuatro o veintidós (dependiendo de si Rut fue considerado el final de Jueces y si Lamentaciones fue considerado el final de Jeremías). Y los libros que comparten los mismos nombres están a menudo en un orden diferente. Sin embargo, un examen más detallado revela que contienen un texto idéntico y que solo difieren en el formato.

Los libros más largos del *Tanak*, como Crónicas, Reyes y Samuel, han sido segmentados en el Antiguo Testamento. Además, los profetas menores («menores» significa profetas que no escribieron mucho, no que fueran de menor importancia) están recopilados en un libro en el *Tanak* pero son libros individuales en el Antiguo Testamento. Esta reformulación no fue una innovación de los primeros cristianos, sino que, de hecho, fue realizada por los propios judíos cuando el *Tanak* fue traducido al griego, unos 250 años antes del nacimiento de Jesús.

La Septuaginta

Tras la helenización de Palestina y Egipto en el siglo IV a. C. bajo el mandato de Alejandro Magno, muchos judíos, aunque no todos, hablaban griego como lengua común. A mediados del siglo III, según la leyenda, Ptolomeo Filadelfo, el rey de Egipto, encargó una traducción de la Torá al griego. Para ello, se puso en contacto con Eleazar, el sumo sacerdote de Jerusalén de la época. Eleazar dispuso seis traductores de cada una de las doce tribus de Israel.[4] Estos setenta y dos hombres se convirtieron en el nombre de la traducción: «Septuaginta» significa setenta (al parecer, redondearon hacia abajo) y a menudo se conoce como «LXX», la forma latina de 70. Entre el 200 y el 150 a. C., los Nevi'im y los Ketuvim también se tradujeron al griego, completando la obra. Las versiones posteriores también incluyen libros apócrifos, libros rechazados por los judíos como canónicos, pero que siguen considerándose importantes. Sea cual sea la historia real de la traducción de la Septuaginta, está claro que se tradujo del hebreo al griego en Alejandría a partir del siglo III a. C.

Libros de la Septuaginta

Génesis	2 Crónicas	Daniel
Éxodo	Esdras	Oseas
Levítico	Nehemías	Joel
Números	Ester	Amós
Deuteronomio	Job	Abdías
Josué	Salmos	Jonás
Jueces	Proverbios	Miqueas
Rut	Eclesiastés	Nahúm
1 Samuel	Cantar de los Cantares	Habacuc
2 Samuel	Isaías	Sofonías
1 Reyes	Jeremías	Hageo
2 Reyes	Lamentaciones	Zacarías
1 Crónicas	Ezequiel	Malaquías

Libros del Tanak

Génesis	Samuel	Proverbios
Éxodo	Reyes	Job
Levítico	Isaías	Los cinco rollos
Números	Jeremías	Daniel
Deuteronomio	Ezequiel	Edras/Nehemías
Josué	12 Profetas menores	Crónicas
Jueces	Salmos	

En el siglo I a. C., la Septuaginta era la versión estándar de las Escrituras utilizada por los judíos de la diáspora. Es probable que los judíos palestinos, especialmente en los alrededores de Jerusalén, utilizaran el Antiguo Testamento hebreo y los Targums arameos. Los judíos helenistas utilizarían más probablemente la LXX.

Los talmudistas

Cuando se pretende que un documento sea la Palabra de Dios, una de las preguntas que surgen es cómo sabemos que los manuscritos que tenemos ahora coinciden exactamente con los originales. ¿Qué sabemos sobre la transmisión del *Tanak*?

Un grupo de hombres llamados talmudistas asumió la responsabilidad de copiar el *Tanak* en hebreo en los años posteriores al 70 d. C. Los talmudistas desarrollaron un conjunto de normas muy estrictas que regían la forma de hacer las copias. Cada página del códice debía tener el mismo número de columnas de texto. Las columnas debían tener al menos 48 líneas, pero no más de 60. Cada línea debía tener 30 letras. El espacio entre las letras, las líneas, las secciones debía seguir también reglas muy específicas. La Torá debía terminar exactamente al final de una línea. Nada, ni siquiera una parte de una letra, podía escribirse de memoria. La tinta tenía que ser negra y tenía que hacerse de una manera muy específica. El nombre de Dios no podía ser lo primero que se escribiera tras mojar la pluma en la tinta. El copista tenía que llevar una ropa específica y seguir ciertas reglas sobre el baño.[5]

Para los judíos, se prefería la copia más nueva y sin manchas, no la más antigua. Así, si se encontraba un *Tanak* erróneo, dañado o manchado de alguna manera, la copia se quemaba, se enterraba o se entregaba a las escuelas para su aprendizaje. Esto explica en parte la gran escasez de manuscritos antiguos, que contrasta con la impresionante autoridad de los manuscritos del Nuevo Testamento.

Los masoretas

Del 500 al 900 d. C., la tarea de preservar y transmitir el *Tanak* fue asumida por los masoretas. Cuando comenzaron su función, existía la preocupación de que se perdiera la pronunciación correcta del hebreo. El problema era que el alfabeto hebreo no contenía vocales. Para asegurar la transmisión correcta de la tradición («masora» significa tradición), los masoretas desarrollaron un sistema de marcas que rodeaban las consonantes y actuaban como vocales.

Al igual que los talmudistas, los masoretas también desarrollaron un sistema para garantizar la exactitud de sus copias. Contaban el número de palabras y letras de cada libro y también calculaban la palabra y la letra centrales. Incluso sabían el número de veces que aparecía cada letra del alfabeto en cada libro.[7] Si una copia

Ejemplo de un estuche de la Torá.

Un fragmento del siglo II de Números y Deuteronomio. Este papiro forma parte de la colección Chester Beatty.

Partes de Amós, Zacarías y Malaquías pueden verse en esta copia del Tanak del siglo xi que es un ejemplo de la tradición del texto masorético. (Colección Schøyen MS 1630, Oslo y Londres).

Muchas de las cuevas contenían frascos de pergamino que aún estaban intactos y contribuían a la conservación de los manuscritos (foto por cortesía de www.HolyLandPhotos.org).

Cueva 4, en donde se hizo el mayor descubrimiento de los rollos del Mar Muerto.

no coincidía exactamente con el original, era destruida.

El resultado, llamado Texto Masorético, es el que utilizan hoy tanto los judíos como los cristianos. Debido a los grandes esfuerzos de los escribas por garantizar la exactitud de las copias, durante mucho tiempo se asumió que el texto era muy preciso, pero no había forma de saberlo con seguridad, hasta el descubrimiento de los rollos del Mar Muerto.

Los rollos del Mar Muerto

Debido a la fragilidad de los materiales de escritura y al clima de Palestina (que favorece la putrefacción de los materiales), el Antiguo Testamento tiene una autoridad manuscrita muy parecida a la de otros textos antiguos. Los escritos que han sobrevivido durante algún tiempo solo lo han hecho porque fueron almacenados en recipientes que se mantuvieron en climas secos y áridos. Esto es precisamente lo que ocurrió en el caso de los rollos del Mar Muerto. Hay varias versiones de la historia de cómo se descubrieron los pergaminos. Aunque probablemente nunca sabremos con certeza cómo sucedió exactamente, las características básicas parecen ser las siguientes.[8]

En 1947, un comerciante de antigüedades de Belén puso a la venta siete manuscritos antiguos. Los había comprado a un pastor beduino que los había encontrado en una cueva cerca de Qumrán, en el Mar Muerto. El pastor había estado buscando una cabra perdida.

En lugar de arrastrarse por todas las cuevas de la zona, decidió lanzar piedras a las cuevas y tratar de asustar a la cabra. En cambio, en una cueva oyó el ruido de una vasija de arcilla. Entró en la cueva y encontró una serie de grandes jarras de arcilla que contenían antiguos manuscritos escritos en pergamino. Lo primero que pensó el pastor fue que el antiguo pergamino podría servir para hacer correas de sandalias. Así que se

llevó los pergaminos a su tienda y los colgó allí durante un tiempo antes de venderlos en Belén. Los pergaminos se revendieron después, y algunos acabaron llegando al mercado internacional. El precio de 250 000 dólares por varios de los pergaminos en 1954 provocó una especie de fiebre del oro entre los beduinos. Y el propio descubrimiento provocó una serie de expediciones arqueológicas. Se exploraron unas 270 cuevas de la zona; diez de ellas contenían más manuscritos. En total, se descubrieron más de 40 000 fragmentos de 500 libros y escritos diferentes. De estos libros, se encontraron todos los del Antiguo Testamento, excepto Ester. Lo más importante es que los escritos databan del siglo III a. C. (una parte de Samuel) al siglo I d. C., mucho más antiguos que los manuscritos más antiguos conocidos hasta entonces.

El más importante de los hallazgos fue uno de los primeros pergaminos descubiertos en la Cueva 1: una copia de Isaías de entre el 150 y el 100 a. C. Este descubrimiento permitió comprobar la precisión con la que se habían transmitido las Escrituras hebreas. La comparación con una segunda copia de Isaías, aunque

El prisma de Taylor

Las excavaciones en la ciudad bíblica de Nínive han proporcionado a los arqueólogos una gran riqueza de hallazgos. Entre el 705 y el 681 a. C., Senaquerib gobernó Asiria desde Nínive y albergó allí su gran biblioteca. Esta biblioteca incluía hasta 100 000 textos,[12] entre ellos lo que se conoce como el Prisma de Taylor. Este prisma es un cilindro de arcilla de seis lados con una inscripción que detalla el asedio de Senaquerib a Jerusalén. También menciona que Ezequías era «como un pájaro enjaulado dentro de su capital real».[13] El Segundo Libro de Reyes 18-19, 2 Crónicas 32 e Isaías 36-37 están corroborados por el Prisma de Taylor. El Prisma de Taylor reside actualmente en el Museo Británico.

El cilindro de Ciro

Un cilindro de arcilla del siglo vi a. C. encontrado en el siglo xix lleva una inscripción relativa a Ciro el Persa. Tras tomar el control de Babilonia en el año 539 a. C., promulgó un decreto que permitía a los cautivos babilónicos regresar a sus hogares y adorar a sus propios dioses.[14] Este decreto corresponde con un relato relacionado a Ciro en Esdras 1:1-3; 6:3 (comp. 2 Crón. 36:23; Isa. 44:28). Puede verse en el Museo Británico.

El obelisco negro de Salmanasar

En 1846 se encontró en la ciudad bíblica de Cala (también conocida como Nimrud) un pilar de piedra caliza negra de 2.5 metros de altura. Este monumento de cuatro caras conmemoraba, entre otras cosas, la recepción de un tributo por parte del rey asirio Salmanasar III de parte de Jehú (2 Rey. 9-10), hijo de Omri, en el año 841 a. C. Una parte de las representaciones en bajorrelieve muestra a un israelita postrado ante Salmanasar y es la imagen más antigua conocida de un israelita.[15] El obelisco puede verse en el Museo Británico.

La epopeya de Gilgamesh

También se encontró en la biblioteca de Nínive un conjunto de doce tablillas que contenían un poema épico sobre un rey llamado Gilgamesh. La tablilla XI fue el primer hallazgo que contenía un relato no bíblico de lo que se conoce en el *Tanak* como el diluvio para el que Noé construyó el arca (Gén. 7-8). Gilgamesh aparece como el quinto rey después del gran diluvio. Aunque los relatos no coinciden totalmente, hay mucha similitud entre ellos. Muchos hallazgos antiguos desde entonces también cuentan esta historia o algo muy parecido. Esto indica probablemente la realidad de un gran diluvio, aunque los detalles del mismo varían de una cultura a otra.[16]

La piedra moabita

En 1868 se descubrió en Palestina una piedra que contenía una inscripción en moabita antiguo. La inscripción no solo menciona a Mesha, el rey moabita que se rebeló contra el dominio israelita en 2 Reyes 3, sino que también menciona el nombre «Yahvé».[17] La piedra moabita se encuentra en el Louvre.

La estela de Tel Dan

Encontrada en 1993/94 en Israel, se trata de una inscripción aramea aparentemente encargada por Hazael para conmemorar su victoria en Ramot Galaad (2 Rey. 8:28-29). Destaca por referirse al reino de Judá como la «Casa de David». Es la primera prueba extrabíblica de que la dinastía de David gobernó en Jerusalén.

incompleta, también encontrada en Qumrán, demostró que los textos coincidían en más de un 95 %. El 5% de desacuerdo tenía que ver con faltas de ortografía y de copia.[9] Más impresionante aún es el hecho de que el texto masorético, copiado 1000 años después, también coincide con el rollo de Isaías en un grado asombroso. Por ejemplo, en Isaías 53, la diferencia entre los dos textos es de diecisiete letras, diez de las cuales son variaciones ortográficas y cuatro son cambios estilísticos. Las tres letras de variación real no cambian el texto de forma sustancial.[10]

Los apócrifos

Tras la finalización de la traducción del *Tanak* al griego, se tradujeron también otros escritos que contenían la historia de los judíos desde la época de Malaquías (hacia el 450 a. C.) hasta el nacimiento de Jesús. Aunque estos libros eran considerados muy

Un rollo de la Torá en su caja de madera durante una celebración en Jèrusalén.

importantes por los judíos, no se consideraban parte de la Escritura. Su contenido no solo incluía algunos errores históricos y fácticos, sino que también enseñaba cosas que no coincidían con las Escrituras. Sin embargo, se añadieron a muchas versiones de la Septuaginta, creando lo que a veces se denomina la «Septuaginta plus». Cuando Jerónimo tradujo el Antiguo Testamento al latín en el siglo IV, incluyó estos libros, designándolos como apócrifos. Al igual que los judíos, consideraba que tenían cierto valor, pero que no eran aptos para la formulación de la doctrina. Con la advertencia de su estatus no canónico, los libros continuaron siendo incluidos en las Biblias hasta poco después de la Reforma. Después de 1825 aproximadamente, los libros apócrifos dejaron de incluirse en la Biblia, excepto en las versiones autorizadas por la Iglesia católica romana o las iglesias ortodoxas orientales.

Durante la Reforma, una de las quejas contra Roma era que algunas de sus enseñanzas no tenían base en las Escrituras. Roma respondió en 1546 en el Concilio de Trento declarando que los libros apócrifos eran escriturales, ampliando así su definición del canon. La razón por la que se incorporaron estos libros es que de ellos se derivan doctrinas católicas romanas como la oración por los muertos, el purgatorio y la justificación por la fe más las obras.

Corroboración arqueológica

La transmisión exacta del texto es, por supuesto, irrelevante si se puede demostrar que la historia que pretende preservar es inventada o contradicha por los hallazgos arqueológicos. Afortunadamente, no son pocos los yacimientos que han aportado o siguen aportando hallazgos relacionados con los antiguos hebreos. Al igual que con el Nuevo Testamento, se han dedicado muchos volúmenes a la catalogación de dichos hallazgos. A continuación, se mencionan algunos de los más destacados:

Conclusión

Al final, vemos que, aunque el Antiguo Testamento se escribió hace nada menos que 3500 años, su contenido se ha conservado muy bien. Los métodos empleados por los escribas que hicieron las copias nos dan buenas razones para pensar que tenemos el mismo texto que escribieron los autores. Los hallazgos arqueológicos corroboran muchos de los acontecimientos históricos documentados en el Antiguo Testamento, lo que nos da buenas razones para pensar que los autores documentaron con precisión los acontecimientos históricos. También encontramos pruebas de que esta historia de los antiguos hebreos fue documentada y transmitida en forma escrita por Moisés y otros. En resumen, hay muchas razones para tomar en serio el contenido del Antiguo Testamento.

> *Aunque el Antiguo Testamento se escribió hace nada menos que 3500 años, su contenido se ha conservado muy bien.*

Esto nos lleva a nuestro siguiente problema: ¿cómo debemos tomar cosas como los milagros y las profecías?, ¿qué significan exactamente?, ¿realmente ocurrieron? Estas cosas son un factor importante tanto en el Antiguo como en el Nuevo Testamento y deben ser tratadas si queremos aceptarlas como dignas de confianza, por no decir autorizadas. Los próximos capítulos tratarán sobre los milagros y las profecías, respectivamente.

Cita destacada

Porque las Escrituras hebreas [...] son de carácter autoautentificado, y no derivan su autoridad ni de seres humanos individuales ni de pronunciamientos eclesiásticos corporativos [...]. Los concilios eclesiásticos no otorgaron a los libros su autoridad divina, sino que simplemente reconocieron que la tenían y la ejercían.[11] —R. K. Harrison

Notes

1. Sin embargo, los saduceos solo aceptaban la Torá como Escritura.

2. R. Laird Harris, *Inspiration and Canonicity of the Scriptures* [La inspiración y canonicidad de las Escrituras] (Greenville, SC: A Press, 1995), 128.

3. Norman Geisler, *Christian Apologetics* [Apologética cristiana] (Grand Rapids: Baker, 1976), 355–56.

4. Merrill C. Tenney, ed., *Pictorial Encyclopedia of the Bible* [Enciclopedia ilustrada de la Biblia] (Grand Rapids: Zondervan, 1975–1976), 5:343–44.

5. Josh McDowell, *Evidence That Demands a Verdict* [Evidencia que exige un veredicto] (San Bernardino: Here's Life, 1972, 1979), 53.

6. Don Brooks y Norman Geisler, *When Skeptics Ask* [Cuando los escépticos preguntan] (Grand Rapids: Baker, 1996), 158.

7. McDowell, *Evidence That Demands a Verdict*, 55.

8. Este breve relato va muy de acuerdo con el relato encontrado en Randall Price, *Secrets of the Dead Sea Scrolls* [Secretos de los rollos del Mar Muerto] (Eugene, OR: Harvest House, 1996), 29–50.

9. Brooks y Geisler, *When Skeptics Ask*, 158–59. Brooks y Geisler citan a Gleason Archer Jr., *A Survey of the Old Testament Introduction* [Estudio de la introducción al Antiguo Testamento] (Chicago: Moody Press, 1964), 19.

10. McDowell, *Evidence That Demands a Verdict*, 58. McDowell cita a Norman L. Geisler y William E. Nix, *A General Introduction to the Bible* [Introducción general a la Biblia] (Chicago: Moody Press, 1968), 263.

11. R. K. Harrison, *Introduction to the Old Testament* [Introducción al Antiguo Testamento] (Grand Rapids: Eerdmans, 1969), 262–63.

12. Howard F. Vos, *Archaeology in Bible Lands* [Arqueología en las regiones de la Biblia] (Chicago: Moody Press, 1977, 1982), 120.

13. E. M. Blaiklock y R. K. Harrison, *The New International Dictionary of Biblical Archaeology* [Nuevo diccionario internacional de la arqueología bíblica] (Grand Rapids: Zondervan, 1983), 436–37.

14. Ibid., 146.

15. Blaiklock y Harrison, *New International Dictionary of Biblical Archaeology*, 409.

16. Ibid., 214.

17. Ibid., 319.

CAPÍTULO 9
¿LOS MILAGROS EXISTEN?

¿Qué es un milagro?

A lo largo de nuestra vida, vemos muchas cosas que nos sorprenden, nos inspiran y nos llenan de asombro. Se encuentran curas para enfermedades que antes parecían indomables. Un bebé se forma en el vientre de su madre y nace ante unos padres asombrados. Se producen jugadas y remontadas extraordinarias en diferentes deportes. Todas estas cosas, y otras similares, suelen calificarse de milagrosas. Pero la palabra «milagro» significa algo completamente diferente a un acontecimiento altamente improbable. Puede ser eso, pero hay algo más. Un milagro es un acontecimiento extraordinario que es producto de un ser intencional y benevolente. Un acontecimiento así no podría haber ocurrido sin la intervención de dicho ser.

Wayne Grudem define los milagros como «un tipo de actividad de Dios menos común, en la que despierta el asombro y la maravilla de la gente y da testimonio de sí mismo».[1] Para ser claros, esto no significa que Dios esté presente solo ocasionalmente y que de vez en cuando decida interrumpir o intervenir. El Dios de la Biblia tiene el control de todas las cosas y es lo suficientemente poderoso como para crear y mantener lo que llamamos normalidad y regularidad. Tal como se ha definido anteriormente, los milagros significan que a veces Dios actúa de una manera que se sale de los patrones que parecen normales. Lo hace para infundir asombro ante Su naturaleza y lograr el fin que desea.

> Los milagros son «un tipo de actividad de Dios menos común, en la que despierta el asombro y la maravilla de la gente y da testimonio de sí mismo». —Wayne Grudem

El contexto y la posibilidad de los milagros

Dios ha creado y sostiene el universo según patrones que pueden describirse como leyes y que nosotros describimos como leyes naturales. Una de las regularidades más evidentes que hacen posible la vida es lo que llamamos la ley de la gravedad. Los milagros suelen calificarse erróneamente como una suspensión o violación de estas leyes. Sin embargo, los milagros pueden caracterizarse más exactamente como la revelación de un elemento que no se presenta normalmente en el funcionamiento del mundo y que, por lo tanto, no se explica por las leyes naturales.

Para ilustrar esta idea, imaginemos que un jarrón se cae de una mesa en medio de una habitación en la que no hay ningún otro mueble. La ley de la gravedad dice que el jarrón seguirá

cayendo hasta que toque el suelo. La caída del jarrón es un acontecimiento natural y, de hecho, es predecible siempre que no haya otros factores presentes o en funcionamiento. Pero si estás de pie junto a la mesa y atrapas el jarrón, ¿se ha violado la ley de la gravedad? Por supuesto que no. La ley de la gravedad no explica ni puede explicar el comportamiento de un agente que actúa libremente y que decide interrumpir la caída del jarrón. Tanto si decides tomar el jarrón como si no, la ley de la gravedad sigue vigente.

Si Dios no existe, entonces no hay ningún agente trascendente que actúe en la naturaleza, nada que haga un milagro, y por tanto no habría milagros. Pero si Dios, un ser trascendente, personal, poderoso e involucrado, existe, entonces es posible que haya milagros. Y lo que es más importante, Dios es necesario para que existan lo que llamamos «leyes naturales». Dios crea los patrones que llamamos normales y con los que juzgamos los acontecimientos como ordinarios o extraordinarios. Sin embargo, esto no significa que se produzcan milagros, sino que son posibles.

La existencia de Dios, tal como la describe el teísmo, es necesaria para que se produzcan los milagros, pero no es suficiente. La voluntad de Dios es la causa suficiente para que se produzca un milagro. Para continuar con la ilustración del jarrón, Dios siempre está en la habitación, siempre controla el jarrón (es todopoderoso), y tiene la capacidad de actuar extraordinariamente en cualquier momento. Que Dios sea todopoderoso significa que no solo está siempre en la habitación y puede coger el jarrón, sino que también puede cambiar los patrones del universo físico, dando lugar a una física totalmente diferente. Los argumentos de los capítulos 2 al 5 proporcionan una buena razón para creer que ese Dios existe.

¿Demuestran las ciencias naturales que los milagros no pueden ocurrir?

Las ciencias naturales, como la física, la astronomía y la química, estudian el universo físico. Se ocupan de observar, explorar y medir las características de la materia y la energía, así como la forma en que ambas se relacionan. Los métodos que utilizan los científicos en su trabajo se basan en los principios de uniformidad y regularidad o previsibilidad. Los científicos observan y documentan los fenómenos naturales. A continuación, proponen teorías para explicar por qué los fenómenos son como son. Posteriormente, se desarrollan pruebas para corroborar o falsificar las teorías. Como resultado, las teorías se refinan y se vuelven a probar, se adoptan como suficientemente explicativas o se abandonan. El gran valor de este enfoque es que las teorías que describen el mundo nos proporcionan la capacidad de

predecir los acontecimientos con un alto grado de fiabilidad y proporcionan explicaciones de por qué ocurren ciertas cosas físicamente.

Se ha argumentado que, si Dios interviniera ocasionalmente en el mundo, alteraría el orden natural y, por tanto, haría inútil el método científico. Pero casi siempre hay factores y agentes desconocidos que actúan en el mundo físico, y muchos sucesos no pueden predecirse a pesar de los conocimientos científicos. Por ejemplo, a pesar de todo lo que sabemos sobre sismología, seguimos sorprendiéndonos cuando se producen terremotos. E independientemente de nuestros conocimientos de ingeniería civil y mecánica y de psicología, seguimos sin poder predecir los accidentes de tráfico. Si desarrollo un tumor cerebral, no significa que la ciencia médica no tenga valor porque no haya podido predecir el desarrollo irregular y no uniforme de mi cerebro. En el caso de sucesos que no entran dentro de los patrones conocidos por la ciencia en ese momento, una estratagema de la ciencia es buscar patrones a un nivel más profundo. Las anomalías en un nivel pueden convertirse en leyes si se indaga en un nivel más profundo.

Sin embargo, los terremotos, los accidentes de tráfico y los tumores cerebrales difieren de los milagros. Los milagros son vehículos a través de los cuales Dios se comunica de forma intencionada y específica. No son acontecimientos arbitrarios; no son golpes al aire sin una buena razón. Son acontecimientos que delatan una acción inteligente. Una vez más, son la normalidad y la regularidad las que nos permiten reconocer esos acontecimientos extraordinarios. Por eso, cuando se afirma un acontecimiento milagroso, como la separación del Mar Rojo, se trata realmente de una acción inteligente de un ser poderoso y trascendente de forma extraordinaria.

Las ciencias naturales, aunque son extremadamente importantes y útiles para proporcionar información sobre el curso normal y regular del mundo físico, no están en condiciones de abordar los milagros. Los milagros quedan fuera del ámbito de la ciencia, de su capacidad para

> *Las teorías que describen el mundo con precisión nos proporcionan la capacidad de predecir con un alto grado de fiabilidad y ofrecen explicaciones de por qué ocurren ciertas cosas físicamente.*

> *Los milagros son vehículos a través de los cuales Dios se comunica de forma intencionada y específica.*

hablar con autoridad. Los milagros deben ser investigados como acontecimientos no uniformes, irregulares y con propósito. Como tal, las ciencias naturales no tienen otro lugar en la mesa que establecer lo que es normal y regular. Los milagros no forman parte de la descripción del trabajo de los científicos; no es su departamento. Ron Brooks y Norman Geisler comentan que «¡intentar explicar los milagros por medio de causas naturales es definitivamente anticientífico!».[2] Esto significa que los milagros y las ciencias naturales son necesariamente incompatibles. La ciencia no es el único método de explicación de este mundo, ni se impone ni tiene más peso que otras formas de

conocimiento. Otros métodos de explicación, como la filosofía, no están sometidos al dominio de la ciencias naturales. Tanto la ciencia como la filosofía ejercen autoridad para ofrecer explicaciones, pero no en los mismos ámbitos. Las disciplinas explicativas entran en conflicto cuando una se utiliza para intentar explicar lo que está fuera de su ámbito y pertenece a otra. Así, la ciencia natural no demuestra que los milagros no puedan ocurrir. Sin embargo, nos ayuda a reconocer los milagros si se producen.

¿Demuestra la experiencia que los milagros no pueden ocurrir?

Probablemente se puede decir que la mayoría de las personas que conocemos no afirman haber sido testigos de un milagro. Los escépticos de la existencia de Dios a menudo han aprovechado esta circunstancia como prueba en contra de los milagros. Pero el hecho de que algo ocurra raramente o incluso solo una vez en el curso de la historia no significa que no haya una buena razón para creer que ocurrió.

Para demostrarlo, imaginemos el Teatro Ford de Washington, D. C. Sabemos con gran certeza que allí se representaron obras de teatro con regularidad desde 1863 hasta 1865. Pero también sabemos con gran certeza que el 14 de abril de 1865, Abraham Lincoln fue asesinado mientras veía una obra de teatro en el Teatro Ford. El hecho de que Abraham Lincoln fuera asesinado solo una vez no lo hace históricamente sospechoso. Y el hecho de que su asesinato fuera improbable no significa que haya una falta de pruebas respecto a los hechos. La frecuencia de un evento y la

evidencia de la ocurrencia de un evento único con una descripción precisa del mismo son dos asuntos completamente diferentes.

Consideremos otro ejemplo. Según una estimación de 2005, las probabilidades de ganar el gran premio de la lotería *Powerball* son de 120 256 770 en 1.[3] Utilizando el razonamiento del escéptico, no hay ninguna buena razón para creer que nadie haya ganado nunca la lotería. Sin embargo, varias personas han ganado el gran premio de la *Powerball* a pesar de que es 120 millones de veces más probable que no hayan ganado nada. La rareza de su hazaña no dice nada sobre la capacidad de saber que ha ocurrido.

Lo mismo puede decirse de los milagros. De hecho, es la infrecuencia de los milagros lo que les da su fuerza. Al fin y al cabo, la separación del Mar Rojo dejaría de ser noticia si ocurriera con cierta frecuencia.

¿Cuál es el propósito de los milagros?

Si los milagros son sucesos extraordinarios e intencionados realizados por Dios, ¿cuál es su propósito? Si los milagros existen, ¿por qué existen? Para obtener esta respuesta podemos recurrir a la fuente en los tres últimos capítulos hemos comprobado que es históricamente confiable y que también contiene relatos de milagros: la Biblia. Para empezar, veamos qué dice el Nuevo Testamento sobre los milagros. En Juan 11:38-44 leemos sobre la resurrección de Lázaro:

> Conmovido una vez más, Jesús se acercó al sepulcro. Era una cueva cuya entrada estaba tapada con una piedra.
> —Quiten la piedra —ordenó Jesús.
> Marta, la hermana del difunto, objetó:
> —Señor, ya debe oler mal, pues lleva cuatro días allí.
> —¿No te dije que si crees verás la gloria de Dios? —le contestó Jesús.
> Entonces quitaron la piedra. Jesús, alzando la vista, dijo:
> —Padre, te doy gracias porque me has escuchado. Ya sabía yo que siempre me escuchas, pero lo dije por la gente que está aquí presente, para que crean que tú me enviaste.
>
> Dicho esto, gritó con todas sus fuerzas:
> —¡Lázaro, sal fuera!
> El muerto salió, con vendas en las manos y en los pies, y el rostro cubierto con un sudario.
> —Quítenle las vendas y dejen que se vaya —les dijo Jesús.

De acuerdo con la tradición, esta es la tumba de Lázaro.

Jesús indica que el propósito de la resurrección era mostrar la gloria de Dios. También señala que el propósito del milagro es autentificar Su ministerio como de Dios. El carácter del milagro en sí mismo es bueno; Lázaro resucitó de entre los muertos y regresó a la familia que lo lloraba.

Estas ruinas son el lugar tradicional de la casa de Pedro en Capernaúm, posible lugar de este milagro. Se conservan los muros octogonales de una iglesia construida por los primeros cristianos para señalar el lugar (www.HolyLandPhotos.org).

Marcos 2:1-12 registra el milagro de la curación de un paralítico:

Unos días después, cuando Jesús entró de nuevo en Capernaúm, corrió la voz de que estaba en casa. Se aglomeraron tantos que ya no quedaba sitio ni siquiera frente a la puerta mientras él les predicaba la palabra. Entonces llegaron cuatro hombres que le llevaban un paralítico. Como no podían acercarlo a Jesús por causa de la multitud, quitaron parte del techo encima de donde estaba Jesús y, luego de hacer una abertura, bajaron la camilla en la que estaba acostado el paralítico. Al ver Jesús la fe de ellos, le dijo al paralítico:

—Hijo, tus pecados quedan perdonados.

Estaban sentados allí algunos maestros de la ley, que pensaban: «¿Por qué habla este así? ¡Está blasfemando! ¿Quién puede perdonar pecados sino solo Dios?»

En ese mismo instante supo Jesús en su espíritu que esto era lo que estaban pensando.

—¿Por qué razonan así? —les dijo—. ¿Qué es más fácil, decirle al paralítico: «Tus pecados son perdonados», o decirle: «Levántate, toma tu camilla y anda»? Pues para que sepan que el Hijo del hombre tiene autoridad en la tierra para perdonar pecados —se dirigió entonces al paralítico—: A ti te digo, levántate, toma tu camilla y vete a tu casa.

Él se levantó, tomó su camilla en seguida y salió caminando a la vista de todos. Ellos se quedaron asombrados y comenzaron a alabar a Dios.

—Jamás habíamos visto cosa igual —decían.

La fuente del milagro es solo Dios. La fuente del milagro fue comprendida por el público ya que alabaron a Dios como resultado. Además, el hecho de que Jesús reivindique el poder de perdonar los pecados es una reivindicación indirecta pero poderosa de la deidad.[4]

El Mar Rojo

El propósito del milagro es autentificar la afirmación de Jesús como «Hijo del Hombre», un título mesiánico, y Su pretensión de deidad.

El carácter del milagro, de nuevo, es bueno; un hombre paralítico es sanado. Así, los milagros en el Nuevo Testamento tienen tres atributos:
- Dan crédito a Dios por ser la fuente del milagro.
- Autentifican las afirmaciones del hacedor del milagro.
- Los milagros muestran un carácter benévolo.

Gran parte de este patrón se expresa incluso en Hebreos 2:4:

> A la vez, Dios ratificó su testimonio acerca de ella con señales, prodigios, diversos milagros y dones distribuidos por el Espíritu Santo según su voluntad.

Si el Nuevo Testamento es realmente la revelación continua y final del Dios descrito en el Antiguo Testamento, entonces deberíamos ver el mismo patrón con respecto a los milagros en las Escrituras hebreas.

La separación del Mar Rojo en Éxodo 14:13-18 muestra el mismo patrón:

> —No tengan miedo —les respondió Moisés—. Mantengan sus posiciones, que hoy mismo serán testigos de la salvación que el Señor realizará en favor de ustedes. A esos egipcios que hoy ven, ¡jamás volverán a verlos! Ustedes quédense quietos, que el Señor presentará batalla por ustedes.
>
> Pero el Señor le dijo a Moisés: «¿Por qué clamas a mí? ¡Ordena a los israelitas que se pongan en marcha! Y tú, levanta tu vara, extiende tu brazo sobre el mar y divide las aguas, para que los israelitas lo crucen sobre terreno seco. Yo voy a endurecer el corazón de los egipcios, para que los persigan. ¡Voy a cubrirme de gloria a costa del faraón y de su ejército, y de sus carros y jinetes! Y cuando me haya cubierto de gloria a costa de ellos, los egipcios sabrán que yo soy el SEÑOR».

Esta puerta de Ishtar fue construida en la Babilonia del siglo vı a. C. por Nabucodonosor.

El poder del milagro se atribuye a Dios. Vemos a Moisés obedeciendo las instrucciones de Dios para realizar la obra. El propósito del milagro es demostrar la soberanía y la provisión de Dios al pueblo de Israel, así como a sus enemigos. El carácter del milagro es en última instancia bueno porque libera a toda una nación de la esclavitud.

Por otra parte, los escritores bíblicos describen algunos milagros en la Biblia como parte de los patrones naturales esperados. Por ejemplo, los versículos 21 y 22 revelan que uno de los factores para que el Mar Rojo sea transitable para los hebreos es un fuerte viento del este.

> Moisés extendió su brazo sobre el mar, y toda la noche el Señor envió sobre el mar un recio viento del este que lo hizo retroceder, convirtiéndolo en tierra seca. Las aguas del mar se dividieron, y los israelitas lo cruzaron sobre tierra seca. El mar era para ellos una muralla de agua a la derecha y otra a la izquierda.

En este tipo de milagros, el tiempo puede constituir el milagro y no una causa desconocida. El milagro de la supervivencia de Sadrac, Mesac y Abednego en el horno, registrado en Daniel 3:16-30, muestra el mismo patrón. Ante la amenaza del rey Nabucodonosor de arrojarlos al horno si no adoraban a su ídolo, los tres hombres se negaron amablemente y se produjeron las famosas consecuencias.

Sadrac, Mesac y Abednego le respondieron a Nabucodonosor:

> —¡No hace falta que nos defendamos ante Su Majestad! Si se nos arroja al horno en llamas, el Dios al que servimos puede librarnos del horno y de las manos de Su Majestad. Pero, aun si nuestro Dios no lo hace así, sepa usted que no honraremos a sus dioses ni adoraremos a una estatua.
> Ante la respuesta de Sadrac, Mesac y Abednego, Nabucodonosor se puso muy furioso y cambió su actitud hacia ellos. Mandó entonces que se calentara el horno siete veces más de lo normal, y que algunos de los soldados más fuertes de su ejército ataran a los tres jóvenes y los arrojaran al horno en llamas. Fue así como los

arrojaron al horno con sus mantos, sandalias, turbantes y todo, es decir, tal y como estaban vestidos. Tan inmediata fue la orden del rey, y tan caliente estaba el horno, que las llamas alcanzaron y mataron a los soldados que arrojaron a Sadrac, Mesac y Abednego, los cuales, atados de pies y manos, cayeron dentro del horno en llamas.

En ese momento Nabucodonosor se puso de pie, y sorprendido les preguntó a sus consejeros:

—¿Acaso no eran tres los hombres que atamos y arrojamos al fuego?

—Así es, Su Majestad —le respondieron.

—¡Pues miren! —exclamó—. Allí en el fuego veo a cuatro hombres, sin ataduras y sin daño alguno, ¡y el cuarto tiene la apariencia de un dios!

Dicho esto, Nabucodonosor se acercó a la puerta del horno en llamas y gritó:

—Sadrac, Mesac y Abednego, siervos del Dios Altísimo, ¡salgan de allí, y vengan acá!

Cuando los tres jóvenes salieron del horno, los sátrapas, prefectos, gobernadores y consejeros reales se arremolinaron en torno a ellos y vieron que el fuego no les había causado ningún daño, y que ni uno solo de sus cabellos se había chamuscado; es más, su ropa no estaba quemada ¡y ni siquiera olía a humo!

Entonces exclamó Nabucodonosor: «¡Alabado sea el Dios de estos jóvenes, que envió a su ángel y los salvó! Ellos confiaron en él y, desafiando la orden real, optaron por la muerte antes que honrar o adorar a otro dios que no fuera el suyo. Por tanto, yo decreto que se descuartice a cualquiera que hable en contra del Dios de Sadrac, Mesac y Abednego, y que su casa sea reducida a cenizas, sin importar la nación a que pertenezca o la lengua que hable. ¡No hay otro dios que pueda salvar de esta manera!».

Después de eso el rey promovió a Sadrac, Mesac y Abednego a un alto puesto en la provincia de Babilonia.

Sadrac, Mesac y Abednego dieron todo el crédito a Dios por el acto milagroso que tuvo lugar. El propósito del milagro era que Sadrac, Mesac y Abednego fueran reivindicados en su afirmación de que el Dios de la Biblia era el único Dios verdadero y que ningún otro dios es digno de adoración. El carácter del milagro fue bueno, ya que efectuó la protección de los tres hombres inocentes que, de otro modo, habrían muerto quemados. Además, Dios se reveló al rey Nabucodonosor, espiritualmente ciego,[5] y colocó a Sadrac, Mesac y Abednego en posiciones de poder e influencia.

El propósito del milagro era que Sadrac, Mesac y Abednego fueran reivindicados en su afirmación de que el Dios de la Biblia era el único Dios verdadero y que ningún otro dios es digno de adoración.

Al igual que en el Nuevo Testamento, los milagros del Antiguo Testamento atribuyen sistemáticamente su origen a Dios y tienen un carácter intencionado y benévolo. Esto es un punto extremadamente importante, porque la existencia de milagros y su documentación precisa en la Biblia funcionan para autenticar la Biblia como un libro autorizado cuyas enseñanzas son dignas de ser seguidas como la Palabra de Dios.

¿Qué sucede con los milagros que parecen ser crueles?

Algunos milagros registrados en la Biblia y atribuidos a Dios pueden, a primera vista, parecer crueles o contradictorios con la idea del Dios benévolo que se encuentra en las Escrituras. El diluvio de Noé, por ejemplo, no parece corresponder con la idea de un Dios de amor. Pero debemos recordar que el amor no es el único atributo de Dios. También es justo y recto. Como Dios es justo, no puede tolerar el mal. Es bueno que el mal sea castigado, y su castigo apropiado es la muerte: la paga del pecado. Todo lo que no sea eso es un acto de benevolencia por parte de Dios. Pero castigar el mal adecuadamente también es algo bueno y se llama justicia. Por

tanto, el diluvio no es un acto de un Dios cruel, sino de un Dios justo y recto que nos ama tanto que nos reveló un plan de salvación que puede satisfacer Su justicia al tiempo que castiga con justicia el mal que hemos hecho. Noé abrazó las promesas de Dios cuando nadie más lo hizo, lo que resultó en su justo juicio y destrucción.

Pero algunos casos son aún más duros. Consideremos, por ejemplo, 2 Reyes 2:23-24.

> De Jericó, Eliseo se dirigió a Betel. Iba subiendo por el camino cuando unos muchachos salieron de la ciudad y empezaron a burlarse de él. «¡Anda, viejo calvo! —le gritaban—. ¡Anda, viejo calvo!». Eliseo se volvió y, clavándoles la vista, los maldijo en el nombre del Señor. Al instante, dos osas salieron del bosque y despedazaron a cuarenta y dos muchachos.

En este punto de la historia de Israel, los profetas de Dios no solo eran ignorados, sino odiados y ridiculizados. En 2 Crónicas 36:16 leemos que Dios había dejado que esta situación se prolongara demasiado. Los muchachos de 2 Reyes, al burlarse del mensajero de Dios, se burlaban de Dios mismo. Y esto lo aprendieron de sus padres. Su destrucción era justa. El propósito del milagro era llamar a Israel a volver a Dios, algo bueno y amoroso. No fue cruel, caprichoso o impulsivo. Fue un milagro de juicio diseñado para corregir a Su pueblo.

¿Qué hay de los milagros no realizados por Dios?

La Biblia también registra milagros y señales que no fueron hechos por Dios o sus profetas, sino por quienes lo rechazaron o militaron contra Él. Por •ejemplo, encontramos esto en Éxodo 7:11-12, cuando los magos del Faraón igualan paso a paso los milagros de Moisés y Aarón (ver también Lev. 19:26,31; Deut. 18:10-12). En el Nuevo Testamento, también observamos esto en varios lugares. Hechos 16:16-24 registra la capacidad de una mujer no cristiana para

Ramsés II pudo haber sido el Faraón con el que lidiaron Moisés y Aarón.

predecir el futuro. Y el Apocalipsis habla de la segunda bestia que realizará muchas señales (Apoc. 13:11-14).

Hay que tomar en cuenta varias cosas al considerar estos milagros.

En primer lugar, *en todos los casos se niega al Dios de la Biblia y se proclama un falso evangelio*.

En segundo lugar, *sus propósitos no son benévolos, sino egoístas*. En el caso de los magos del Faraón, se trataba de retener esclavos valiosos y de que el Faraón se negara a reconocer un poder superior al suyo. La mujer que adivinó el futuro lo hizo para ganar dinero para sus cuidadores. Y la bestia del Apocalipsis intenta usurpar el lugar que por derecho ocupa el propio Dios.

> Cuando se hace un milagro fuera de la voluntad de Dios, se niega al Dios de la Biblia y se proclama un falso evangelio.

En tercer lugar, *en cada caso Dios responde a estos milagros con una demostración de Su poder que demuestra Su posición de máxima autoridad sobre estos poderes menores*. No solo el bastón/serpiente de Aarón se comió a los otros que lo imitaron, sino que Dios siguió el incidente enviando las diez plagas de juicio, una muestra innegable de poder que resultó en la libertad de Israel. La adivina de los Hechos tenía un espíritu que le daba el poder y fue exorcizado por Pablo. Y la bestia del Apocalipsis demuestra no ser rival para el Dios del universo. Los milagros de Dios lo proclaman como Señor de todas las cosas, incluso a los incrédulos.

Cuarto, *el poder de hacer estas señales y maravillas no es negado por la Escritura, pero al mismo tiempo el poder no es sobrenatural*. La Biblia habla de una clase de seres que son espíritus no sujetos a lo que llamamos leyes naturales. Son los ángeles y los ángeles caídos o demonios. Son capaces de hacer cosas que parecen milagrosas para los seres humanos pero que son naturales para ellos. Sin embargo, cuando un ángel hace algo, se trata de un acto sobrenatural, ya que lo hace bajo la dirección de Dios (por ejemplo, apareciéndose a María o a José para entregar un mensaje). Pero un demonio hace estas cosas por razones engañosas destinadas a quitarle la atención a Dios.

La Anunciación por El Greco, 1570-1575.

La adivina de los Hechos es un caso interesante, porque proclama la verdad sobre Pablo y sus compañeros. Sin embargo, ella dijo la verdad de una manera que distraía y acosaba a Pablo, y que violaba los mandatos de Dios contra la adivinación. Como seres creados, el poder de los demonios no es sobrenatural, sino normal. Pueden actuar fuera de lo que es normal para nosotros, pero no fuera de lo que es normal para ellos. No son trascendentes del mundo que manipulan y no actúan bajo la dirección de dicho ser.

Por eso, cuando vemos en la Biblia señales y prodigios realizados por quienes niegan al Dios proclamado por la Biblia, podemos calificarlos de falsos milagros. Son falsos no en el sentido de que no sean milagrosos, sino en el sentido de que revelan blasfemia y promueven la incredulidad mediante el engaño en cuanto a la naturaleza de su poder.

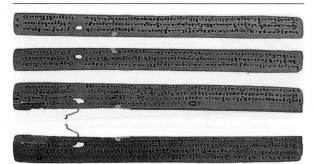

Este manuscrito sánscrito del Sutra Mahayana procede de la India del siglo v. (Colección Schøyen MS 2378/1, Oslo y Londres).

Milagros de otras religiones

La dificultad de afirmar que los milagros autentifican la Biblia, y por tanto el cristianismo, es que casi todas las religiones señalan los milagros para autentificar sus escrituras y su visión de Dios. Pero si cada religión afirma que los milagros son un método de autentificación, ¿no se anulan los milagros unos a otros y en última instancia no prueban nada? Para responder a esta pregunta, debemos observar los milagros de otras religiones. Si presentan las mismas características que los milagros bíblicos, entonces debemos admitir que ninguno de los milagros autentifica nada y todos son inútiles para algo más que historias entretenidas. Sin embargo, si los milagros de otras religiones son de naturaleza sustancialmente diferente a los milagros bíblicos, entonces la Biblia no puede ser descartada tan fácilmente.

Budismo

Hay varias escuelas de pensamiento budista, cada una con su propia tradición de escrituras. El Dhammapada (que se traduce vagamente como «versos de las escrituras») es una de las primeras tradiciones y contiene los dichos de Siddhartha Gautama, el Buda, fundador del budismo.[6] El Dhammapada está dividido en veintiséis capítulos y contiene 423 versos. Los versos van acompañados de relatos que pretenden iluminarlos y explicarlos. Al parecer, los estudiosos del budismo discuten si estos relatos son mitos o historia.

La sección 12 del capítulo 4 de los relatos del Dhammapada (que ilustra los vv. 58-59) contiene el relato de un milagro del propio Buda. Un hombre que desea poner en ridículo al Buda y exponerlo como un falso maestro le tiende una trampa. El hombre hace que varias ollas vacías parezcan contener comida. (Pretende invitar al Buda a un banquete). También disfraza un pozo lleno de carbones ardientes y planea que el Buda caiga en él. Pero el Buda conoce el

Los cinco primeros discípulos de Buda rindiendo pleitesía a la rueda del Dhamma.

engaño del hombre y hace crecer flores de loto del pozo, lo que lo hace inofensivo, y hace que las vasijas del hombre se llenen de comida.

La fuente del poder del milagro en esta historia es el individuo que lo realiza. El propósito del milagro es dar gloria a sí mismo para conseguir otro seguidor. El carácter del milagro es, en última instancia, dudoso, ya que el resultado fue el autoengrandecimiento.

En el capítulo 25, sección 12 de los relatos del Dhammapada (que ilustran el v. 382), leemos sobre un joven monje budista que, debido a su buen karma, obtuvo poderes sobrenaturales. Una vez, cuando su maestro estaba enfermo, el monje voló a un lago lejano para buscar agua. Más tarde, el monje fue llevado ante el Buda. El Buda deseaba que sus discípulos observaran las raras cualidades del joven monje y le pidió que trajera agua del mismo lago lejano. De nuevo, el joven monje voló por los aires para recuperar el agua. Los demás monjes fueron testigos de este milagro y se lo comunicaron al Buda. El Buda respondió: «Monjes, quien practica el Dhamma (meditación) con celo es capaz de alcanzar poderes sobrenaturales, aunque sea joven».

En esta historia, el poder del milagro no se atribuye a un Dios trascendente y poderoso, sino al individuo que lo realiza. El propósito del milagro es demostrar que cualquiera que tenga la disciplina de practicar el Dhamma puede alcanzar esos poderes, un esfuerzo bastante egoísta, y que el Dhamma conduce a la autoiluminación, también un esfuerzo egoísta. Aunque el carácter del milagro en el primer caso es bueno, en el segundo no es intrínsecamente bueno, sino más bien frívolo.

El Vinaya Pitakas, otra de las primeras escrituras budistas, establece reglas para monjes y monjas. Según el capítulo 4, sección 4, los monjes pueden manifestarse en más de un lugar al mismo tiempo, aparecer en una forma corporal diferente, crear cuerpos astrales, atravesar la materia sólida, mostrar clariaudiencia (la capacidad de «oír sonidos tanto celestiales como humanos, lejanos y cercanos»), leer la mente, ver a los seres pasar de la muerte en un nivel y renacer en otro, y recordar vidas anteriores. Sin embargo, más adelante, en el capítulo 8, sección 8, el Buda condena la exhibición de tales poderes a los laicos, diciendo que creerían en las enseñanzas por razones equivocadas y, como resultado, obstaculizarían su iluminación en lugar de fomentarla.

Así pues, los milagros que se encuentran en el budismo no son como los milagros bíblicos. Difieren en su origen, su propósito y su carácter. Los milagros budistas se centran en el engrandecimiento del individuo, mientras que los milagros bíblicos glorifican a un Dios benévolo, trascendente y poderoso.

> *En el budismo, el poder de un milagro no se atribuye a un Dios trascendente y poderoso, sino al individuo que lo realiza.*

> *Los milagros budistas se centran en el engrandecimiento del individuo, mientras que los milagros bíblicos glorifican a un Dios benévolo, trascendente y poderoso.*

Hinduismo

El hinduismo enseña que todo lo que existe es parte de Dios. Como no existe nada que esté fuera de Dios, Dios no es trascendente. Y como Dios no es trascendente del mundo, no puede haber nada que sea sobrenatural (fuera de la naturaleza), solo supernormal. Eso no significa, sin embargo, que no haya milagros en el hinduismo. Los Puranas, una de las escrituras hindúes, registran lo siguiente en 2.5.5:

> Los sabios preguntaron a Sutji por la ciudad más sagrada situada a orillas del río Yamuna. Sutji narró la historia que el sabio Saubhari había contado una vez a Yudhishthir: Una vez, Narad y Parvat estaban viajando por una ruta aérea; mientras volaban sobre el bosque de Khandav, fueron atraídos por la hermosa vista del río Yamuna.

Una copia sánscrita del Rig Veda de la India del siglo XIX. (Colección Schøyen MS 2097, Oslo y Londres).

Decidieron descansar un rato. Ambos descendieron y entraron en el río Yamuna para bañarse.

Otros poderes de este tipo se mencionan en los Puranas 17.1.7 e incluyen el conocimiento de los acontecimientos pasados, presentes y futuros, la capacidad de escuchar sonidos anormales, la capacidad de hacer que cualquier cosa que uno diga se convierta en realidad y ver lo invisible. Para ser justos, esta lista de «poderes divinos» está en el contexto de una advertencia: estos poderes pueden distraer al hombre en el camino del Yoga. Pero según las escrituras, estos poderes existen. La fuente de este poder milagroso proviene de los individuos involucrados. El propósito del poder es el de servirse a sí mismo o engrandecerse. El carácter de estos poderes milagrosos no es inherentemente bueno.

Curiosamente, un famoso milagro hindú ocurrió en nuestra propia época. El 21 de septiembre de 1995, un milagro comenzó en Nueva Delhi y se extendió rápidamente por todo el mundo. Al parecer, un hombre soñó que el Señor Ganesha, un dios hindú que se representa en forma de elefante, deseaba leche. El hombre se dirigió inmediatamente al templo, sin esperar siquiera a que amaneciera, y convenció al sacerdote para que permitiera ofrecer una cucharada de leche a la estatua de piedra. Mientras ambos hombres observaban, la estatua consumió la leche. Siguió aceptando ofrendas de leche durante el resto del día. Para entonces, la noticia del milagro no solo había paralizado Nueva Delhi, ya que la gente dejó lo que estaba haciendo para hacer ofrendas de leche, sino que toda la India acudió a los templos. Las ofrendas de leche también fueron aceptadas por las estatuas de otros dioses, no solo de Ganesha. Además, el material de las estatuas variaba: algunas eran de piedra y otras de cobre. Luego, veinticuatro horas después de su inicio, los milagros en la India cesaron. Durante los días siguientes, el milagro se repitió en todo el mundo, en lugares como Nueva York, Los Ángeles y Canadá.[7]

En este milagro, vemos la fuente del milagro atribuida a uno o más dioses del panteón hindú. Se desconoce el propósito del milagro, y no hubo ningún resultado bueno del mismo (excepto para los que vendían leche).

Dado que el hinduismo enseña que Dios es, en última instancia, impersonal, los milagros no pueden tener ningún propósito y ningún mensaje puede ser transmitido a través de un profeta o de cualquier otra manera. Recuerda el argumento del capítulo 3 que establece que la información es la comunicación de la mente de una persona a otra. Además, los milagros encontrados en el hinduismo no muestran un carácter benévolo. Más bien, los milagros hindúes son para engrandecer al individuo, magnificando al hacedor del milagro en vez de a un Dios que desea darse a conocer y hacer el bien. En definitiva, los milagros hindúes carecen de sentido y de bondad.

Alá escrito en árabe.

La fuente de este poder milagroso proviene de los individuos involucrados. El propósito del poder es el de servirse a sí mismo o engrandecerse. El carácter de estos poderes milagrosos no es inherentemente bueno.

Islam

La escritura sagrada del Islam es el Corán. Se atribuye al profeta de Alá, Mahoma, y se dice que es la última revelación de Dios. Sorprendentemente, el Corán no atribuye ningún milagro a Mahoma, con una posible excepción: el propio Corán. La Sura 29:49-52 declara lo siguiente:

No leíste las escrituras anteriores, ni las escribiste con tu mano. En ese caso, los rechazadores habrían tenido motivos para albergar dudas.

De hecho, estas revelaciones están claras en el pecho de los que poseen conocimiento. Solo los malvados hacen caso omiso de nuestras revelaciones.

Dijeron: ¡Si los milagros bajaran a él de su Señor!». Di: «Todos los milagros provienen solo de DIOS; yo no soy más que un simple mensajero manifiesto».

¿Acaso no es suficiente milagro* el que te hayamos hecho descender este libro, siendo recitado a ellos? Esto es, en verdad, una misericordia y un recordatorio para la gente que cree.

Di: «Dios basta como testigo entre yo y ustedes. Él conoce todo lo que hay en los cielos y en la tierra. Ciertamente, los que creen en la falsedad y desconfían de DIOS son los verdaderos perdedores».⁸

Se ha hablado mucho de que Mahoma no era más que un «simple mensajero».

Corán de China de finales del siglo XVI a principios del XVII. (Colección Schøyen MS 4475, Oslo y Londres).

Esta copia del Hadiz procede de Arabia Saudí y data de 1329. (Colección Schøyen MS 4470, Oslo y Londres).

Esto ha sido señalado por musulmanes y no musulmanes como una declaración clara en el Corán de que Mahoma no hizo milagros. Pero muchos musulmanes creen que este pasaje afirma que el propio Corán es su milagro. Si la primera interpretación es correcta y Mahoma no hizo milagros, entonces no puede ser un profeta, ya que no hay autentificación divina. La Sura 17:90-93 se utiliza para apoyar esta opinión. En este pasaje se reta a Mahoma a hacer un milagro para autentificar su afirmación de ser el profeta de Alá, a lo que él responde: «Gloria a mi Señor, ¿soy más que un mensajero humano?».

Sin embargo, si la segunda interpretación es correcta, entonces vemos un argumento circular. La razón que se da para creer que Mahoma es un profeta es que lo dice el Corán, la revelación final de Dios. Pero la razón que se da para creer en el Corán como la palabra de Dios es que el profeta de Alá, Mahoma, dice que es la palabra de Dios. Y así sucesivamente. Además, se añade al predicamento que Mahoma no recibió esta revelación a la vista de una nación de personas como Moisés. Más bien, la recibió en secreto, lo que la hace sospechosa. Si el Corán es un milagro de Mahoma, entonces el Dios que describe no es el Dios de la Biblia (como afirma el Islam). A diferencia del Dios del Corán, el Dios de la Biblia, sin excepción, distinguía entre Su mensaje, Su mensajero y el milagro que autentificaba al mensajero.

Pero este desafío es asumido por los escritos que recopilan los dichos y las obras de Mahoma. Hay muchos escritos de este tipo en la literatura islámica, llamados colectivamente el Hadiz. Algunos libros del Hadiz se consideran más precisos y valiosos que otros. Los dos libros más venerados y tempranos son el Sahih Bukhari Hadiz y el Sahih Muslim Hadiz y datan del siglo IX, unos 200 años después de la muerte de Mahoma.

Si el Corán es un milagro de Mahoma, entonces el Dios que describe no es el Dios de la Biblia (como afirma el Islam).

Según el Hadiz Sahih Bujari 4.783, Mahoma sí realizó milagros. «El profeta solía pronunciar sus sermones de pie junto a un tronco de palmera datilera. Cuando mandó hacer el púlpito, lo utilizó en su lugar. El tronco comenzó a llorar y el profeta se acercó a él, frotando su mano sobre él para detener su llanto».

En Sahih Bukhari 5.208, Mahoma volvió a realizar un milagro. «Que la gente de La Meca le pidió al apóstol de Alá que les mostrara un milagro. Entonces les mostró la luna partida en dos mitades entre las que dicen que está la montaña de Hiram».

Peregrinos en La Meca durante el hajj.

Si pasamos por alto el problema de que el Hadiz y el Corán se contradicen, vemos en el Hadiz milagros cuya fuente puede ser o no un Dios trascendente (no se hace tal atribución), cuya finalidad no es nada aparente (salvo consolar a un árbol triste) y cuyo carácter no es benévolo. Tanto si se tiene en cuenta el Hadiz en esta discusión como si no, los milagros del Islam no son claramente el mismo tipo de cosas que se encuentran en la Biblia.

Conclusión

Comprobamos que los milagros en sí mismos no son anticientíficos ni están exentos de investigación histórica. También vemos que los milagros de la Biblia son bastante diferentes de los milagros de otras religiones. Los milagros bíblicos apuntan exclusivamente a un Dios trascendente y personal como su fuente, son intencionados y con propósito, y tienen un carácter benévolo. Por lo tanto, aunque otras religiones reivindiquen los milagros en sus tradiciones, están hablando de diferentes tipos de acontecimientos que no pueden anular el poder autentificador de los milagros que se encuentran en la Biblia.

Cita destacada

Aquellos que suponen que los milagros no pueden ocurrir no hacen más que perder el tiempo buscando en los textos: sabemos de antemano qué resultados encontrarán, ya que han empezado por plantear la cuestión.[9]

—C. S. Lewis

Notes

1. Wayne Grudem, *Systematic Theology* [Teología sistemática] (Grand Rapids: Zondervan, 1994), 355. Grudem reconoce en las notas al pie de página que ha adaptado su definición de las conferencias de John Frame.

2. Ron Brooks y Norman Geisler, *When Skeptics Ask* [Cuando los escépticos preguntan] (Grand Rapids: Baker, 1996), 82.

3. Powerball.com, http://www.powerball.com/powerball/pb_prizes.asp, consultado el 9 de junio de 2005.

4. Abordaremos este tema en el capítulo 12.

5. Daniel 4:1-3 registra la alabanza de Nabucodonosor al Dios de la Biblia.

6. Clarence H. Hamilton, ed., *Selections from Buddhist Literature* [Selecciones de literatura budista] (Indianapolis: Bobbs Merrill, 1952), 64.

7. «"It's a Miracle!" Rejoice Millions as Lord Ganesha Receives Milk» [«"¡Es un milagro!" Regocíjense millones mientras el Señor Ganesha recibe leche»], *Hinduism Today*, Noviembre de 1995, en http://www.hinduismtoday.com/archives/1995/11/1995-11-01.shtml, consultado el 13 de junio de 2005.

8. *Corán*, traducido de la versión autorizada en inglés, trad. Rashad Khalifa (Tucson, AZ: Islamic Productions, 1989).

9. C. S. Lewis, *Miracles* [Milagros] (Nueva York: Macmillan, 1947, 1978), 4.

CAPÍTULO 10
¿QUÉ HAY DE LA PROFECÍA?

¿Qué eran los profetas y qué es la profecía?

Los profetas no eran adivinos o médiums que simplemente podían ver el futuro. Los profetas no dependían del engaño de las bolas de cristal para tener una visión de los acontecimientos que aún no se habían producido. Un profeta era alguien que pronunciaba un mensaje de Dios. Los profetas no se limitaban a informar lo que Dios pensaba, sino que pronunciaban las propias palabras de Dios. A veces esto era una bendición, y a veces era una advertencia. Cualquier mensaje que recibía un profeta se llamaba profecía. Las profecías no siempre implicaban la predicción de algún acontecimiento futuro.

Moisés es el primer profeta mencionado en las Escrituras y el que estableció los criterios para ser aceptado como profeta. Durante la experiencia de Moisés en la zarza ardiente, Dios le encargó que actuara y hablara en Su nombre (Ex. 3:1-4:17). A Moisés

El monasterio de Santa Catalina está construido en el lugar tradicional de la zarza ardiente, en la base del monte Sinaí.

se le comunicó el futuro de Israel, cómo la nación iba a ser sacada de la esclavitud de Egipto y llevada a la tierra de Canaán, y cómo el rey de Egipto se resistiría, pero finalmente se vería obligado por los milagros que Dios haría allí. Moisés debía relatar estas cosas a la nación de Israel, pero no estaba convencido de que le creyeran. Le pedirían alguna prueba de su autoridad para hablar en nombre de Dios. Entonces Dios le dio dos señales o milagros para que las realizara y demostrara su autoridad para hablar en nombre de Dios. Además de estos y otros muchos milagros, la liberación de Israel por parte de Egipto se llevó a cabo durante la vida de Moisés, cumpliendo su profecía y autentificando la posición de Moisés como alguien que hablaba las mismas palabras de Dios.

Moisés es el primer profeta mencionado en las Escrituras y el que estableció los criterios para ser aceptado como profeta.

Con Moisés como prototipo, los profetas que le sucedieron también hablaron las palabras de Dios y a veces fueron autentificados por milagros, a menudo profecías predictivas que se hicieron realidad durante la vida del profeta. En Deuteronomio 18:17-22 se establecen los criterios para distinguir entre los profetas auténticos y los falsos y cómo debe responder el pueblo de Dios tanto a los verdaderos como a los falsos profetas (véase también Núm. 22:38; Jer. 1:9).

> Y me dijo el Señor: «Está bien lo que ellos dicen. Por eso levantaré entre sus hermanos un profeta como tú; pondré mis palabras en su boca, y él les dirá todo lo que yo le mande. Si alguien no presta oído a las palabras que el profeta proclame en mi nombre, yo mismo le pediré cuentas. Pero el profeta que se atreva a hablar en mi nombre y diga algo que yo no le haya mandado decir morirá. La misma suerte correrá el profeta que hable en nombre de otros dioses».
>
> Tal vez te preguntes: «¿Cómo podré reconocer un mensaje que no provenga del Señor?». Si lo que el profeta proclame en nombre del Señor no se cumple ni se realiza, será señal de que su mensaje no proviene del Señor. Ese profeta habrá hablado con presunción. No le temas.

Así, los profetas nunca se equivocaron. El castigo por el falso testimonio de un profeta era la muerte. Además, las palabras del profeta debían ser obedecidas como las propias palabras de Dios.

Hay muchas ocasiones en la Biblia en las que la profecía toma la forma de eventos futuros que se predicen.

Sin embargo, hay muchas ocasiones en la Biblia en las que la profecía toma la forma de eventos futuros que se predicen. Estas profecías se dan con tanta antelación a su cumplimiento que no es posible que hayan tenido la intención de autentificar a un profeta durante su vida, aunque todas deben cumplirse si realmente provienen de un verdadero profeta. Dios utiliza estas profecías para revelarse como un Dios fiel que cumple sus promesas y en el que podemos confiar. También se revela como soberano de toda la historia y capaz de dirigirla y conseguir Sus propósitos sin violar las decisiones libres de los hombres.

Los restos del arco del triunfo en Tiro (foto de David Bjorgen).

Al final, el estudio de las profecías se asemeja mucho al argumento del diseño que analizamos en el capítulo 3. Allí vimos a Dios como diseñador y ordenador de la naturaleza y sus procesos. En la profecía, vemos a Dios diseñando y ordenando la historia mediante actos aparentemente inconexos de personas no relacionadas por el tiempo y el propósito. Imagina a una persona que accidentalmente derrama té sobre una alfombra blanca. Muchos años después, otra persona entra en la habitación, derrama su té y aumenta la mancha en la alfombra. Cien años después, se derrama otra taza de té. Ahora imagina que encuentras esa alfombra y descubres que las manchas forman un mapa por el que se puede navegar.

O imagina un estanque con fondo de arena y rocas planas en la orilla, pero sin rocas en el agua. Ahora imagina a un niño que descubre el estanque y arroja unas cuantas rocas. Un siglo después, otro niño también arroja algunas rocas en el estanque. Pasa otro siglo y otro niño arroja más rocas en el estanque. Imagínate que luego te subes a un árbol alto junto al estanque y descubres que en el fondo del estanque hay un excelente mosaico con las piedras arrojadas. Así es la profecía.

Ejemplos de profecías cumplidas en el Antiguo Testamento

Dada la ventaja de la retrospectiva y los avances de la arqueología, deberíamos ser capaces de echar un vistazo a algunas de las profecías predictivas y comprobar la exactitud de su cumplimiento, si es que se cumplieron. Muchos han emprendido esta tarea en los últimos cien años aproximadamente, y no faltan libros sobre el tema. Las listas de ejemplos específicos de profecías cumplidas son bastante consistentes de un libro a otro. A continuación, se esbozan un par de los cumplimientos más sorprendentes y verificables.

La ciudad de Tiro
Ezequiel 26:3-14, 21

3 Por eso, así dice el Señor omnipotente: Tiro, yo me declaro contra ti, y así como el mar levanta sus olas, voy a hacer que contra ti se levanten muchas naciones. 4 Destruirán los muros de Tiro, y derribarán sus torres. Hasta los escombros barreré de su lugar; ¡la dejaré como roca desnuda! 5 ¡Quedará en medio del mar como un tendedero de redes! Yo, el Señor omnipotente, lo afirmo. Tiro será despojo de las naciones, 6 y sus poblados tierra adentro serán devastados a filo de espada. Entonces sabrán que yo soy el Señor.

⁷ Así dice el Señor omnipotente: Desde el norte voy a traer contra Tiro a Nabucodonosor, rey de Babilonia, rey de reyes. Vendrá con un gran ejército de caballos, y con carros de guerra y jinetes. ⁸ Tus poblados tierra adentro serán devastados a filo de espada. Y Nabucodonosor construirá contra ti muros de asedio, levantará rampas para atacarte y alzará sus escudos. ⁹ Atacará tus muros con arietes, y con sus armas destruirá tus torres. ¹⁰ Cuando el rey de Babilonia entre por tus puertas, como se entra en una ciudad conquistada, sus caballos serán tan numerosos que te cubrirán de polvo, y tus muros temblarán por el estruendo de su caballería y sus carros. ¹¹ Con los cascos de sus caballos

pisoteará todas tus calles; matará a tu pueblo a filo de espada, y tus sólidas columnas caerán por tierra. ¹² Además, saquearán tus riquezas y robarán tus mercancías. Derribarán tus muros, demolerán tus suntuosos palacios, y arrojarán al mar tus piedras, vigas y escombros. ¹³ Así pondré fin al ruido de tus canciones, y no se volverá a escuchar la melodía de tus arpas. ¹⁴ Te convertiré en una roca desnuda, en un tendedero de redes, y no volverás a ser edificada. Yo, el Señor, lo he dicho. Yo, el Señor omnipotente, lo afirmo [...]

²¹ Te convertiré en objeto de espanto, y ya no volverás a existir. Te buscarán, pero jamás podrán encontrarte. Lo afirma el Señor omnipotente.

(Los versículos han sido numerados para facilitar su consulta).

Ezequiel comenzó su ministerio profético en el año 593 a. C., poco después de que comenzara el cautiverio en Babilonia, y continuó por lo menos hasta el año 571 a. C.¹ No se sabe con certeza cuándo dio Ezequiel esta profecía en particular. El tiempo futuro de la profecía indica que los acontecimientos descritos aún no habían ocurrido. Los escépticos señalarán que Ezequiel o algún editor posterior de su material podría haber escrito simplemente eventos pasados como eventos futuros para su propia glorificación o alguna otra razón. Sin embargo, aunque algunas de las profecías se hicieron realidad durante su vida, muchas no lo hicieron.

Tiro, en la época de Ezequiel, existía en dos partes, una en la costa del continente en lo que es el actual Líbano, y la otra en una isla a media milla de la costa. En el año 585 a. C., Nabucodonosor, rey de Babilonia, estaba en campaña para conquistar la región. Otras ciudades, como Jerusalén y Sidón, habían caído antes, pero Tiro opuso una valiente resistencia. El pueblo de Tiro resistió con tanta fuerza que Nabucodonosor sitió la ciudad, un asedio que duró hasta el año 572, cuando Tiro finalmente cayó. Después de trece años, los soldados entraron en la ciudad y encontraron que faltaba la mayor parte de su tesoro y riqueza. Al parecer, habían sido sacados de contrabando a la ciudad insular. La caída de Tiro continental cumplió las profecías de los versículos 7 y 8.

En el año 332 a. C., mucho después de la muerte de Ezequiel, Alejandro Magno emprendió la tarea de derrotar a la ciudad insular de Tiro. Decidió tomar la ciudad no por mar, sino uniendo la isla a tierra firme. Parece que se inspiró en los restos de la antigua ciudad que aún yacen en el lugar donde cayó. Y como el agua entre la isla y tierra firme tenía unos seis metros de profundidad, los griegos utilizaron los escombros para construir una calzada de 60 metros de ancho que conducía a la isla. Este plan cumplía las profecías de los versículos 4 y 12. Al retirar estos escombros se creó

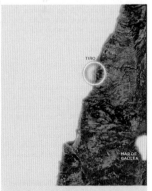

Foto de satélite de Oriente Medio. Observa cómo la calzada de Alejandro sedimentó la bahía creando un istmo (foto de la NASA).

un lugar plano que los pescadores siguen utilizando hoy en día para secar sus redes. Así se cumplió la primera parte de la profecía del versículo 14. Tras la conquista de Tiro por Alejandro, cayó en manos de Antígono hacia el 314 a. C. En 1291, los musulmanes tomaron el control de la isla. Esta sucesión de invasores cumple la profecía del versículo 3.

Aunque hoy en día hay un pequeño pueblo de pescadores en el lugar de la antigua Tiro, la gran ciudad nunca ha sido reconstruida, cumpliendo la profecía de la segunda mitad del versículo 14. Josh McDowell sugiere que la frase «nunca se volverá a encontrar» significa que, aunque los hombres intenten reconstruir Tiro, nunca será elevada «a su antigua posición de riqueza y esplendor».[2]

Así, las profecías de Ezequiel sobre Tiro se han cumplido. El matemático y astrónomo Peter Stoner calculó que las probabilidades de que se cumplieran todas estas profecías eran de 1 entre 75 000 000.[3] Para ser justos, algunos de estos acontecimientos, como el ataque de Nabucodonosor a Tiro, podrían ser razonablemente adivinados por Ezequiel o son tan vagos, como que muchas naciones vinieran contra Tiro en oleadas, que la historia lo hace bastante posible. Pero hay que tener en cuenta que el canon del Antiguo Testamento se cerró a todos los efectos prácticos unos 100 años antes de las conquistas de Alejandro, por lo que es muy poco probable que se hiciera una edición posterior para que Ezequiel fuera más preciso.

Si tal fuera el caso, esperaríamos encontrar variantes en los textos, algunos con las profecías precisas y otros sin ellas. Pero este no es el caso. E incluso si las profecías fueran añadidas o alteradas después de la época de Alejandro o incluso más tarde, sigue siendo verdad que la antigua ciudad de Tiro, que era próspera y floreciente en la época de Ezequiel, nunca ha sido reconstruida, una profecía que se cumplió independientemente de cuándo se fije la escritura de Ezequiel.

El reino de Edom
Jeremías 49:17-18

[17] Tan espantosa será la caída de Edom que todo el que pase junto a la ciudad quedará pasmado al ver todas sus heridas. [18] Será como en la destrucción de Sodoma y Gomorra y de sus ciudades vecinas; nadie volverá a vivir allí, ni la habitará ningún ser humano —afirma el Señor—.

En la época del ministerio profético de Jeremías (627-587/586 a. C.),[4] Edom era un reino largamente establecido al sur del Mar Muerto. Petra, su capital, se encontraba antiguamente en

Castillo cerca de Petra.

una importante ruta comercial y estaba rodeada de montañas por todos lados. La entrada principal a Petra es a través de una estrechísima hendidura en unos acantilados de 150 metros de altura y más de un kilómetro de largo. Quizá sea más conocida por sus edificios, algunos de los cuales fueron tallados directamente en la cara de los acantilados de arenisca.

Busto de Alejandro Magno del Museo Británico.

Cuando los cruzados construyeron un castillo cerca de Petra (la capital de Edom) en el año 1200, descubrieron que era un lugar desolado.

Cuando los musulmanes se hicieron con el control de la zona en el año 636 d. C. (cumpliendo la profecía de la primera parte del versículo 18), Edom ya estaba en declive debido al cambio de las rutas comerciales por la ocupación romana y a un devastador terremoto en el año 363 d. C. Cuando los cruzados construyeron un castillo cerca de Petra en el año 1200, descubrieron que era un lugar desolado. Desde su época hasta el redescubrimiento de Petra a principios del siglo XIX, no se sabe nada del lugar. La zona en general está desolada y sigue deshabitada hasta hoy, cumpliendo la profecía del versículo 17 y la última parte del 18.

Según John Urquhart:

> La desolación es espantosa. Su comercio ha desaparecido por completo. No conocemos la historia, pero el gran mercado de Petra hace tiempo que dejó de existir. Edom ya no es buscada por los que desean vender ni por los que desean comprar. Nadie sale de ella cargado con las mercancías que una vez hicieron famoso su nombre en la Tierra.[5]

Este mosaico de la batalla de Issos data del siglo I y muestra a Alejandro en el extremo izquierdo.

Pilato presentando a Jesús a sus acusadores, tal y como lo pintó Daumier.

Jeremías no fue el único que profetizó sobre Edom. Isaías (hacia la segunda mitad del siglo VIII a. C.)[6] hizo profecías similares sobre el abandono y la desolación de Edom (Isa. 34:10-15). Ezequiel profetizó que Edom sería conquistada por Israel en algún momento (lo que ocurrió brevemente), que se convertiría en un páramo desolado y que quedaría aislada de los viajeros (lo que se cumplió con el cambio de la ruta comercial) (Ezeq. 25:13-14; 35:4-7).

Alejandro Magno
Daniel 11:2-4

² Pero ahora voy a darte a conocer la verdad. Van a levantarse en Persia tres reyes más, y hasta un cuarto, el cual será más rico que los otros tres. En cuanto haya cobrado fuerza con sus riquezas, incitará a todos contra el reino griego. ³ Surgirá entonces un rey muy aguerrido, el cual gobernará con lujo de fuerza y hará lo que mejor le parezca. ⁴ Pero, tan pronto como surja su reino, se resquebrajará y se esparcirá hacia los cuatro vientos del cielo. Este imperio no será para sus descendientes, ni tendrá el poder que tuvo bajo su gobierno, porque Dios lo dividirá y se lo entregará a otros.

Daniel escribió su profecía en Persia hacia finales del siglo VI a. C., casi 200 años antes del nacimiento de Alejandro Magno en el año 356. Alejandro subió al trono a la edad de veinte años e inmediatamente se embarcó en una campaña de venganza para conquistar Persia en represalia por un intento de invasión del rey Jerjes más de un siglo antes. Después de vencer a Persia, Alejandro conquistó la mayor parte del resto del mundo mediterráneo, creando un vasto imperio.[7] Esto cumplió el versículo 3 de la profecía. Tras la repentina muerte de Alejandro en el 323 a. C., su imperio se dividió entre sus generales, no entre sus herederos. Los generales Ptolomeo, Seleuco, Lisímaco, Casandro y Antígono se enfrentaron y conspiraron entre sí hasta que finalmente se solidificaron en cuatro reinos diferentes (el territorio de Antígono fue tomado por Seleuco).[8] Esto cumplió el versículo 4 de la profecía de Daniel.

> *Daniel escribió su profecía en Persia hacia finales del siglo VI a. C., casi 200 años antes del nacimiento de Alejandro Magno en el año 356.*

Al igual que la profecía de Tiro, esta profecía no pudo haber sido escrita de nuevo en Daniel después de los acontecimientos porque el canon del *Tanak*, las Escrituras judías, se había cerrado más de 100 años antes de la muerte de Alejandro, y para entonces el texto ya estaba firmemente establecido. No hay versiones alternativas de Daniel que tengan un capítulo 11 diferente.

Una de las características interesantes de estas y otras profecías bíblicas es que los profetas pueden no haber tenido una imagen clara de lo que estaban prediciendo.

Los propios profetas no sabían necesariamente cómo se cumplirían estas profecías, el tiempo entre las etapas e incluso el orden de estas. Las imágenes de las cosas futuras para los profetas eran a menudo sin un sentido de la relación adecuada entre los diferentes elementos involucrados. Solo en retrospectiva se pueden discernir tales cosas.

Profecías sobre la venida de Cristo

El carácter autentificador de las profecías ejerce aún más fuerza en el contexto de las profecías mesiánicas. Observamos con frecuencia en el Nuevo Testamento cómo la gente se preguntaba si Jesús era el Mesías,[9] pero no qué era un Mesías en primer lugar. No se necesitaba educación sobre lo que era el Mesías porque había muchas profecías en el *Tanak* sobre un Mesías que vendría a rescatar a Israel. Ciertamente había una serie de conceptos erróneos sobre cómo sería el Mesías en términos de Su función y papel, pero de todos modos se esperaba un Mesías. Esta era una noción que se encontraba en las Escrituras judías y no una innovación de los seguidores de Jesús.

Es difícil subestimar la importancia de estas profecías. Si estas profecías se han cumplido, entonces se confirma la afirmación de la Biblia de que es la Palabra de Dios. También encontramos la confirmación de un Dios personal, involucrado, benevolente y todopoderoso que ha elegido revelarse de una manera particular. Por último, encontramos a la persona sobre la que se escribieron estas predicciones, la persona que Dios ha enviado para traer la salvación, la persona a través de la cual Dios ha elegido revelarse de la manera más clara e inequívoca. Si esa persona ha cumplido las profecías, entonces debemos escucharla y tomar en serio sus enseñanzas.

¿Pero de cuántas profecías mesiánicas estamos hablando? ¿Tres o cuatro, como nuestros ejemplos anteriores? Seguramente, más de una persona que haya vivido podría cumplir tres o cuatro profecías, o incluso el doble o el triple de esas profecías. Afortunadamente, el Antiguo Testamento impide tal argumento. Según algunos recuentos, hay entre 300 y 400 profecías mesiánicas en el Antiguo Testamento. Otros estudiosos creen que esta cifra es un poco elevada. Ciertamente ven ese número de alusiones al Mesías, pero cuentan las profecías principales como menos de 100. El *Diccionario Bíblico Ilustrado Holman* enumera 121 profecías mesiánicas cumplidas.[10] Josh McDowell ha hecho un excelente estudio de las profecías

> *Observamos con frecuencia en el Nuevo Testamento cómo la gente se preguntaba si Jesús era el Mesías, pero no qué era un Mesías en primer lugar.*

Todas las personas que han vivido	
Hombres ↓	Mujeres

Hijos de Abraham	
Isaac ↓	Ismael

Hijos de Isaac	
Jacob ↓	Esaú

Hijos de Jacob

Rubén Simeón Leví Zabulón Gad Isacar
Dan Aser Neftalí José
Judá Benjamin

Hijos de Judá

Er Onan Selah Farés Zelah

Hijos de Isaí

Eliab, Abinadab, Sama, Natanael,
Raddai, Osem, Elihú **David**

Hijos de David

Amnón Daniel Absalón Adonías
Sefatías Itream Samúa Sobab
Natán y Salomón

Mesías

mayores y las numera en 61.[11] Él caracteriza acertadamente estas profecías como credenciales que cualquiera que pretenda ser el Mesías debe tener.

En la lista de McDowell hay un grupo de profecías relativas a la genealogía del Mesías. Si consideramos solo estas profecías genealógicas, empezamos a ver lo estrecha que es la lista de candidatos al Mesías. El Mesías sería de la descendencia de Abraham (Gén. 22:18), hijo de Isaac (Gén. 21:12), hijo de Jacob (Núm. 24:17), de la tribu de Judá (Gén. 49:10; Miq. 5:2), en la línea familiar de Isaí (Isa. 11:1, 10), de la casa de David (Jer. 23:5).

El Mesías sería de la descendencia de Abraham, hijo de Isaac, hijo de Jacob, de la tribu de Judá, en la línea familiar de Isaí, de la casa de David.

Para explorar con más detalle, primero observamos que estas profecías utilizan un pronombre masculino al referirse al género del Mesías. Esto excluye a la mitad de todos los que han vivido (las mujeres) del grupo de candidatos. Abraham tuvo dos hijos, uno de los cuales fue Isaac (Gén. 16:16; 21:2-3). Por lo tanto, la mitad de los hombres que han vivido y que descienden de Abraham están excluidos del grupo. Isaac también tuvo dos hijos, uno de los cuales fue Jacob (Gén. 25:24). Esto elimina la mitad de los descendientes masculinos de Isaac del grupo. Jacob tuvo doce hijos, uno de los cuales fue Judá (Gén. 29:32-30:24), lo que elimina del grupo a once de cada doce de sus descendientes varones. Judá tuvo cinco hijos (Gén. 38:3-5,27-30), lo que elimina a cuatro de cada cinco de sus descendientes varones. Isaí tuvo ocho hijos, uno de los cuales fue David (1 Sam. 17:12). Esto elimina a siete de los ocho descendientes masculinos de Isaí del grupo. Por último, David tuvo diez hijos, lo que elimina a nueve de los diez descendientes varones de David. Es obvio que el Mesías era alguien extremadamente específico y que el grupo de candidatos es increíblemente pequeño. No cualquiera podría hacer esa afirmación y ser tomado en serio.

Pero las profecías proporcionan además credenciales que debe cumplir el Mesías. En su libro *Science Speaks* [La ciencia habla], Peter Stoner tomó solo ocho de estas profecías y calculó las probabilidades de que se cumplieran todas. Las ocho que utilizó fueron:

1. El Mesías nacería en Belén (Miq. 5:2).
2. El Mesías será precedido por un mensajero (Mal. 3:1).
3. El Mesías llegará a Jerusalén montado en un pollino (Zac. 9:9).
4. El Mesías será traicionado por un amigo (Zac. 13:6).
5. El Mesías será traicionado por treinta monedas de plata (Zac. 11:2).
6. El traidor del Mesías intentará devolver las treinta piezas de plata, pero serán rechazadas. El traidor las arrojará al suelo del templo (Zac. 11:13).
7. El Mesías no hablará en defensa propia (Isa. 53:7).
8. Las manos y los pies del Mesías serán traspasados (Sal. 22:16).[12]

La mayoría de los eruditos no están de acuerdo en que Zacarías 13:6 se refiera al Mesías, por lo que descartaremos las probabilidades de Stoner con respecto a ese

punto. Las cifras que Stoner utilizó para calcular las probabilidades fueron obtenidas por él mismo y por más de 600 de sus estudiantes en el transcurso de unos diez años. Cuando Stoner encontró razones para hacer una revisión de los números, fue más conservador en sus cálculos. Stoner y sus estudiantes descubrieron que, al considerar estas ocho profecías, las probabilidades de que se cumplan por cualquier hombre que haya vivido entre la escritura de las profecías (no más tarde del 400 a. C.) y hoy es de 1 en 100 000 000 000 000 (o 100 cuatrillones, expresados como 100^{17}). Las probabilidades asignadas al cumplimiento de Zacarías 13:6 eran de 1 en 1000.[13] Si eliminamos este número de la ecuación, aún nos queda una cifra astronómicamente alta.

Para entender cuán grande es este número, Stoner dio la siguiente ilustración:

> Supongamos que tomamos 10^{17} monedas de plata y las colocamos sobre el estado de Texas. Cubrirán todo el estado a medio metro de profundidad. Ahora marca una de estas monedas de plata y revuelve todas las monedas a fondo, en todo el estado. Véndale los ojos a un hombre y dile que puede viajar tan lejos como quiera, pero que debe coger una moneda de plata y decir que esa es la correcta. ¿Qué posibilidades tendría de acertar? Justo la misma posibilidad que habrían tenido los profetas de escribir estas ocho profecías y que se cumplieran todas en un solo hombre, desde su época hasta el presente, siempre que escribieran utilizando su propia sabiduría.[14]

Según el Nuevo Testamento, cada una de las profecías mencionadas se cumplió efectivamente.

1. El Mesías nacería en Belén (Mat. 2:1; Luc. 2:15; Juan 7:24).
2. El Mesías será precedido por un mensajero (Mat. 3:1-13; Mar. 1:1-11; Luc. 3:1-22; Juan 1:6-36).

3. El Mesías llegará a Jerusalén montado en un pollino (Mat. 21:1-11; Mar. 11:1-10; Luc. 19:28-38; Juan 12:14-16).

4. (La mayoría de los eruditos no interpretan esto como una profecía; véase el número 4 en la p. 252 [en el libro de Stoner]).

5. El Mesías será traicionado por treinta monedas de plata (Mat. 26:15).

6. El traidor del Mesías tratará de devolver las treinta piezas de plata, pero serán rechazadas. El traidor las arrojará entonces al suelo del templo (Mat. 27:3-5).

7. El Mesías no hablará en defensa propia (Mat. 26:57-27:22; Mar. 14:55-15:15; Luc. 22:54-23:24; Juan 18:13-19:16).

8. Las manos y los pies del Mesías serían traspasados (Mat. 27:35; Mar. 15:25; Luc. 23:33; Juan 19:18).

Daniel, tal como lo representa Miguel Ángel.

Stoner calculó entonces las probabilidades de que se cumplieran 48 profecías. Suponiendo que las cuarenta profecías adicionales tienen probabilidades similares a las del primer conjunto de profecías, las posibilidades de que un solo hombre cumpla las 48 es de 1 entre 100 cuatrillones (o 10^{17}). Stoner trató de transmitir esta asombrosa cifra de la siguiente manera:

> Hagamos una bola sólida de electrones, que se extienda en todas las direcciones desde la tierra hasta la distancia de seis mil millones de años luz. ¿Hemos agotado nuestros 10^{157} electrones? No, hemos hecho un agujero tan pequeño en la masa que no podemos verlo. Podemos hacer esta bola sólida de electrones, que se extiende en todas las direcciones hasta la distancia de seis mil millones de años luz 6 x 10^{28} veces.[15]

Por increíble que sea este número, hay que recordar que hay al menos 61 profecías mesiánicas importantes. Si las probabilidades de que se cumplan las 48 profecías son estadísticamente cercanas a cero, ¿cuántas más son las probabilidades de que se cumplan las 61 profecías? La improbabilidad es abrumadora.

Hay, por supuesto, algunas profecías que pueden cumplirse intencionadamente, como la entrada en Jerusalén en un pollino. Pero hay que entender que la mayoría de las profecías no pueden ser descartadas de esa manera. El Mesías no pudo idear Su lugar de nacimiento, Su hora de nacimiento, Su descendencia, las acciones de otros (como Su traidor) o la forma de Su muerte.[16] Además, el cumplimiento intencionado de algunas de las profecías, como se ha mencionado anteriormente, sería una declaración tácita de que esa persona cumplió todas las profecías, una afirmación que podría ser investigada. También hay que entender que estas profecías no se añadieron al texto más tarde para ajustarse a la vida de Jesús. Recuerda que los intérpretes judíos utilizaron exactamente el mismo texto del que provenían estas profecías. Nunca argumentaron contra los cristianos diciendo que las profecías fueron insertadas. Más bien, argumentaron contra la interpretación y el cumplimiento de las profecías.

Las setenta semanas de Daniel

Una de las profecías más conocidas y asombrosas sobre el Mesías se encuentra en Daniel. Este pasaje, Daniel 9:24-27, al que a menudo se hace referencia como «das setenta semanas de Daniel», da una ventana de tiempo muy estrecha durante la cual aparecería el Mesías.

> [24] Setenta semanas han sido decretadas para que tu pueblo y tu santa ciudad pongan fin a sus transgresiones y pecados, pidan perdón por su maldad, establezcan para siempre la justicia, sellen la visión y la profecía, y consagren el lugar santísimo.
> [25] Entiende bien lo siguiente: Habrá siete semanas desde la promulgación del decreto que ordena la reconstrucción de Jerusalén hasta la llegada del príncipe elegido. Después de eso, habrá sesenta y dos semanas más. Entonces será reconstruida Jerusalén, con sus calles y murallas. Pero cuando los tiempos apremien, [26] después de las sesenta y dos semanas, se le quitará la vida al príncipe elegido. Este se quedará sin ciudad y sin santuario, porque un futuro gobernante los destruirá. El fin vendrá como una inundación, y la destrucción no cesará hasta que termine la guerra.
> [27] Durante una semana ese gobernante hará un pacto con muchos, pero a media semana pondrá fin a los sacrificios y ofrendas. Sobre una de las alas del templo cometerá horribles sacrilegios, hasta que le sobrevenga el desastroso fin que le ha sido decretado.

Para entender el calendario dado, hay que tener en cuenta que la palabra traducida «semana» es la palabra hebrea para siete, ya que se refiere a una duración de tiempo, un «período de sietes».[17] A lo largo del *Tanak*, se ha utilizado para referirse a un período de siete días o años. En este caso, se cree que se refiere a semanas de años: 70 semanas = 490 años.

La ventana de tiempo dada para que aparezca el Mesías se cierra con la destrucción de Jerusalén. («Este se quedará sin ciudad y sin santuario, porque un futuro gobernante los destruirá»). En el momento en que Daniel escribió esto, alrededor del

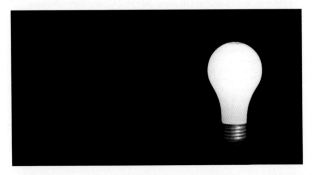

año 530 a. C., Jerusalén ya estaba en ruinas. Su profecía decía que la ciudad sería reconstruida antes de ser destruida. También decía que el decreto que ordenaba la restauración de Jerusalén era el comienzo de las setenta semanas. Después de que pasen sesenta y nueve semanas de años, aparecerá el Mesías. Aquí es cuando la ventana se abre. Y la ventana se cerró en el año 70 con la destrucción de Jerusalén. Nadie que aparezca en la historia fuera de esta ventana podría ser el Mesías prometido.

La pregunta ahora es, ¿cuándo se abrió la ventana? ¿Conocemos un decreto que ordenara la reconstrucción de Jerusalén y, si es así, cuándo se emitió el decreto? Si supiéramos de tal decreto, entonces sabríamos el comienzo de las setenta semanas, la sexagésima novena semana final que marcaría la apertura de la ventana del Mesías.

Varios decretos mencionados en las Escrituras han sido señalados como la fecha de inicio de las setenta semanas. Uno de estos decretos, Nehemías 2:1-8, menciona la restauración de la ciudad (como se indica en la profecía), no solo del templo. Otro decreto utilizado con frecuencia se encuentra en Esdras 7:11-16. Aunque este decreto no cumple los criterios mencionados en la profecía, Esdras da una oración de agradecimiento en 9:6-15 que menciona que el decreto permite la reconstrucción de Jerusalén y su templo. Vamos a analizar ambos textos.

Los que defienden el uso del decreto de Artajerjes en Esdras 7:11-16 comienzan en el 457 a. C., el año en que se emitió el decreto: sesenta y nueve semanas de años = 483 años; 457 a. C. + 483 años = 27 d. C. (no hay año «0»). Según Lucas 3:1, Juan el Bautista comenzó su ministerio en el decimoquinto año del gobierno de Tiberio. Aunque Tiberio subió al trono en el año 14 d. C., comenzó una corregencia en el 12 d. C., por lo que su decimoquinto año de gobierno fue el 26 d. C.[18] Así pues, el Mesías apareció en el 27 d. C. Esto encaja bastante bien con la vida de Jesús y sitúa Su crucifixión en el año 30 d. C.

La otra opinión es que el decreto de Artajerjes en Nehemías es el punto de partida adecuado; este decreto es el único que especifica la reconstrucción de la ciudad según la profecía. El decreto está fechado en el mes de Nisán durante el vigésimo año del reinado de Artajerjes. Artajerjes subió al trono en el 465 a. C., lo que nos da una fecha de inicio del año en el 444 a. C. Tradicionalmente, si el día del mes no se mencionaba en un escrito, los antiguos hebreos entendían el primer día del mes como el día en cuestión. Así, la fecha de inicio de las setenta semanas sería el 1 de Nisán del 444 a. C., que equivale al 4 de marzo del 444 a. C. en nuestro calendario.

Los defensores de esta fecha de inicio también señalan que los años en la época de la profecía se contaban de forma diferente. Aunque nosotros utilizamos años de 365.25 días (años solares), la literatura profética del mundo antiguo utilizaba años de 360 días.[19] Para entender correctamente las semanas de años, debemos convertir las sesenta y nueve semanas, 483 años, en días: 483 x 360 = 173 880 días. Empezando por el 4 de marzo de 444 a. C. y contando hacia adelante 173 880 días en el calendario actual, si tenemos en cuenta los años bisiestos y la falta de un año 0, llegamos al domingo 29 de marzo del 33 d. C.[20] Este sería el Domingo de Ramos, el día en que Jesús se presentó a Israel como Mesías, lo que hace que el 3 de abril del 33 d. C. sea la fecha de la crucifixión.

Carson, Moo y Morris señalan que es muy probable que Jesús fuera crucificado el 14 o el 15 de septiembre. Hacen esta afirmación no basándose en la profecía de Daniel, sino en datos astronómicos y sugerencias en los Evangelios. Encontraron que, en el marco temporal general en cuestión, los mejores candidatos en términos de fechas exactas para la crucifixión son el viernes 14 de Nisán del año 30 d. C. y el viernes 15 de Nisán del año 33 d. C.[21] Cada una de estas fechas corresponde a una de las dos formas de calcular el final de las sesenta y nueve semanas de Daniel.

Una vez más, esta asombrosa profecía no pudo ser añadida a las Escrituras para hacerla coincidir con la vida de Jesús, porque el *Tanak* fue conservado con reverencia por judíos y cristianos por igual. El texto en sí mismo nunca ha sido un problema, solo su interpretación.

Conclusión

La profecía es importante porque es un milagro que se puede comprobar. Solo tenemos que ver si esos acontecimientos se han producido para verificar o rechazar a un profeta. Como hemos visto, hay profecías que sí se han hecho realidad y se pueden demostrar. Estas profecías verificables tienen una probabilidad extremadamente pequeña de cumplirse por casualidad. Además, estas profecías no podrían haber sido escritas en el texto en una fecha posterior. Por lo tanto, al haber mostrado credenciales auténticas como quienes hablan las mismas palabras de Dios, tenemos buenas razones para tratar los mensajes de los profetas bíblicos como acreditados.

> *La profecía es importante porque es un milagro que se puede comprobar.*

Además, encontramos un gran número de profecías relativas a la identidad de un hombre, el Mesías. Todo indica que el Mesías apareció tal y como se había profetizado y cumplió las demás profecías escritas sobre Él. Este hombre era Jesús de Nazaret. Pero el propio Jesús de Nazaret hizo afirmaciones proféticas y, por lo tanto, Su autoridad debería poder ser probada también. Hay muchos milagros atribuidos a Jesús, pero uno en particular es el evento sobre el cual el cristianismo mismo se sostiene o cae: la resurrección de Jesús.

Cita destacada

> El buscador de la certeza en la religión estará agradecido por la multiplicidad, así como por la minuciosidad y distinción, de la profecía de las Escrituras. Una o dos luces en una cámara pueden no barrer del todo su oscuridad. Pero el remedio es sencillo. Solo hay que multiplicar las luces y el lugar será por fin más luminoso de lo que el día podría hacer.[22]
>
> —*John Urquhart*

Notes

1. Charles F. Fensham, *The Oxford Companion to the Bible*, ed. Bruce M. Metzger y Michael D. Coogan (Oxford: Oxford University Press, 1993), 217.

2. Josh McDowell, *Evidence That Demands a Verdict* [Evidencia que exige un veredicto] (San Bernardino: Here's Life, 1972, 1992), 279.

3. Peter Stoner, *Science Speaks* [La ciencia habla] (Chicago: Moody Press, 1969), 72–79.

4. Robert Davidson, *The Oxford Companion to the Bible*, ed. Bruce M. Metzger y Michael D. Coogan (Oxford: Oxford University Press, 1993), 343.

5. John Urquhart, *The Wonders of Prophecy* [Las maravillas de la profecía] (Harrisburg, PA: Christian Alliance, 1925), 98.

6. Joan Comay y Ronald Brownrigg, *Who's Who in the Bible* [Quién es quién en la Biblia] (Nueva York: Wings, 1971), 163.

7. Guy MacLean Rogers, *The Oxford Companion to the Bible*, ed. Bruce M. Metzger y Michael D. Coogan (Oxford: Oxford University Press, 1993), 19–20.

8. Merrill C. Tenney, *New Testament Survey* [Estudio del Nuevo Testamento] (Grand Rapids: Zondervan, 1953, 1961, 1985), 17.

9. Comp. Mat. 16:16; Luc. 2:26; Juan 1:41; 4:25,29; 20:31, et al.

10. *Holman Illustrated Bible Dictionary* [Holman, Diccionario ilustrado de la Biblia] (Nashville: Broadman & Holman, 2003), 1112–14.

11. McDowell, *Evidence That Demands a Verdict* [Evidencia que exige un veredicto], vol. 1 (San Bernardino: Here's Life, 1972, 1992), 144–66.

12. Stoner, *Science Speaks*, 101–5.

13. Ibid., 101.

14. Ibid., 106–7.

15. Ibid., 111.

16. De hecho, la crucifixión ni siquiera existía cuando se escribió el Salmo 22; comp. *The Zondervan Pictorial Encyclopedia of the Bible* [Zondervan, Enciclopedia ilustrada de la Biblia], vol. 1, ed. Merrill C. Tenny (Grand Rapids: Zondervan), s.v. «crucifixion» [«crucifixión»].

17. *Zondervan Pictorial Encyclopedia of the Bible*, vol. 5, s.v. «seventy weeks» [«setenta semanas»].

18. D. A. Carson, Douglas J. Moo y Leon Morris, *An Introduction to the New Testament* [Introducción al Nuevo Testamento] (Grand Rapids: Zondervan, 1992), 54.

19. Véase Apocalipsis 11:2-3 para un ejemplo en donde la Biblia utiliza meses de 30 días.

20. Este cálculo fue tomado de una conferencia de Bruce K. Waltke y está basado en el trabajo de Harold Hoehner. Otros, como Josh McDowell, han usado la obra de Hoehner para llegar a la misma fecha de la crucifixión, pero establecen el inicio del cálculo el 6 de marzo de 444 a. C. y, por tanto, su final el lunes 30 de marzo de 33 d. C. (véase McDowell, *Evidence That Demands a Verdict*, 173).

21. Carson, Moo y Morris, *An Introduction to the New Testament*, 55–56.

22. Urquhart, *Wonders of Prophecy*, 93.

CAPÍTULO 11
¿QUÉ HAY DE LA RESURRECCIÓN?

¿Qué está en juego?

En el primer capítulo de este libro, se mencionó que el apóstol Pablo apeló a la resurrección de Jesús como la afirmación central del cristianismo. Según Pablo en 1 Corintios 15:12-19, si Jesús no resucitó de entre los muertos, entonces toda la fe cristiana no tiene valor, es una pérdida de tiempo.

Este es un pasaje tan importante que merece ser repetido aquí.

> Ahora bien, si se predica que Cristo ha sido levantado de entre los muertos, ¿cómo dicen algunos de ustedes que no hay resurrección? Si no hay resurrección, entonces ni siquiera Cristo ha resucitado. Y, si Cristo no ha resucitado, nuestra predicación no sirve para nada, como tampoco la fe de ustedes. Aún más, resultaríamos falsos testigos de Dios por haber testificado que Dios resucitó a Cristo, lo cual no habría sucedido si en verdad los muertos no resucitan. Porque, si los muertos no resucitan, tampoco Cristo ha resucitado. Y, si Cristo no ha resucitado, la fe de ustedes es ilusoria y todavía están en sus pecados. En este caso, también están perdidos los que murieron en Cristo. Si la esperanza que tenemos en Cristo fuera solo para esta vida, seríamos los más desdichados de todos los mortales.

Si Jesús no resucitó de entre los muertos, entonces toda la fe cristiana no vale nada, es una pérdida de tiempo.

Tumba del siglo I en Jerusalén.

La razón por la que la resurrección es tan importante para el caso del cristianismo es que, si es cierta, confirma que la enseñanza de Jesús tiene la autoridad de Dios. Las enseñanzas de Jesús se refieren a menudo a Su propia identidad, no solo a cuestiones éticas y morales. Lo que está en

Pintura de 1433 sobre la sepultura y resurrección de Jesús, por Memling.

Detalle de la resurrección por Pino, 1555.

juego es la capacidad de saber quién era Jesús y, por tanto, cómo debemos responder a Él.

Los dos capítulos anteriores trataron sobre los milagros y las profecías. Se demostró que ambas cosas deben ser tratadas con seriedad y no pueden ser desechadas sin más. En el caso de la resurrección, sería ciertamente un acontecimiento milagroso.

Si es verdad, la resurrección confirma que la enseñanza de Jesús tiene la autoridad de Dios.

Además, fue profetizado por el propio Jesús varias veces (véase Marcos 8:31; 9:31; 10:34; Juan 2:19). Pero ¿es la resurrección la mejor explicación para lo que ocurrió tres días después de la ejecución de Jesús? ¿Cuáles son las otras opciones? Analizaremos nueve opciones: la teoría del desmayo, la teoría de los gemelos, la alucinación, la tumba equivocada, la teoría de los extraterrestres, la leyenda, el relato del Corán y el relato bíblico de la resurrección. Sin embargo, antes de que podamos centrar nuestra atención en las distintas teorías, debemos discutir primero qué es la resurrección y qué hechos deben explicar las teorías.

¿Qué es la resurrección?

Para asegurarnos de que entendemos correctamente cada argumento, tenemos que definir qué es y qué no es la resurrección. La resurrección no es una reanimación. No estamos hablando de un cuerpo devuelto a su vida anterior, un cuerpo que necesita comida, que puede enfermar, que puede envejecer y que eventualmente debe morir de nuevo. Cuando Jesús resucitó a Lázaro de entre los muertos, no lo resucitó; lo reanimó. Sin embargo, el estado de resurrección es un cuerpo físico pero incorruptible; no puede morir, envejecer o enfermarse. Este es el cuerpo que los fariseos esperaban para el final de los tiempos.[1] N. T. Wright define la resurrección como el momento en que «el estado actual de los que habían muerto sería sustituido por un estado *futuro* en el que volverían a estar vivos»[2] (énfasis en el original).

Los hechos

Según los Evangelios, Jesús fue crucificado, murió en la cruz y fue enterrado en una tumba. Tres días más tarde, la tumba se encontró vacía, y muchos de sus seguidores afirmaron haber visto Su cuerpo físico resucitado de entre los muertos durante los cuarenta días siguientes. Hay fuentes no cristianas que corroboran al menos algunas de estas afirmaciones. Josefo, que escribió en el siglo I, menciona la crucifixión de Jesús.[3] Plinio el Joven afirma que los cristianos se reunían en un día fijo para adorar a Jesús (presumiblemente el día en que creían que había resucitado —el domingo—, a juzgar por los escritos de los primeros padres de la Iglesia).[4] El Talmud, un libro de tradición oral y comentarios judíos que data del siglo II d. C., menciona la crucifixión de Jesús.[5]

El *Toledoth Jeshu*, un documento judío anticristiano, habla de un complot de los discípulos de Jesús para robar el cuerpo de este, explicando así por qué la tumba estaba vacía. Según Gary Habermas:

> Es cierto que el *Toledoth Jesu* no fue compilado hasta el siglo V d. C., aunque refleja la tradición judía temprana. A pesar de que los eruditos judíos desprecian la fiabilidad de esta fuente, la enseñanza de que los discípulos fueron los que sacaron el cuerpo muerto de Jesús persistió en los primeros siglos después de la muerte de Jesús.[6]

Estas son las cosas que debe explicar cualquier teoría que pretenda dar sentido a la muerte de Jesús y a los acontecimientos del domingo siguiente. Veamos ahora cada una de las teorías y su poder explicativo.

Teoría del desmayo

La teoría del desvanecimiento postula que Jesús se desmayó en la cruz y solo pareció

Talmud del siglo XV.

estar muerto. Luego, Jesús se despertó y se recuperó en la tumba y posteriormente se recuperó por completo. Para apreciar plenamente este argumento, primero debemos entender lo que implicó la tortura y la crucifixión de Jesús.

Antes de que Jesús fuera crucificado, Poncio Pilato ordenó que lo azotaran (Mat. 27:26; Mar. 15:15; Luc. 23:16; Juan 19:1). La flagelación romana se realizaba con un látigo llamado *flagrum* o *flagellum*, que tenía un mango de unos veinte centímetros de largo y unas correas de cuero de doce a veinticuatro centímetros de largo sujetas a un extremo. En el otro extremo, las correas estaban atadas a bolas de plomo (que se parecían a las pesas), piezas de metal afiladas, fragmentos de hueso, cristales rotos o rocas afiladas. Lo que estuviera en el extremo del látigo rompía rápidamente la piel, permitiendo que el *flagrum* penetrara profundamente en el tejido y arrancara la carne, dejando a menudo al descubierto los intestinos, las costillas o la columna vertebral. Eusebio, que escribió en el siglo IV, conservó esta descripción de una flagelación del siglo II:

Azote romano.

De acuerdo con la tradición, este es el sitio en donde azotaron a Jesús.

> Los que estaban alrededor se asombraban al verlos lacerados con los azotes hasta la sangre y las arterias, de modo que no había carne oculta en las partes más profundas del cuerpo, y los propios intestinos quedaban expuestos a la vista.[7]

Tan cruel era esta tortura que las víctimas a menudo no sobrevivían a la flagelación.[8] Las víctimas perdían tanta sangre que entraban

Tan cruel era esta tortura que las víctimas a menudo no sobrevivían a la flagelación.

en shock hipovolémico. Esto significa que el corazón se aceleraba tratando de compensar la pérdida de sangre; la presión sanguínea caía, haciendo que la víctima se desmayara o se desplomara; los riñones se cerraban para mantener el mayor volumen de sangre posible; y como el cuerpo necesita tanto los fluidos para reemplazar la sangre perdida, la víctima se volvía extremadamente sedienta.[9]

A continuación, se produjo la crucifixión de Jesús, dejando de lado los azotes recibidos. En la crucifixión, la víctima era acostada con los brazos perpendiculares al torso. A continuación, se utilizaban clavos de 12 a 20 centímetros de largo en ambas muñecas, aplastando el nervio mediano (el mayor nervio que va a la mano) y provocando un intenso dolor. También se utilizaban clavos en los tobillos con las piernas dobladas. Cuando la víctima era elevada a una posición vertical, sus hombros (y a veces los codos y las muñecas) se dislocaban por el peso, haciéndolos inútiles para aliviar la presión sobre el pecho.

Clavo romano del siglo I.

En este punto, los clavos de las muñecas mantenían la posición del cuerpo de modo que la presión sobre el pecho era implacable y evitaba que la víctima se desplomara hacia delante. Con la presión sobre el pecho, la víctima no podía exhalar. Para disminuir la presión, la víctima tenía que enderezar las piernas, utilizando el clavo que atravesaba los tobillos como palanca. Tras exhalar, la víctima se hundía de nuevo en su posición original. La madera de la que estaba hecha la cruz era áspera, lo que hacía muy doloroso el deslizamiento de la espalda de la víctima, cuya carne estaba expuesta por la flagelación. A medida que la fuerza de la víctima se iba gastando lentamente, la respiración se hacía menos frecuente, aumentando la acidez de la sangre. Esta acidez provocaría un ritmo cardíaco irregular que ya era rápido debido al shock hipovolémico. Esto provocaba la acumulación de líquido en las membranas que rodean el corazón y los pulmones. La muerte llegaría en última instancia en forma de asfixia o falla cardíaca. Dependiendo del estado de la víctima al ser colocada en la cruz, la muerte podía tardar a veces días. Si el verdugo quería acelerar el proceso, rompía las piernas del crucificado con un garrote; de esta forma la muerte llegaba en cuestión de minutos.

En el caso de Jesús, el verdugo se disponía a hacer precisamente eso —romperle las piernas—, pero Jesús parecía estar ya muerto (Juan 19:31-37). Para asegurarse, el verdugo tomó su lanza y la clavó en el costado de Jesús, perforando Su corazón y un pulmón. Si Jesús no hubiera muerto ya, seguramente lo habría hecho como consecuencia de la herida causada por la lanza. El verdugo profesional no tenía ninguna duda de que Jesús estaba muerto.

Si Jesús no hubiera muerto ya, seguramente lo habría hecho a consecuencia de la herida causada por la lanza.

Teniendo esto en cuenta, volvamos ahora a la teoría del desmayo. Para que la teoría del desmayo sea cierta, Jesús no solo tendría que haber sobrevivido a la lanza que le atravesó el corazón y uno de los pulmones, sino que tendría que haber controlado la cantidad de sangre que salió de la herida por pura fuerza de voluntad. Después de todo, si la herida sangraba demasiado, habría delatado un corazón palpitante que habría provocado que le fracturaran sus piernas y la muerte inevitable. Así, el verdugo profesional fue aparentemente engañado por el acto de Jesús y luego Jesús fue sepultado en la tumba. Al cabo de unas 36 horas, Jesús se había recuperado lo suficiente de sus heridas como para levantarse. Después de levantarse sobre sus pies, que habían sido recientemente atravesados por un clavo, Jesús habría tenido que volver a colocar sus hombros en su sitio y posiblemente también sus brazos y muñecas. Usando estas manos, que ahora habían perdido la mayor parte de su capacidad de funcionamiento debido a los clavos que atravesaban las muñecas, Jesús habría tenido que hacer rodar una piedra extremadamente pesada. Al salir de la tumba, sin usar ningún tipo de armas, tendría que dominar a varios guardias romanos. Luego, Jesús, que habría sido fácilmente reconocible, habría tenido que atravesar Jerusalén a plena luz del día sin ser reconocido ni advertido, sin estar vestido adecuadamente y con tiras de carne colgando de su cuerpo, exponiendo sus intestinos y huesos, y avanzar varios kilómetros por el camino de Emaús. Después de la hora de la cena, tendría que haber regresado a Jerusalén, descubrir el lugar donde se escondían los apóstoles y entrar en una habitación cerrada sin dejar ninguna pista de cómo había entrado. Tras entrar en la habitación, Jesús debió presentarse como si hubiera

Para que la teoría del desmayo sea cierta, Jesús no solo tendría que haber sobrevivido a la lanza que le atravesó el corazón y uno de los pulmones, sino que tendría que haber controlado la cantidad de sangre que salió de la herida por pura fuerza de voluntad.

resucitado de entre los muertos y convencido a sus seguidores de que todo estaba bien a pesar de que parecía alguien que había caído en una trituradora de carne y necesitaba atención médica inmediata y prolongada. Por si fuera poco, luego tendría que haber realizado la ilusión de desvanecerse en el aire.

Aunque esto explica la tumba vacía (aunque sea inverosímil), la teoría no explica nada más. De hecho, plantea más preguntas dado que el fraude colosal que tendría que cometer Jesús para dar cabida a la teoría del desmayo es completamente contradictorio con todo lo que sabemos del carácter y las enseñanzas de Jesús. La insensatez de la teoría del desmayo es evidente.

Teoría de los gemelos

La teoría de los gemelos sugiere que Jesús tenía un hermano gemelo idéntico que nadie conocía y que ocupó el lugar de Jesús en la cruz.

> *La teoría de los gemelos sugiere que Jesús tenía un hermano gemelo idéntico que nadie conocía y que ocupó el lugar de Jesús en la cruz.*

Al igual que con la teoría del desmayo, una de las principales debilidades de esta teoría es que Jesús tendría que haberse comportado de forma totalmente contraria a sus enseñanzas para que el fraude tuviera éxito. Para que esta teoría funcione, Jesús tendría que haber convencido o coaccionado de alguna manera al gemelo para que pasara su vida escondido y muriera por el propio plan de Jesús de engrandecerse a sí mismo, un plan de engaño y manipulación. De hecho, si esta teoría es cierta, entonces Jesús no solo no es digno de adoración, sino que merece ser castigado severamente.

Otro problema con la teoría de los gemelos es que simplemente no hay ninguna razón para creerla. No hay evidencia que apoye su afirmación. Los datos que tenemos sobre la familia de Jesús mencionan hermanos y hermanas, pero ningún gemelo (Mat. 12:47-48; 13:55-56; Mar. 3:31-34). Lucas, que según muchos estudiosos pudo haber recibido la información sobre el nacimiento de Jesús de la propia María, no menciona a un gemelo en este relato del nacimiento. Especialmente si se tiene en cuenta que era el primer embarazo de María, sería un detalle extraño que se omitiera. Más absurdo aún es que para que la teoría de los gemelos se sostenga, sería necesario que la madre de Jesús no reconociera la diferencia entre

> *Los datos que tenemos sobre la familia de Jesús mencionan hermanos y hermanas, pero ningún gemelo. Lucas, que según muchos estudiosos pudo haber recibido la información sobre el nacimiento de Jesús de la propia María, no menciona a un gemelo en este relato del nacimiento. Especialmente si se tiene en cuenta que era el primer embarazo de María, sería un detalle extraño que se omitiera.*

sus propios hijos. Ella estaba a pie de la cruz y pudo ver de cerca al hombre que colgaba allí, pero no vemos ningún indicio de que creyera que no era Jesús, sino Su gemelo (Juan 19:25-26).

También es problemático que la teoría no explique la tumba vacía. Si fue el gemelo de Jesús el que fue ejecutado y enterrado, entonces ¿qué pasó con el cuerpo? Si un contemporáneo de Jesús quería callar a los primeros cristianos y descartar las afirmaciones de que Jesús había resucitado de entre los muertos, tenía que hacer una de estas dos cosas: mostrar el cuerpo o demostrar que el cuerpo fue robado. El hecho de que no se mostrara un cuerpo y de que la tumba estuviera vacía está tradicionalmente atestiguada tanto por los cristianos como por los antagonistas del cristianismo, es un punto muy poderoso. La posibilidad de que el cuerpo fuera robado por los seguidores de Jesús será tratada más adelante. En resumen, simplemente no hay ninguna razón para mantener esta posición.

Cuerpo robado

> *El punto débil de la teoría del cuerpo robado es que no explica el comportamiento de los discípulos.*

La teoría del cuerpo robado señala que los seguidores de Jesús robaron Su cuerpo de la tumba. Esta teoría en particular tiene una gran ventaja sobre todas las demás teorías de la no resurrección: es la única teoría alternativa que data del primer siglo, la época en que ocurrió el evento en cuestión. De hecho, esta teoría está registrada por la propia Biblia en Mateo 28:11-15, así como por la tradición judía, incluido el mencionado *Toledoth Jeshu*.

El punto débil de la teoría del cuerpo robado es que no explica el comportamiento de los discípulos. Aunque Jesús habló de Su muerte y resurrección a Sus discípulos, ellos no esperaban que resucitaran físicamente tres días después. Sus apariciones fueron una novedad para ellos. De hecho, la imagen de los discípulos después del arresto de Jesús hasta Su primera aparición no es nada halagadora. Los Evangelios dicen que cuando Jesús fue arrestado, todos los discípulos lo abandonaron (Mat. 26:56; Mar. 14:50) a pesar de que esa misma noche habían prometido morir con Él (Mar. 14:31). Pedro, líder de los discípulos, negó tres veces conocer a Jesús la noche del arresto (Mat. 26:69-75; Mar. 14:66-72; Luc. 22:54-62; Juan 18:25-27). El domingo por la mañana, después de la crucifixión, María regresó al sepulcro y descubrió a los demás discípulos lamentándose y llorando (Mar. 16:10). Incluso se negaron a creer su historia (Mar. 16:11). El domingo por la noche, los discípulos se escondieron tras las puertas cerradas porque temían a los judíos (Juan 20:19). Cuando Jesús apareció entonces en la sala, estaban aterrorizados, no expectantes (Juan 24:38).

Cincuenta días después, vemos a los apóstoles predicando públicamente y realizando milagros en Jerusalén (Hech. 2:1-11,43). Pedro, en lugar de negar a Jesús, predica ahora la resurrección de Jesús con valentía (Hech. 2:14-42). Parece muy extraño que, si robaron el cuerpo, luego, en cuestión de semanas, se den la vuelta y proclamen la resurrección de Jesús tan descaradamente y con una pasión y compromiso tan uniformes. De hecho, su pasión parecía crecer, y se envalentonaban más a medida que sus vidas se desarrollaban. Tan comprometidos estaban con la resurrección de Jesús que, muy probablemente, todos los discípulos, excepto Juan, pagaron con su vida tal afirmación.

Santiago, hermano de Juan, fue decapitado en Jerusalén por Herodes hacia el año 44.[10]

Felipe fue azotado y crucificado en Hierópolis, Grecia, en el año 54 d. C.[11]

Andrés fue crucificado en una cruz en forma de «X» en Grecia hacia el año 60 d. C.[12]

Mateo fue clavado en el suelo y decapitado en Etiopía aprox. 60 d. C.[13]

Pedro fue crucificado boca abajo en Roma hacia el año 64 d. C.[14]

Tomás fue ejecutado con lanzas en la India aprox. 70 d. C.[15]

Bartolomé (Natanael) fue desollado vivo en Armenia.[16]

Matías, el sustituto de Judas Iscariote, fue apedreado y decapitado en Jerusalén.[17]

Judas (Tadeo) fue crucificado en Edesa, Grecia, hacia el año 72 d. C.[18]

Simón fue martirizado en Persia.[19]

Por último, la mayoría de las referencias bíblicas no tienen información sobre la muerte de Santiago, hijo de Alfeo. Algunas referencias creen que Santiago, hijo de Alfeo, es la misma persona que Santiago, el hermano de Jesús, pero las pruebas están en contra de esta postura.[20] Según la tradición, Santiago, el hermano de Jesús, fue arrojado desde la torre del templo de Jerusalén y luego golpeado hasta morir.[21]

Hay que admitir que muchas de las fuentes de esta información son tardías y que a veces hay tradiciones que compiten entre sí en cuanto al método, el tiempo o el lugar del martirio. Sin embargo, no hay tradiciones opuestas que sostengan que ninguno de los apóstoles, aparte de Juan y Santiago, hijo de Alfeo, muriera de muerte natural, sino solo de diferentes formas de martirio.

La cuestión es que estos hombres se dispersaron por todo el mundo conocido por la única razón de proclamar la resurrección física e histórica de Jesús. Para que la teoría del cuerpo robado sea cierta, tendríamos que creer que estos once hombres no militares dominaron a un número de soldados romanos que custodiaban la tumba (Mat. 27:63-66), se deshicieron del cuerpo y fabricaron una historia a la que se adhirieron fanáticamente incluso mientras eran crucificados, apedreados, azotados, decapitados, arrojados desde edificios y desollados. No solo

eso, sino que lo hicieron sin ningún beneficio personal. Así, las vidas de los once apóstoles no muestran absolutamente ningún motivo para robar el cuerpo o perpetuar la mentira de la resurrección de Jesús.

Teoría de las alucinaciones

La teoría de las alucinaciones afirma que, en medio de su profundo dolor, los discípulos y otros seguidores de Jesús experimentaron alucinaciones en las que lo vieron resucitado. Estas alucinaciones fueron privadas en algunos casos y corporativas en otros. En estas alucinaciones corporativas, Jesús impartió la misma información a todos los que tenían la experiencia.

El diccionario *Merriam-Webster* define alucinación como:

1a: percepción de objetos sin realidad que suele surgir de un trastorno del sistema nervioso o en respuesta a drogas (como el LSD); b: el objeto así percibido.

2: una impresión o noción infundada o errónea: ENGAÑO.

Está claro que el objeto y la fuente de las alucinaciones no son externas a la mente. La mente no es testigo de un acontecimiento extraño en el mundo real que luego se esfuerza por interpretar. Las alucinaciones son acontecimientos totalmente internos creados por la mente. La posibilidad de que varias personas diferentes tengan exactamente la misma alucinación de la misma

La teoría de las alucinaciones afirma que, en medio de su profundo dolor, los discípulos y otros seguidores de Jesús experimentaron alucinaciones en las que lo vieron resucitado.

El argumento más antiguo contra la resurrección es que la tumba estaba vacía, lo que supone que se visitó la tumba correcta.

Esta tumba del siglo I es un excelente ejemplo de tumba de piedra rodada. Sin embargo, no es la tumba de Jesús, ya que se encuentra en Midras, no en Jerusalén. (HolyLandPhotos.org)

manera y al mismo tiempo es extremadamente improbable, por no hablar de doce o incluso 500 personas a la vez (véase 1 Cor. 15:5-7).

Al igual que la teoría de los gemelos, la teoría de las alucinaciones también tiene el problema de la tumba vacía. Si los seguidores de Jesús estaban simplemente experimentando alucinaciones, entonces su cuerpo debería estar todavía en la tumba. Todo lo que se necesitaría para extinguir el cristianismo sería presentar el cuerpo. Sin embargo, todos los primeros relatos dicen que la tumba estaba vacía. Por lo tanto, no hay razón para tomar en serio la teoría de las alucinaciones.

Tumba equivocada

La teoría de la tumba equivocada afirma que los seguidores de Jesús descubrieron que la tumba estaba vacía porque fueron a la tumba equivocada. Esta teoría tiene varios problemas. En primer lugar, María Magdalena y «la otra María» estaban en la tumba cuando Jesús fue enterrado, así que sabían a qué tumba ir (Mat. 27:61; Mar. 15:46-47; Luc. 23:55). En segundo lugar, como si necesitaran un punto de referencia, Pilato colocó a varios soldados romanos fuera de la tumba para evitar el robo del cuerpo (Mat. 27:63-66). En tercer lugar, como se mencionó anteriormente, el argumento más antiguo contra la resurrección es que la tumba estaba vacía, lo que supone que se visitó la tumba correcta. De nuevo nos encontramos con una teoría para la que no hay pruebas y, por lo tanto, ninguna razón para creer.

La teoría de los extraterrestres

La teoría de los extraterrestres dice que Jesús era de otro planeta. Según esta teoría, como era de otro planeta, estaba muy avanzado en sus conocimientos de medicina y ciencia. También tenía habilidades psíquicas muy desarrolladas, y muchas cosas que eran naturales para Él parecían milagrosas para la gente del primer siglo. Así, tenía la capacidad de curarse a sí mismo en la tumba, de salir de ella sin ser visto por los guardias, de localizar telepáticamente el escondite de los discípulos y de transportarse a su presencia. Hay muchas opiniones diferentes sobre cómo funciona esto, pero esa es la idea general.

El problema de esta teoría es que en realidad demuestra demasiado. Cualquier objeción que se pueda ofrecer contra la teoría se descarta con demasiada facilidad invocando la naturaleza alienígena de Jesús. Se supone que esta naturaleza incluye habilidades que parecen sobrenaturales para los humanos y que son suficientes para que Jesús realice esta farsa. El resultado es que no hay forma posible de demostrar que la teoría es correcta o incorrecta; no hay ninguna prueba que pueda realizarse para determinar la verdad de la afirmación. Los filósofos descartan este tipo de argumento defectuoso por considerarlo infalsificable.

El problema con esta teoría es que en realidad demuestra demasiado.

Otro punto débil de esta afirmación es que, en lugar de sopesar todas las pruebas y llegar a esta conclusión, los partidarios de

La crucifixión por Velásquez.

ella parten de esta conclusión e intentan ajustar todos los hechos a la teoría de forma favorable. Esto es también una falacia conocida como «sesgo de confirmación». Esto nos deja con un argumento que prueba tanto que en realidad no prueba nada.

Leyenda

La teoría de la leyenda es probablemente la teoría de la no-resurrección más popular de la lista. Señala que Jesús nunca fue bajado de la cruz y que fue dejado para que se pudriera y fuera comido por las aves de rapiña,[22] o que su cuerpo fue arrojado a una fosa común y comido por los perros carroñeros.[23] Varios meses después, Pedro y los otros apóstoles se dieron cuenta de que lo que pasó con el cuerpo de Jesús era irrelevante. Los apóstoles podían seguir con el ministerio de Jesús y difundir sus enseñanzas

La crucifixión de Cristo por Meister von Hohenfurth aprox. 1350.

sin importar si era enterrado correctamente o si se pudría y se dejaba como carroña. De este modo, los apóstoles consideraban que Jesús seguía vivo y presente en el mundo. La epifanía de que podían continuar el ministerio de Jesús es lo que llegó a conocerse como la resurrección. Debido a que estas cosas eran tan difíciles de transmitir, especialmente por hombres incultos a un público

Para quienes defienden la teoría de la leyenda, la historia se detiene aquí.

inculto, los apóstoles hicieron lo que habría hecho Jesús; hablaron en parábolas y símbolos. Por lo tanto, todo lo que se registra en los Evangelios sobre el entierro y la resurrección de Jesús fue una ficción inventada por Sus seguidores para transmitir mayores verdades espirituales y reivindicar a su amado y asesinado líder.

El primer problema de este relato es que no explica la afirmación de los judíos de que el cuerpo de Jesús fue robado. De nuevo, esta afirmación del primer siglo presupone que Jesús fue enterrado y que la tumba se encontró vacía. La teoría de la leyenda ignora estas dos pruebas.

El segundo problema es que el relato legendario está repleto de detalles históricos que podrían ser investigados por cualquier persona interesada y fue proclamado públicamente en la misma ciudad en la que se produjeron estos hechos a personas que muy probablemente fueron testigos de al menos una parte de la historia. Si los apóstoles dieron un giro a su historia o inventaron elementos de lo que predicaron, había mucha gente en condiciones de corregirlos o refutarlos. El recuerdo público de la ejecución de alguien que causó tanta conmoción y en quien se depositaron tantas esperanzas no podía desvanecerse tan rápidamente. Si el plan era realmente difundir una historia legendaria, ¿por qué hacerlo en el mismo lugar en el que podría ser fácilmente expuesta como falsa? Hubiera sido mucho más sensato comenzar el ministerio en Galilea o en otro lugar remoto que no estuviera lleno de testigos.

En tercer lugar, si uno fuera a inventar un relato legendario que se fuera a tomar como historia real, incluiría a los testigos más fiables del suceso. El relato excluiría todas las sospechas posibles. Sin embargo, este no es el caso de la resurrección de Jesús. Uno de los elementos más difíciles y desconcertantes de los relatos de la resurrección, si esta es una leyenda, es el descubrimiento de la tumba por parte de las mujeres. En la Palestina del siglo I, las mujeres eran consideradas indignas de confianza y ni siquiera se les permitía testificar en un tribunal. Según Josefo, un historiador judío que escribió en el siglo I: «No confíes en un solo testigo. Que sean tres, o al menos dos, cuyas pruebas sean acreditadas por sus vidas pasadas. Que no se acepte ninguna prueba de las mujeres debido a la ligereza y temeridad de su sexo».[24]

Si esta leyenda fuera realmente convincente, ¿por qué los apóstoles harían que el propio descubrimiento de la tumba vacía recayera en testigos cuyo testimonio sería muy sospechoso y quizás descartado en su totalidad?

Si esta leyenda fuera realmente convincente, ¿por qué los apóstoles harían que el propio descubrimiento de la tumba vacía recayera en testigos cuyo testimonio sería muy sospechoso y quizás descartado en su totalidad? ¿Por qué no omitir el descubrimiento de la tumba por parte de las mujeres y basarse simplemente en el descubrimiento por parte de hombres respetados y conocidos por su fiabilidad, como Pedro y Juan? Muchos defensores de la teoría de la leyenda creen que hay un desarrollo discernible de la leyenda en los Evangelios. Un ejemplo lo encontramos en los relatos sobre José de Arimatea. Se trata de un ejemplo especialmente importante, ya que, si no existió José de Arimatea, no hubo adquisición del cuerpo de Jesús, ni tumba en la que enterrarlo, ni tumba que se encontrara vacía, y por tanto no hubo resurrección. Los pasajes relevantes que muestran esta leyenda en desarrollo son los siguientes:

Marcos 15:42-46

Era el día de preparación (es decir, la víspera del sábado). Así que al atardecer, José de Arimatea, miembro distinguido del Consejo, y que también esperaba el reino de Dios, se atrevió a presentarse ante Pilato para pedirle el cuerpo de Jesús. Pilato, sorprendido de que ya hubiera muerto, llamó al centurión y le preguntó si hacía mucho que había muerto. Una vez informado por el centurión, le entregó el cuerpo a José. Entonces José bajó el cuerpo, lo envolvió en una sábana que había comprado, y lo puso en un sepulcro cavado en la roca. Luego hizo rodar una piedra a la entrada del sepulcro.

Detalle de una pieza de altar del siglo XV.

Mateo 27:57-60

Al atardecer, llegó un hombre rico de Arimatea, llamado José, que también se había convertido en discípulo de Jesús. Se presentó ante Pilato para pedirle el cuerpo de Jesús, y Pilato ordenó que se lo dieran. José tomó el cuerpo, lo envolvió en una sábana limpia y lo puso en un sepulcro nuevo de su propiedad que había cavado en la roca. Luego hizo rodar una piedra grande a la entrada del sepulcro, y se fue.

Lucas 23:50-53

Había un hombre bueno y justo llamado José, miembro del Consejo, que no había estado de acuerdo con la decisión ni con la conducta de ellos. Era natural de un pueblo de Judea llamado Arimatea, y esperaba el reino de Dios. Este se presentó ante Pilato y le pidió el cuerpo de Jesús. Después de bajarlo, lo envolvió en una sábana de lino y lo puso en un sepulcro cavado en la roca, en el que todavía no se había sepultado a nadie.

Juan 19:38-42

Después de esto, José de Arimatea le pidió a Pilato el cuerpo de Jesús. José era discípulo de Jesús, aunque en secreto por miedo a los judíos. Con el permiso de Pilato, fue y retiró el cuerpo. También Nicodemo, el que antes había visitado a Jesús de noche, llegó con unos treinta y cuatro kilos de una mezcla de mirra y áloe. Ambos tomaron el cuerpo de Jesús y, conforme a la costumbre judía de dar sepultura, lo envolvieron en vendas con las especias aromáticas. En el lugar donde crucificaron a Jesús había un huerto, y en el huerto un sepulcro nuevo en el que todavía no se había sepultado a nadie. Como era el día judío de la preparación, y el sepulcro estaba cerca, pusieron allí a Jesús.

Suponiendo que Marcos fue escrito antes que Mateo, vemos que al principio José formaba parte del Sanedrín y, por tanto, estaba implicado en la muerte de Jesús. Mateo añade que José era un discípulo de Jesús. Lucas añade que José era un buen hombre y un miembro del Sanedrín que no estaba de acuerdo con su veredicto. Juan añade que José temía a los judíos y era un discípulo secreto.

También se dice que el desarrollo de la leyenda es evidente en las descripciones de la tumba, el sudario y la piedra delante de la tumba. Marcos dice simplemente que José tenía una tumba. Mateo señala que la tumba era nueva. Lucas declara que nunca se había utilizado. Juan declara que la tumba no solo no se había utilizado nunca, sino que estaba en un jardín. Marcos expone que el lienzo del sepulcro era de lino fino. Mateo establece que el lino no solo era fino, sino que estaba limpio. Lucas repite a Marcos y no añade nada. Juan dice

Detalle de una pintura de Mónaco que data de 1404.

que la tela de lino estaba acompañada de especias aromáticas. Marcos dice que una piedra fue rodada contra la tumba. Mateo dice que la piedra era una «gran piedra».

Para los defensores de esta teoría, estos pasajes proporcionan una justificación para creer que se ha desarrollado una leyenda y que la resurrección de Jesús no tiene ninguna base histórica.[25] Pero seguramente esta es una interpretación contraria a los hechos. El hecho de que Marcos diga que «una piedra» fue rodada delante de la tumba y Mateo la llame «gran piedra» no es motivo para descartar el relato como leyenda. Asimismo, las descripciones del sudario funerario como lino, lino fino o lino limpio no son contradictorias, ni indican el desarrollo de una leyenda. La ausencia del detalle de los Evangelios sinópticos de que la tumba estaba en un jardín no es razón para sospechar que Juan lo inventó. Que José fuera miembro del Sanedrín y temiera las represalias de este, si se supiera que era seguidor de Jesús y, por tanto, mantuviera

También se dice que el desarrollo de la leyenda es evidente en las descripciones de la tumba, el sudario funerario y la piedra frente a la tumba.

su convicción en secreto, parece la lectura más obvia de los textos. Estos detalles no se contradicen entre sí. Más bien, parece mucho más probable que los detalles provengan de diferentes relatos del mismo acontecimiento y que, por tanto, tengan una cualidad corroborante y complementaria. De hecho, imaginemos que todos los relatos fueran idénticos. Se puede escuchar

fácilmente el argumento de que los autores conspiraron para inventar la historia. Por tanto, la afirmación de que José de Arimatea es una leyenda puede descartarse por falta de pruebas.

Otros detalles de la sepultura de Jesús se descartan de manera similar. ¿Hubo una, dos o tres mujeres que descubrieron la tumba? ¿Hubo un ángel o dos en la tumba? ¿Se pudo reconocer a Jesús en la aparición de la tumba o no? Algunos estudiosos ven en estos diversos relatos la elaboración de leyendas.

Pero, como hemos demostrado anteriormente, esta argumentación no es la mejor lectura de los relatos. La mejor explicación es que los relatos son complementarios y se corroboran. Y esta lectura trae consigo el problema de la tumba vacía y el descubrimiento de la tumba vacía por parte de las mujeres.

La mejor explicación es que los relatos son complementarios y se corroboran.

Una variante de la teoría de la leyenda hace que los seguidores entusiastas de Jesús, aparte de los apóstoles, empiecen a contar historias exageradas de sus actos que se desarrollaron a lo largo de los años hasta llegar a la historia que conocemos ahora. Esta versión de la teoría de la leyenda tiene tres grandes defectos.

- El primero es el siempre presente problema de que la tumba vacía fue atestiguada muy pronto por los enemigos del cristianismo.
- El segundo es el comportamiento de los apóstoles, detallado en la teoría del cuerpo robado.
- La tercera es que los apóstoles habrían corregido los errores de la falsa enseñanza sobre Jesús. De hecho, esta es exactamente la razón por la que se escribieron algunos de los libros del Nuevo Testamento: para combatir las falsas enseñanzas sobre Jesús.

Por último, quienes apoyan la teoría de la leyenda rechazan la idea de que los apóstoles afirmaran que Jesús resucitó en forma corporal.[26] Marcus Borg lo expresa así: «¿Debemos pensar que estos relatos informan sobre el tipo de acontecimientos que cualquiera podría haber presenciado si hubiera estado allí, es decir, el tipo de acontecimientos de la videocámara?».[27] Lucas 1:1-4 parece responder directamente a Borg:

> Muchos han intentado hacer un relato de las cosas que se han cumplido entre nosotros, tal y como nos las transmitieron los que desde el principio fueron testigos presenciales y servidores de la palabra. Por lo tanto, yo también, excelentísimo Teófilo, habiendo investigado todo esto con esmero desde su origen, he decidido escribírtelo ordenadamente, para que llegues a tener plena seguridad de lo que te enseñaron.

Pablo defendió lo que debieron ser retos similares a los que se enfrentó. Escribió: «Rechaza las leyendas profanas y otros mitos semejantes» (1 Tim. 4:7). Y en 1 Timoteo 1:3-4, instruye a no «enseñar doctrinas falsas y [no] prestar atención a leyendas».

Según N. T. Wright

Relato del Corán sobre la resurrección.

> Pablo no solo creía que Jesús había resucitado corporalmente de entre los muertos; creía saber cómo se había hecho, tanto en el sentido de dónde venía el poder (el Espíritu del Dios creador), como en el sentido de que sabía cuál era la diferencia (corruptibilidad e incorruptibilidad) entre el cuerpo que murió en la cruz y el cuerpo que resucitó.[28]

La comprensión que los apóstoles tenían de la resurrección procedía de la tradición de los fariseos. Los fariseos creían en la resurrección del cuerpo físico a un estado incorruptible al final de los tiempos. La afirmación de los apóstoles sobre la resurrección de Jesús difería de sus expectativas solo en el punto del tiempo; no esperaban la resurrección de Jesús tres días después de Su muerte. Pero sí reconocieron lo que experimentaron como una resurrección física y corporal.

El relato del Corán sobre la resurrección

El Nuevo Testamento no es el único libro sagrado que da cuenta de la resurrección. El Corán, la escritura sagrada del Islam, relata el arresto, la crucifixión y la resurrección, pero difiere en gran medida del relato bíblico. En la Sura 4:157-158, el Corán señala:

> Y por decir: «Matamos (al Mesías) Jesús, hijo de María», el mensajero de DIOS.
> Nunca lo mataron, nunca lo crucificaron; les hicieron creer que lo hicieron.
>
> Todas las facciones están llenas de dudas respecto a esta cuestión. No poseen ningún conocimiento; solo conjeturan. Lo cierto es que nunca lo mataron.
>
> En cambio, DIOS lo elevó hacia Él; DIOS es el Todopoderoso, el Sapientísimo.
> (Traducido de la versión autorizada en inglés).

El Islam enseña que Jesús nunca murió, sino que fue asumido en el cielo. Hay un par de variaciones que explican la mecánica de esto. Una versión dice que el alma de Jesús se separó del cuerpo antes de la tortura y la ejecución. Según la nota a pie de página de la versión autorizada en inglés del Corán citada anteriormente, «sus enemigos torturaron y crucificaron su cuerpo vivo, pero vacío».[29] Así, Jesús fue asumido en el cielo, pero Su cuerpo sin alma fue dejado en la tierra para ser torturado. Otra tradición, más popular, explica que Judas, sin que los discípulos lo supieran, se dirigió a la celda de Jesús y ocupó su lugar, permitiendo que este escapara. Dios hizo entonces que Judas se pareciera y sonara como Jesús. Los verdugos de Jesús solo pensaron que habían crucificado a Judas cuando en realidad estaba escondido. Tres días después, se apareció a sus seguidores, haciéndose pasar por resucitado. Esta opinión se basa en el evangelio de Bernabé, que ofrece un relato similar en los versículos 216-219.

El Islam enseña que Jesús nunca murió, sino que fue asumido en el cielo.

Sin embargo, este relato presenta una serie de problemas. El primer problema es que el Corán data del siglo VII. Por lo tanto, su relato se aleja casi 600 años del acontecimiento que pretende documentar correctamente. Debemos compararlo con el Nuevo Testamento, que afirma la muerte de Jesús por crucifixión, Su entierro, Su resurrección al tercer día y los avistamientos de la resurrección que se remontan a uno o tres años después de la propia crucifixión.[30] Dada la posibilidad de elegir entre creer en un relato a uno o tres años del acontecimiento que es confirmado repetidamente por testigos oculares y un relato a 600 años del acontecimiento que no tiene ninguna corroboración, la carga recae en este último. El capítulo 9, que trata de los milagros, demuestra por qué no hay razón para tomar en serio las afirmaciones de Mahoma o del Corán. Mahoma simplemente no estaba en posición de hablar con autoridad contra el relato del Nuevo Testamento. Y si estaba en esa posición, no fue capaz de demostrar su oficio profético de forma coherente con la forma en que Dios autentificó a todos los profetas anteriores de la historia. En cualquier caso, el relato coránico merece ser descartado.

El evangelio de Bernabé es una fuente muy pobre para citar como corroboración de las afirmaciones coránicas, ya que es un documento apócrifo[31] escrito en una fecha tan tardía como la Edad Media.[32] Como tal, no solo fue escrito demasiado tarde para ser siquiera considerado para su inclusión en el canon, sino que puede estar alejado de la crucifixión hasta el doble de tiempo que el Corán. También adolece de ser la única fuente, además del Corán, que

El apóstol Pablo.

De acuerdo con la tradición, desde este sitio en Damasco Pablo fue bajado en una canasta para escapar (Hech. 9:23-25).

El evangelio de Bernabé es una fuente muy pobre para citar como corroboración de las afirmaciones coránicas, ya que es un documento apócrifo escrito en una fecha tan tardía como la Edad Media.

hace tal afirmación, a diferencia de los veintisiete libros del Nuevo Testamento, todos los cuales datan del siglo I, y sin contar la multitud de escritos de los primeros padres de la Iglesia y de fuentes no cristianas del siglo I, como Josefo.

Además, según el evangelio de Bernabé, el cuerpo depositado en la tumba fue robado por los discípulos de Jesús. Como se muestra arriba, esta objeción no se sostiene. También como se muestra arriba, significa que Jesús no era más que un fraude, una conclusión radicalmente inconsistente con Su carácter. Y de nuevo, el comportamiento de los discípulos argumenta contra la posibilidad de tal escenario.

El relato bíblico de la resurrección

La resurrección es la afirmación de que al tercer día después de haber sido crucificado y sepultado, Jesús resucitó de entre los muertos por el poder de Dios con el propósito de dar testimonio de la autoridad de Jesús para decir y hacer las cosas que hizo. Hay muchos puntos de apoyo para esta afirmación, algunos de los cuales ya se han mencionado, incluyendo el hecho de que la tumba vacía fue atestiguada por fuentes muy tempranas y hostiles, el descubrimiento de la tumba vacía por testigos cuyo testimonio no se permitiría en un tribunal, el testimonio de los Evangelios (que son relatos de testigos oculares),[33] y el cambio radical en los discípulos después de ese domingo.

A estos puntos hay que añadir la conversión de Saulo de Tarso, que llegó a ser conocido como el apóstol Pablo. Saulo era un judío formado en estudios religiosos por el más respetado de los fariseos (Hech. 22:3), conocedor de la cultura y la lengua griega, y ciudadano romano. Esta era una combinación privilegiada y poco común. Según su propio relato, era extremadamente devoto de la religión de los judíos y de la tradición de los fariseos (Gál. 1:14; Fil. 3:5). Tan devoto era que persiguió con entusiasmo a los primeros cristianos, que para él eran herejes dignos de prisión e incluso de muerte (véase Hech. 8:1-3; 9:1-2; 26:9-11; Fil. 3:6; Gál. 1:13).

En una de esas misiones de persecución, Pablo estaba en el camino de Damasco cuando fue arrojado al suelo ante una luz brillante y celestial. Una voz le preguntó: «Saulo, Saulo, ¿por qué me persigues?». Pablo preguntó quién hablaba, a lo que la voz respondió: «Yo soy Jesús, a quien tú persigues». La voz de Jesús explicó entonces que estaba designando a Pablo con el propósito de predicar a los gentiles.

Los que estaban con Pablo oyeron un sonido, pero no discernieron una voz y no vieron a nadie (Hech. 9:3-19; 22:6-11; 26:13-23). A partir de ese momento, Pablo se convirtió en el más laborioso, tenaz e intrépido de todos los evangelistas cristianos. Casi no se preocupó por su bienestar personal. Fue golpeado, encarcelado, azotado y naufragó en numerosas ocasiones. Perdió su posición de privilegio, y probablemente su riqueza, como estudiante de Gamaliel. De hecho, el propio cazador de herejes se convirtió en un hereje perseguido. Finalmente, su predicación de que Jesús había resucitado físicamente de entre los muertos, de acuerdo con las profecías mesiánicas del *Tanak*, le costó la vida. Fue decapitado en Roma por Nerón hacia el año 64 o 65 d. C.[34]

De este relato se desprenden varias cosas. Pablo no estaba predispuesto a creer en Jesús. De hecho, estaba predispuesto a no creer en Jesús. Pablo no estaba convertido a la creencia de que,

si simplemente creía en las enseñanzas de Jesús, entonces sería como si Jesús hubiera regresado de entre los muertos. Pablo no se convirtió por una alucinación, porque los que estaban con él en la conversión pudieron testificar el estado mental de Pablo, la luz que apareció, y que un sonido que no pudieron discernir provenía de la luz. Las alucinaciones son internas a la mente, no verificables externamente como este evento. Si la tumba no hubiera estado vacía, alguien tan radicalmente entregado a la causa de la derrota del cristianismo como Pablo habría hecho abrir la tumba de Jesús de inmediato para exponer el cuerpo y extinguir el movimiento. Además de esto, los apóstoles no creyeron en la conversión de Pablo. Él tuvo que trabajar para ganar su confianza. Cuando Pablo finalmente se reunió con los apóstoles, estos lo aprobaron y respaldaron el mensaje que, según él, le había sido dado personalmente por Jesús para que lo difundiera en el mundo gentil (Hech. 9:26-30; Gál. 1:18-19). Y, como fariseo, Pablo creía en una resurrección física y corporal, no en una aparición, alucinación o recuerdo fanático de la vida de alguien. Por lo tanto, la mejor explicación para que Pablo abrazara lo que más odiaba en el mundo es que tuvo un encuentro real e histórico con la persona resucitada de Jesús. Solo un acontecimiento radical como este podría explicar una conversión tan radical en una persona tan apasionada.

Por último, consideremos el escrito de Pablo en 1 Corintios 15:3-8. Como se mencionó en el capítulo 6, lo más probable es que esta sea la parte más antigua del Nuevo Testamento porque es un credo que Pablo dice haber recibido después de su conversión. Esto, por supuesto, significa que existía antes de su conversión. Debido a las razones dadas en el capítulo 6, los estudiosos de todas las tendencias sostienen que la conversión de Pablo ocurrió alrededor de tres años

La tumba de Jesús en la Iglesia del Santo Sepulcro. La tumba original fue probablemente cubierta con tierra para dar paso a un templo de Venus a principios del siglo II. Constantino recuperó la tumba original y la consagró en una iglesia en el siglo IV. Los musulmanes tomaron entonces el control de la ciudad. Al principio dejaron los lugares cristianos sin alterar, pero en 1009 destruyeron la tumba. A lo sumo, se conservan los dos muros laterales del original. A lo largo de los años se han realizado varias renovaciones debido a los incendios y al abandono. La rotonda actual y el exterior de la tumba son de principios o mediados del siglo XIX. (HolyLandPhotos.org).

después de la crucifixión. Esto también significa que el credo surgió a más tardar tres años después de la crucifixión. Este credo es el siguiente:

> Porque ante todo les transmití a ustedes lo que yo mismo recibí: que Cristo murió por nuestros pecados según las Escrituras, que fue sepultado, que resucitó al tercer día según las Escrituras, y que se apareció a Cefas, y luego a los doce. Después se apareció a más de quinientos hermanos a la vez, la mayoría de los cuales vive todavía, aunque algunos han muerto. Luego se apareció a Jacobo, más tarde a todos los apóstoles, y, por último, como a uno nacido fuera de tiempo, se me apareció también a mí.

En este antiguo credo, vemos que los primeros cristianos creían que Jesús fue enterrado, resucitó al tercer día en cumplimiento de la profecía mesiánica del *Tanak*, y luego se apareció a numerosas personas, la mayoría de las cuales, según Pablo, seguían vivas en el momento de su escritura. La información sobre las apariciones de Jesús en Su estado resucitado implica que estas personas podían ser interrogadas. No hay duda de que los primeros cristianos creían que Jesús murió y resucitó en forma corporal. Y esta creencia sigue siendo la mejor explicación de los acontecimientos que rodean la muerte de Jesús. Como dice N. T. Wright:

> Lo verdaderamente extraordinario es que esta creencia fue sostenida por un grupo minúsculo que, durante las primeras dos o tres generaciones por lo menos, difícilmente podría haber montado un disturbio en una aldea, y mucho menos una revolución en un imperio. Y, sin embargo, persistieron contra todo pronóstico, atrayendo la atención no deseada de las autoridades por el poder del mensaje y la visión del mundo y el estilo de vida que generaba y sostenía. Y cada vez que volvemos a los textos clave en busca de pruebas de por qué persistieron en una creencia tan improbable y peligrosa, responden: es porque Jesús de Nazaret resucitó de entre los muertos.[35]

Conclusión

Hay que reconocer que la resurrección de Jesús de entre los muertos, tomada de forma totalmente aislada, es difícil de aceptar a primera vista. Sin embargo, investigar la resurrección de forma aislada es descartar no solo una gran cantidad de información que contribuye a lo que podemos saber sobre el acontecimiento, sino que descarta por completo el contexto de la resurrección. Los diez capítulos anteriores nos dan excelentes razones para pensar que el Dios de la Biblia existe, que se ha comunicado con la humanidad de forma muy específica y que está involucrado en nuestro mundo. Como hemos demostrado que los milagros son posibles, la afirmación de la resurrección de Jesús no puede descartarse del todo. Dado que la resurrección, el momento de su ocurrencia y la persona resucitada fueron predichos, se hace más difícil construir explicaciones alternativas y proporciona más criterios que una afirmación de resurrección debe cumplir. Cuando se estudian los sucesos del domingo después de la crucifixión en su contexto, vemos que la resurrección por sí sola da sentido a los hechos y no cae presa de ninguna de las objeciones.

> Cuando se estudian los sucesos del domingo después de la crucifixión en su contexto, vemos que la resurrección por sí sola da sentido a los hechos y no cae presa de ninguna de las objeciones.

En consecuencia, la resurrección tiene un significado real. Es el acontecimiento que autentificó a Jesús como alguien que habló las mismas palabras de Dios. Su enseñanza tiene autoridad divina. Pero ¿qué enseñó exactamente? Las enseñanzas morales y éticas de Jesús son veneradas no solo por los cristianos, sino también por muchos que confiesan otras religiones e incluso por muchos ateos. Sin embargo, Jesús también enseñó sobre quién era y para qué estaba aquí. Enseñó sobre sí mismo, Su identidad y Su naturaleza. La gran pregunta es esta: ¿afirmó Jesús ser Dios?

Cita destacada

Sin la resurrección histórica, Jesús habría sido, en el mejor de los casos, un profeta más que corrió la misma suerte desafortunada que otros antes de Él,

y la fe en Él como Mesías, Señor o Hijo de Dios habría sido una necedad. No serviría de nada intentar salvar la situación interpretando la resurrección como un símbolo. Los fríos y duros hechos permanecerían: Jesús estaba muerto, y eso es todo.[36]

—*William Lane Craig*

Notes

1. John Riches, «Pharisees» [Fariseos], *The Oxford Companion to the Bible*, ed. Bruce M. Metzger y Michael D. Coogan (Oxford: Oxford University Press, 1993), 588–89.

2. N. T. Wright, *The Resurrection of the Son of Man* [La resurrección del Hijo del Hombre] (Minneapolis: Fortress, 2003), 201.

3. Josefo, *Antiquities* [Antigüedades], 33.3.

4. Plinio el Joven, *Epistles* [Epístolas], 10.96.

5. Talmud babilonio, Sanedrín 43a.

6. Gary R. Habermas, *The Historical Jesus* [El Jesús histórico] (Joplin, MO: College Press, 1996), 205.

7. Eusebio, *Ecclesiastical History* [Historia eclesiástica] (Grand Rapids: Baker, 1955), 143.

8. *Holman Illustrated Bible Dictionary* [Holman, Diccionario ilustrado de la Biblia] (Nashville: Broadman & Holman, 2003), 1452–53.

9. La conferencia del Dr. Mark Eastman «La agonía del amor» provee una descripción médica gráfica de la respuesta del cuerpo a los azotes y la crucifixión. Una gran parte de la descripción en este libro se debe a su obra. Su conferencia puede ser escuchada en línea en http://www.marshill.org/, consultado el 22 de junio de 2005.

10. Este evento se menciona en Hechos 12:2. Eusebio preserva el relato de Clemente del siglo I en *Ecclesiastical History*, 2,9. La fecha se menciona en *Holman Illustrated Bible Dictionary*, 866.

11. Joan Comay y Ronald Brownrigg, *Who's Who in the Bible* [Quién es quién en la Biblia] (Nueva York: Random House, 1971, 1993), 2:346; John Foxe y Harold J. Chadwick, *The New Foxe's Book of Martyrs* [Nuevo libro de los mártires de Foxe] (1563; Gainesville, FL: Bridge-Logos, 2001), 6.

12. Comay y Brownrigg, *Who's Who in the Bible*, 2:27.

13. Ibid., 2:294; John Foxe, *Foxe's Book of Martyrs* [Libro de los mártires de Foxe] (1563; reimp., New Kensington, PA: Whitaker House, 1981), 7–9.

14. Comay y Brownrigg, *Who's Who in the Bible*, 2:337; 1 Clemente 5; Eusebio, *Ecclesiastical History*, 2.1.

15. Alexander Roberts y James Donaldson, eds., *Ante-Nicene Fathers* [Padres antenicenos], vol. 8, *The Consummation of Thomas the Apostle* [La consumación de Tomás el apóstol] (1886; Peabody, MA: Hendrickson, 2004), 551; Foxe y Chadwick, *New Foxe's Book of Martyrs*, 8.

16. Comay y Brownrigg, *Who's Who in the Bible*, 2:42.

17. Foxe y Chadwick, *New Foxe's Book of Martyrs*, 6.

18. Comay y Brownrigg, *Who's Who in the Bible*, 2:243; Foxe y Chadwick, *New Foxe's Book of Martyrs*, 8.

19. Comay y Brownrigg, *Who's Who in the Bible*, 2:397; Foxe y Chadwick, *New Foxe's Book of Martyrs*, 6–7.

20. Comp. Eusebio, *Ecclesiastical History* [Historia eclesiástica], 2.1 (Nashville: Thomas Nelson, 1897), 386.

21. *Holman Illustrated Bible Dictionary*, 867.

22. Marcus Borg y N. T. Wright, *The Meaning of Jesus—Two Visions* [El significado de Jesús: Dos visiones] (San Francisco: HarperSanFrancisco, 1999), 89. Esta es la posición planteada por Borg y argumentada contra Wright.

23. Robert W. Funk, *Honest to Jesus* [Honesto con Jesús] (San Francisco: HarperSanFrancisco, 1996), 220–21.

24. Josefo, *Antiquities of the Jews*, 4.13.

25. John Dominic Crossan, *Who Killed Jesus?* [¿Quién mató a Jesús?] (San Francisco: HarperSanFrancisco, 1995), 172.

26. Funk, *Honest to Jesus*, 259.

27. Borg y Wright, *The Meaning of Jesus*, 134.

28. N. T. Wright, *The Resurrection of the Son of Man* [La resurrección del Hijo del Hombre] (Minneapolis: Fortress, 2003), 360.

29. Corán, *Authorized English Version* [Versión autorizada en inglés], trad. Rashad Khalifa (Tucson: Islamic Productions, 1989), 103.

30. Véase los comentarios sobre 1 Corintios 15:3-8 en el capítulo 6.

31. Craig A. Evans, *Noncanonical Writings and New Testament Interpretation* [Escritos no canónicos e interpretación del Nuevo Testamento] (Peabody, MA: Hendrickson, 1992), 149.

32. Norman L. Geisler y Abdul Saleeb, *Answering Islam* [Respondiendo al Islam] (Grand Rapids: Baker, 1994), 304.

33. Véase capítulos 6 y 7.

34. Eusebius, *Ecclesiastical History*, 2.25.

35. Wright, *Resurrection of the Son of Man*, 570.

36. William Lane Craig, «Did Jesus Rise from the Dead?» [«¿Resucitó Jesús de entre los muertos?»] en *Jesus under Fire* [Jesús bajo fuego], ed. Michael J. Wilkins et al. (Grand Rapids: Zondervan, 1995), 165.

CAPÍTULO 12
¿AFIRMÓ JESÚS SER DIOS?
¿ES JESÚS EL ÚNICO CAMINO?

¿Dios o fraude?

Mucha gente piensa en Jesús como un gran maestro, un sabio itinerante. Algunos dicen que fue un ejemplo de realización de la divinidad que está dentro de todos nosotros. Otros dicen que era un hechicero y un hereje. El cristianismo dice que era Dios encarnado, el Verbo hecho carne.

Después de haber mostrado buenos argumentos a favor de la existencia de Dios, de la fiabilidad de la Biblia, de la posibilidad de los milagros, del cumplimiento de las profecías y de la historicidad de la resurrección, la pregunta que se plantea ahora es: ¿quién decía ser Jesús? Si realmente realizó milagros, cumplió las profecías y fue realmente resucitado, entonces no fue sin propósito. Esos eventos se llevaron a cabo para establecer Su autoridad para hacer ciertas afirmaciones, afirmaciones que principalmente tenían que ver con Su identidad. Entonces, ¿quién dijo que era Jesús?

La cuestión del Mesías

La palabra «mesías» proviene de la palabra hebrea para «ungido».

La palabra «mesías» proviene de la palabra hebrea para «ungido».

Entrada triunfal de Cristo por Palastkapelle.

La palabra «Cristo» se deriva de la traducción de «mesías» al griego. La palabra tenía dos usos en el Antiguo Testamento. Uno es un término general, y el otro es específico. El primero tenía que ver con «instalar a una persona en un cargo de manera que la persona sea considerada como acreditada por Yahvé, el Dios de Israel».[1] El segundo uso de la palabra indicaba una persona específica de la que se hablaba en las profecías. Este Mesías iba a ser un salvador de la nación de Israel que derrocaría el dominio gentil y establecería un reino eterno.

Sin embargo, las profecías también predecían que el Mesías sufriría. Se trataba de dos descripciones diferentes, difíciles de imaginar en una persona concreta. Pero fue este sentido específico, más estrecho, el que Jesús afirmó cumplir.

Cuando Jesús llegó a la escena, muchos judíos se preguntaban si era el Mesías prometido en las profecías del Antiguo Testamento, la persona que vendría a construir una casa en nombre de Yahvé y que afirmaría «su trono real para siempre» (2 Sam. 7:13). Pero cuando nació Jesús, las expectativas sobre cómo sería el Mesías y lo que haría habían cambiado. La mayoría creía solo en un Mesías político que liberaría a Israel de la pesada mano de

Pieta de Miguel Ángel.

Roma, y no en la imagen del que vendría como un siervo sufriente. La época entre Malaquías y Juan el Bautista incluso produjo literatura sobre tal Mesías político. Como observa Merrill C. Tenney: «En toda esta literatura no se representa al Mesías sufriendo por los hombres o redimiéndolos con su sacrificio personal».[2] Albert H. Baylis añade: «Que el Mesías viniera sin restaurar a Israel como nación era impensable».[3]

Las profecías también señalaban que el Mesías sufriría.

Así, Jesús fue visto por Su público a través de una lente distorsionada por profecías mal entendidas y expectativas injustificadas. De hecho, Jesús parecía, al final, estar completamente descalificado para ser considerado el Mesías. N. T. Wright lo expresa así:

> Lo que nadie esperaba que hiciera el Mesías era que muriera a manos de los paganos en lugar de derrotarlos; que montara un ataque simbólico al Templo, advirtiéndole de un juicio inminente, en lugar de reconstruirlo o limpiarlo; y que sufriera una violencia injusta a manos de los paganos en lugar de traerles justicia y paz. La crucifixión de Jesús, entendida desde el punto de vista de cualquier espectador, simpatizante o no, tenía que aparecer como la completa destrucción de cualquier pretensión o posibilidad mesiánica que Él o sus seguidores pudieran haber insinuado.[4]

Los judíos de aquella época sencillamente no tenían el concepto de que el Mesías pudiera ser realmente Dios encarnado. Y aunque lo tuvieran, no estaban en absoluto preparados para el aparente fracaso de Jesús. En consecuencia, aunque Jesús hablara de Su condición de Mesías, sus oyentes no lo tomaron necesariamente como una afirmación de divinidad.

Jesús nunca dijo «Yo soy Dios»

Es cierto que en las Escrituras nunca vemos a Jesús decir las palabras «Yo soy Dios». Pero esto no significa que Jesús no afirmara ser Dios. En el siglo I, al igual que hoy, decir «Yo soy Dios» no tendría casi ningún sentido. Incluso los emperadores romanos se atribuían la deidad o la reclamaban para sí mismos.[5] Lo que sí hizo Jesús fue recla-

Jesús afirmó ser el Dios de los hebreos tal y como se describe en el Antiguo Testamento.

mar ser un Dios muy específico a un pueblo específico de una manera muy específica. Y la forma en que hizo sus afirmaciones fue inequívoca e inconfundible para esa gente.

Al hacer esta afirmación, Jesús habló de forma idiomática, es decir, de una manera peculiar para Su audiencia, los judíos del siglo I. Para entenderlo mejor, consideremos la frase «ese gato puede gemir». Si tú escucharas a un veterinario decir esa frase, significaría algo completamente diferente que si la escucharas de un viejo músico de jazz. (Los músicos de jazz utilizan el término «gato» para referirse a otros músicos que respetan). Aunque las palabras son las mismas, el lenguaje proporciona el marco para la interpretación adecuada.

Julio César, 44 d. C. fue el primer emperador romano en ser adorado como deidad.

Teniendo esto en cuenta, vemos que Jesús afirmó ser el Dios de los antiguos hebreos tal y como se describe en el Antiguo Testamento. Hizo esta afirmación explícitamente en formas que habrían sido consideradas blasfemas si no fuera Dios. También lo hizo de forma más implícita, ejerciendo prerrogativas que pertenecen únicamente a Dios, como perdonar los pecados y aceptar la adoración. Merece la pena examinar cada una de estas formas con más detenimiento.

(¿) La blasfemia (?)

Uno de los mejores indicadores de quién decía ser Jesús es la respuesta de Su público. La reacción a Sus palabras es muy útil para entender el contenido de Sus palabras. En Juan 8:52-59, observamos la siguiente escena:

Detalle de Jesús por Caravaggio.

> ¡Ahora estamos convencidos de que estás endemoniado! —exclamaron los judíos—. Abraham murió, y también los profetas, pero tú sales diciendo que, si alguno guarda tu palabra, nunca morirá. ¿Acaso eres tú mayor que nuestro padre Abraham? Él murió, y también murieron los profetas. ¿Quién te crees tú?
>
> —Si yo me glorifico a mí mismo —les respondió Jesús—, mi gloria no significa nada. Pero quien me glorifica es mi Padre, el que ustedes dicen que es su Dios, aunque no lo conocen. Yo, en cambio, sí lo conozco. Si dijera que no lo conozco, sería tan mentiroso como ustedes; pero lo conozco y cumplo su palabra. Abraham, el padre de ustedes, se regocijó al pensar que vería mi día; y lo vio y se alegró.
>
> —Ni a los cincuenta años llegas —le dijeron los judíos—, ¿y has visto a Abraham?
>
> —Ciertamente les aseguro que, antes de que Abraham naciera, ¡yo soy!
>
> Entonces los judíos tomaron piedras para arrojárselas, pero Jesús se escondió y salió inadvertido del templo.

¿Por qué los judíos respondieron con tanta violencia hacia Jesús? Lo primero que hay que notar es la extraña estructura de la última frase de Jesús: «Ciertamente les aseguro que, antes de que Abraham naciera, ¡yo soy!». Cuando Jesús dijo «yo soy», no cometió un error gramatical. Estaba afirmando el nombre personal que Dios se dio a sí mismo cuando habló a Moisés desde la zarza ardiente (Ex. 3:13-14).

Su público lo entendió, pero no lo creyó. No solo eso, sino que inmediatamente trataron de ejecutar a Jesús debido a la proscripción que se encuentra en Levítico 24:16: «Además, todo el que pronuncie el nombre del Señor al maldecir a su prójimo será condenado a muerte. Toda la asamblea lo apedreará».

La muerte por apedreamiento es el castigo por infringir el cuarto mandamiento: «No uses el nombre del Señor tu Dios en falso» (Ex. 20:7).

Pero este no es el único caso de tal afirmación explícita. Otros ejemplos son:

Juan 10:30-33

El Padre y yo somos uno.

Una vez más los judíos tomaron piedras para arrojárselas, pero Jesús les dijo:
—Yo les he mostrado muchas obras irreprochables que proceden del Padre. ¿Por cuál de ellas me quieren apedrear?

—No te apedreamos por ninguna de ellas, sino por blasfemia; porque tú, siendo hombre, te haces pasar por Dios.

Juan 5:16-18

Precisamente por esto los judíos perseguían a Jesús, pues hacía tales cosas en sábado. Pero Jesús les respondía:
—Mi Padre aún hoy está trabajando, y yo también trabajo.

Así que los judíos redoblaban sus esfuerzos para matarlo, pues no solo quebrantaba el sábado, sino que incluso llamaba a Dios su propio Padre, con lo que él mismo se hacía igual a Dios.

Mateo 26:63-66

Pero Jesús se quedó callado. Así que el sumo sacerdote insistió:
—Te ordeno en el nombre del Dios viviente que nos digas si eres el Cristo, el Hijo de Dios.

—Tú lo has dicho —respondió Jesús—. Pero yo les digo a todos: De ahora en adelante verán ustedes al Hijo del hombre sentado a la derecha del Todopoderoso, y viniendo en las nubes del cielo.

—¡Ha blasfemado! —exclamó el sumo sacerdote, rasgándose las vestiduras—. ¿Para qué necesitamos más testigos? ¡Miren, ustedes mismos han oído la blasfemia! ¿Qué piensan de esto?

—Merece la muerte —le contestaron.[6]

La interpretación de Giotto de Caifás rasgando sus vestiduras en respuesta a las afirmaciones de Jesús.

Ruinas de casas del siglo I en Capernaum, la ciudad donde el paralítico fue bajado por el tejado. (HolyLandPhotos.com).

John M. Frame señala:

> Si las afirmaciones de Jesús eran falsas, ciertamente era un blasfemo,
> y podemos entender bien por qué los judíos monoteístas se apresurarían
> a acusar a cualquier hombre que afirmara ser Dios. En este asunto,
> sí lo entendieron bien.[7]

Así, las palabras muy concretas que utilizó Jesús y la reacción de Su público confirman que Jesús afirmaba ser el Dios de la Biblia. Jesús no corrigió su malentendido de la ley que declaraba que los blasfemos debían ser ejecutados. Más bien trató de corregir su malentendido sobre Su identidad.

El perdón de los pecados

Jesús también afirmó ser el Dios de la Biblia de manera implícita. Estas formas tienen que ver con la reivindicación por parte de Jesús de derechos, privilegios y poderes que pertenecen exclusivamente a Dios. Una de las prerrogativas divinas que Jesús reclamó fue la capacidad de perdonar los pecados. Encontramos un ejemplo de ello en Marcos 2:3-12:

> Entonces llegaron cuatro hombres que lo llevaban un paralítico. Como
> no podían acercarlo a Jesús por causa de la multitud, quitaron parte del
> techo encima de donde estaba Jesús y, luego de hacer una abertura,
> bajaron la camilla en la que estaba acostado el paralítico. Al ver Jesús la
> fe de ellos, le dijo al paralítico:
> —Hijo, tus pecados quedan perdonados.

Un paisaje galileo. Fue en Galilea donde los pies de Jesús fueron lavados por las lágrimas de la mujer.

La costa occidental del Mar de Galilea, donde Jesús caminó sobre el agua. (HolyLandPhotos.org).

Estaban sentados allí algunos maestros de la ley, que pensaban: «¿Por qué habla este así? ¡Está blasfemando! ¿Quién puede perdonar pecados sino solo Dios?»

En ese mismo instante supo Jesús en su espíritu que esto era lo que estaban pensando.

—¿Por qué razonan así? —les dijo—. ¿Qué es más fácil, decirle al paralítico: «Tus pecados son perdonados», o decirle: «Levántate, toma tu camilla y anda»? Pues para que sepan que el Hijo del hombre tiene autoridad en la tierra para perdonar pecados —se dirigió entonces al paralítico—: A ti te digo, levántate, toma tu camilla y vete a tu casa.

Él se levantó, tomó su camilla en seguida y salió caminando a la vista de todos. Ellos se quedaron asombrados y comenzaron a alabar a Dios.

—Jamás habíamos visto cosa igual —decían.

La audiencia de Jesús comprendió que perdonar los pecados es un derecho exclusivo de Dios, y se opuso con razón a esa afirmación. Después de todo, es fácil decir: «Tus pecados están perdonados», pero ¿cómo podría alguien verificar realmente una afirmación tan escandalosa? Jesús lo hizo realizando un milagro para autentificar Su afirmación y así establecer Su identidad. El milagro confirmó la afirmación de que Jesús es Dios y, como tal, puede perdonar los pecados.

En otro ejemplo, que se encuentra en Lucas 7:36-50, Jesús estaba cenando en casa de un fariseo cuando una mujer identificada como pecadora lavó los pies de Jesús con sus lágrimas y aceite aromático. El fariseo reaccionó de forma bastante crítica, a lo que Jesús respondió:

Uno de los fariseos invitó a Jesús a comer, así que fue a la casa del fariseo y se sentó a la mesa. Ahora bien, vivía en aquel pueblo una mujer que tenía fama de pecadora. Cuando ella se enteró de que Jesús estaba comiendo en casa del fariseo, se presentó con un frasco de alabastro lleno de perfume. Llorando, se arrojó a los pies de Jesús, de manera que se los bañaba en lágrimas. Luego se los secó con los cabellos; también se los besaba y se los ungía con el perfume.

Detalle de un cuadro de Giotto que muestra a Jesús aceptando la adoración.

Al ver esto, el fariseo que lo había invitado dijo para sí: «Si este hombre fuera profeta, sabría quién es la que lo está tocando, y qué clase de mujer es: una pecadora».

Entonces Jesús le dijo a manera de respuesta:

—Simón, tengo algo que decirte.

—Dime, Maestro —respondió.

—Dos hombres le debían dinero a cierto prestamista. Uno le debía quinientas monedas de plata, y el otro cincuenta. Como no tenían con qué pagarle, les perdonó la deuda a los dos. Ahora bien, ¿cuál de los dos lo amará más?

—Supongo que aquel a quien más le perdonó —contestó Simón.

—Has juzgado bien —le dijo Jesús.

Luego se volvió hacia la mujer y le dijo a Simón:

—¿Ves a esta mujer? Cuando entré en tu casa, no me diste agua para los pies, pero ella me ha bañado los pies en lágrimas y me los ha secado con sus cabellos. Tú no me besaste, pero ella, desde que entré, no ha dejado de besarme los pies. Tú no me ungiste la cabeza con aceite, pero ella me ungió los pies con perfume. Por eso te digo: si ella ha amado mucho, es que sus muchos pecados le han sido perdonados. Pero a quien poco se le perdona, poco ama.

Entonces le dijo Jesús a ella:

—Tus pecados quedan perdonados.

Los otros invitados comenzaron a decir entre sí: «¿Quién es este, que hasta perdona pecados?»

—Tu fe te ha salvado —le dijo Jesús a la mujer—; vete en paz.

Una vez más, la audiencia comprendió que Jesús estaba reclamando para sí un derecho que solo pertenece a Dios. Y de nuevo, no estaban dispuestos a aceptar las implicaciones de la reclamación. Pero sí entendieron que la afirmación era la de ser el Dios hebreo encarnado. Aunque la afirmación está implícita, es una declaración audaz e inequívoca hecha de tal manera que los oyentes de Jesús no malinterpretarían su significado.

Aceptación de la adoración

Otra forma en que Jesús afirmó ser
Dios es aceptando la adoración. Si
Jesús fuera simplemente un buen maestro que vivía una vida moral ejemplar,
entonces seguramente reprendería tal
comportamiento como equivocado o
inapropiado. De lo contrario, Su enseñanza no sería buena, y lo encontraría-
mos actuando inmoralmente al aceptar
lo que no era suyo. Jesús, sin embargo,
enseñó y reaccionó de manera opuesta,
una manera que indicaba que era
correcto y apropiado que Él recibiera
adoración.

Considera Mateo 14:22-33, la
famosa historia de Jesús caminando sobre el agua. Según
el versículo 33, cuando los discípulos se dieron cuenta de
que Jesús no era un fantasma y le vieron calmar el viento,
«los que estaban en la barca lo adoraron diciendo:
«Verdaderamente tú eres el Hijo de Dios»».

*Otra forma en que Jesús
afirmó ser Dios es
aceptando la adoración.*

Aunque Jesús acababa de reprender la falta de fe de Pedro en el versículo 31, no
reprendió a los discípulos cuando reaccionaron a Sus obras con adoración. En opinión
de Jesús, esta era la respuesta adecuada.

Esta aceptación de la adoración se encuentra de nuevo en Juan 9:35-38, después
de que Jesús sanara a un ciego.

> Jesús se enteró de que habían expulsado a aquel hombre,
> y al encontrarlo le preguntó:
> —¿Crees en el Hijo del hombre?
> —¿Quién es, Señor? Dímelo, para que crea en él.
> —Pues ya lo has visto —le contestó Jesús—; es el que está hablando contigo.
> —Creo, Señor —declaró el hombre.
> Y, postrándose, lo adoró.

Aquí vemos a Jesús haciendo dos afirmaciones. Al aceptar la adoración, está
afirmando tácitamente que es Dios encarnado, alguien a quien se le ofrece la adoración correctamente. Y al identificarse como el Hijo del Hombre, está afirmando ser
el Mesías prometido y profetizado en Daniel 7:13.

Esta afirmación implícita no pasó inadvertida para la audiencia de Jesús. De
hecho, los líderes judíos se quejaron de que Jesús aceptara la adoración. Un buen
ejemplo de ello se encuentra en Mateo 21:14-16.

> Se le acercaron en el templo ciegos y cojos, y los sanó. Pero cuando los
> jefes de los sacerdotes y los maestros de la ley vieron que hacía cosas
> maravillosas, y que los niños gritaban en el templo: «¡Hosanna al Hijo de
> David!», se indignaron.
>
> —¿Oyes lo que esos están diciendo? —protestaron.

Detalle de La Ascención de Tintoretto.

—Claro que sí —respondió Jesús—; ¿no han leído nunca: «En los labios de los pequeños y de los niños de pecho has puesto la perfecta alabanza»?

Fue Jesús quien provocó la alabanza de los niños, alabanza que no reprendió. La cita a la que se refiere Jesús es del Salmo 8, que fue escrito para alabar la gloria de Dios. Y el hecho de que citara ese salmo para dar una comprensión correcta de la situación indica que Jesús se creía el «tú» del salmo: Dios mismo. De nuevo encontramos a Jesús haciendo la afirmación de ser un Dios específico a un público específico de una manera específica.

Pero Jesús va más allá en Su afirmación. No se limita a aceptar la adoración. Nos enseña a orar a Dios en Su nombre, algo absolutamente extravagante si no fuera, de hecho, Dios. Juan 16:23-24 registra que Jesús dijo: «En aquel día ya no me preguntarán nada. Ciertamente les aseguro que mi Padre les dará todo lo que le pidan en mi nombre. Hasta ahora no han pedido nada en mi nombre. Pidan y recibirán, para que su alegría sea completa».

También observamos esto en versículos como Juan 14:12-14; 15:16. Esto es, sin duda, más que una recomendación del tipo: «Dile a Dios que Jesús te envía». Se trata de una afirmación de autoridad divina y de acceso al mismo trono de Dios.

Jesús no se limita a aceptar la adoración. Nos enseña a orar a Dios en Su nombre, algo absolutamente extravagante si no fuera, de hecho, Dios.

¿Es Jesús el único camino a Dios?

Pero es más que eso. Al enseñarnos a orar en Su nombre, Jesús está reclamando estar en la posición de mediador o reconciliador entre los humanos y Dios. Solo a través de la oración en el nombre de Jesús los creyentes pueden tener acceso a Dios. Lo vemos en Juan 14:6, cuando Jesús declara: «Yo soy el camino, la verdad y la vida. Nadie llega al Padre sino por mí». Esto no quiere decir que invocar el nombre de Jesús en sí mismo sean palabras mágicas que obliguen a Dios a escuchar y responder a la oración. Más bien, es la creencia en la obra y la persona de Jesús lo que permite a los creyentes presentarse ante un Dios justo y santo. Jesús lo dice explícitamente en Juan 3:16-18.

La Crucifixión de Fra Angélico

Porque tanto amó Dios al mundo que dio a su Hijo unigénito, para que todo el que cree en él no se pierda, sino que tenga vida eterna. Dios no envió a su Hijo al mundo para condenar al mundo, sino para salvarlo por medio de él. El que cree en él no es condenado, pero el que no cree ya está condenado por no haber creído en el nombre del Hijo unigénito de Dios.

Esto también se ve en Mateo 11:27: «Mi Padre me ha entregado todas las cosas. Nadie conoce al Hijo sino el Padre, y nadie conoce al Padre sino el Hijo y aquel a quien el Hijo quiera revelarlo».

Como señala William Lane Craig, el segundo versículo «nos dice que Jesús afirmó ser el Hijo de Dios en un sentido exclusivo y absoluto». Continúa señalando que «[Jesús] también afirma ser el único que puede revelar el Padre a los hombres».[10] Las afirmaciones de Jesús y Su autocomprensión también son conservadas con precisión por sus seguidores en el Nuevo Testamento. Pedro, por ejemplo, testifica: «De hecho, en ningún otro hay salvación, porque no hay bajo el cielo otro nombre dado a los hombres mediante el cual podamos ser salvos» (Hech. 4:12; comp. 1 Cor. 8:5-6). Jesús, al ser plenamente humano y plenamente Dios, está especialmente calificado para esta posición de mediador. Es debido a que la muerte de Jesús pagó por los pecados de los que creen en Él y porque la perfecta obediencia de Su vida se acredita a esos mismos creyentes, que Jesús puede proporcionar la reconciliación entre los individuos y Dios. Este es el evangelio, la buena noticia que proclama la posibilidad y la certeza de la salvación por medio de Jesucristo.

«Jesús afirmó ser el Hijo de Dios en un sentido exclusivo y absoluto».

Las afirmaciones exclusivas y absolutas de Jesús de ser la única vía de acceso a Dios, así como Dios encarnado, no son solo una parte importante de Su enseñanza; son el fundamento sobre el que descansan todas Sus enseñanzas. Son las razones por las que muchas conversaciones de Jesús con los líderes judíos giraron rápidamente en torno a Su identidad y autoridad. Son las principales distinciones entre Él y otros líderes religiosos como Buda, Mahoma y Moisés. Paul Copan señala:

La pretensión exclusivista de Jesús de ser el único modo en que los humanos pueden acceder a Dios y salvarse es extremadamente impopular y está lejos de ser políticamente correcta. Pero las críticas que se hacen al cristianismo por este motivo son bastante injustificadas. Todas las religiones hacen afirmaciones exclusivas. Eso es lo que las convierte en religiones distintas. Las respuestas a quién es Jesús y qué hay que hacer para alcanzar la salvación difieren de una religión a otra.

Puede ser que el hinduismo esté perfectamente abierto a aceptar a Jesús en su panteón de dioses. También puede ser que los budistas estén dispuestos a permitir que Jesús sea alguien que alcanzó la iluminación. Y es cierto que el Islam está dispuesto a admitir que Jesús fue un gran profeta. Pero la aceptación de Jesús por otras religiones no revela que el cristianismo sea una religión exagerada y la única exclusivista. Para que el hinduismo, el budismo o el islam acepten a Jesús, deben rechazar gran parte o la totalidad de lo que enseñó sobre sí mismo y el mundo. En otras palabras, Jesús está bien con el hinduismo mientras Jesús sea hindú; Jesús está bien con el budismo mientras Jesús sea budista; Jesús está bien con el Islam mientras sea musulmán. Lo mismo ocurre con todas las religiones, incluidos el universalismo y el baháísmo. Y, del mismo modo, el cristianismo daría la bienvenida al redil a Buda o a Mahoma o al fundador de cualquier otra religión si esa persona renunciara a sus enseñanzas exclusivas y aceptara la obra y la persona de Jesús para su salvación.

> *«Los fundadores de las grandes religiones del mundo no hicieron afirmaciones tan extravagantes como las de Jesús de Nazaret: perdonar los pecados, ser el juez de todos, estar siempre presente con sus seguidores a lo largo de los tiempos y escuchar sus oraciones».[8]*
> *«Debido a las afirmaciones de Jesús, los primeros creyentes incluso se referían a Él como miembros del Camino».[9]*

Otra forma de pensar en esto es considerando el dicho: «Todos los caminos llevan a Roma». Algunos creen que cada religión es como un camino diferente que lleva al mismo lugar. Esto se desmorona rápidamente cuando miramos las direcciones de cada camino. Uno declara que Roma está en todas partes. Otro señala que Roma está en uno mismo. Otro establece que Roma es incognoscible. Se dice que Roma ni siquiera existe. Pero se dice que Roma está en un lugar concreto y que solo se puede llegar a ella de una manera muy concreta. Realmente, en lugar de que todos los caminos lleven a Roma, todos los caminos llevan a sus propios destinos exclusivos y ni siquiera se cruzan. Incluso puede que uno de ellos la llame a su destino «Roma», pero no se refieren a lo mismo. O todos los caminos están equivocados, o solo uno es el correcto. No hay más opciones.

> *Algunos creen que cada religión es como un camino diferente que lleva al mismo lugar.*

Esta naturaleza exclusiva es a lo que nos referimos cuando decimos que algo es verdadero. Toda verdad es exclusiva por definición. Las afirmaciones contradictorias no pueden ser verdaderas al mismo tiempo y de la misma manera. Por eso la gente no se adhiere a más de una religión simultáneamente. No hay cristianos islámicos. Más bien, convierten su forma de pensar sobre Dios, sobre sí mismos y sobre el mundo de una manera u otra.

Una última cosa que debemos considerar es esta: si Jesús no es la vía exclusiva de salvación, sino solo una vía, entonces ¿por qué murió?, ¿por qué vivió?, ¿por qué razón Dios se encarnaría en la persona de

> *Realmente, en lugar de que todos los caminos lleven a Roma, todos los caminos llevan a sus propios destinos exclusivos y ni siquiera se cruzan.*

Jesús de Nazaret, viviría una vida de perfecta obediencia, servicio y abnegación, y sufriría la tortura y luego la ejecución de una de las formas más horribles imaginables si hubiera muchas otras vías hacia Dios? Solo un Dios cruel y sádico, un Dios que está lejos de ser digno de ser adorado por cualquier religión, perpetraría un acto tan malvado e inútil. Para los que dicen que no hay diferencias fundamentales entre las religiones, este es el Dios con el que se quedan.

Pero este Dios cruel contradice al Dios demostrado por la existencia de la moral en el capítulo 4. Si nuestras intuiciones morales estuvieran arraigadas e informadas por el carácter de nuestro Creador, Dios, entonces no podríamos reconocer el mal. De hecho, estaríamos de acuerdo con él, lo aprobaríamos y lo llamaríamos bueno. Pero está claro que no podemos hacer esto. Y como se ha mostrado en el capítulo 4, no nos queda la opción de una norma moral objetiva que exista fuera del carácter de Dios y a la que Él, al igual que nosotros, esté obligado. Como resultado, volvemos a la exclusividad, una característica de todas las religiones, no solo del cristianismo.

Conclusión

Está claro, pues, que Jesús se consideraba a sí mismo no solo Dios, sino como el Dios de los judíos: el Dios de Abraham, Moisés, Isaías, David, etc. Lo hizo de una manera que sería fácilmente entendida, aunque no necesariamente aceptada, por Su cultura. Jesús también enseñó que creer en Él era la única forma de acceder a Dios.

Es imperativo entender que estas cosas tratan del contenido de la fe, no de la sinceridad del creyente. Muchas personas creen sinceramente cosas falsas, pero eso no demuestra la veracidad de lo que creen. El objeto de la fe, el contenido, es lo que determina si una religión es verdadera o falsa, no la sinceridad de sus adeptos.

> *Muchas personas creen sinceramente cosas falsas, pero eso no demuestra la veracidad de lo que creen. El objeto de la fe, el contenido, es lo que determina si una religión es verdadera o falsa, no la sinceridad de sus adeptos.*

Cita destacada

Muchos grandes maestros, místicos, mártires y santos han aparecido en distintas épocas en el mundo, y han vivido y pronunciado palabras llenas de gracia y verdad, por lo que tenemos todos los motivos para estar agradecidos. Sin embargo, de ninguno de ellos se ha afirmado, y aceptado, que fueran Dios encarnados. Solo en el caso de Jesús ha persistido la creencia de que, cuando vino al mundo, Dios se dignó a tomar la apariencia de un hombre para que en adelante los hombres pudieran ser alentados a aspirar a la semejanza de Dios; extendiéndose desde su mortalidad a Su inmortalidad, desde su imperfección a Su perfección.[11]

—*Malcolm Muggeridge*

Notes

1. *Holman Illustrated Bible Dictionary* [Holman, Diccionario ilustrado de la Biblia] (Nashville: Broadman & Holman, 2003), 1111.

2. Merrill C. Tenney, *New Testament Survey* [Estudio del Nuevo Testamento] (Grand Rapids: Eerdmans, 1953, 1961, 1985), 87.

3. Albert H. Baylis, *From Creation to the Cross* [De la creación a la cruz] (Grand Rapids: Zondervan, 1996), 372.

4. N. T. Wright, *The Resurrection of the Son of God* [La resurrección del Hijo del Hombre] (Minneapolis: Fortress, 2003), 557-58.

5. Bruce Shelley, *Church History in Plain Language* [Historia de la Iglesia en lenguaje sencillo] (Nashville: Thomas Nelson, 1982, 1995), 43-45; *Eerdmans Handbook to the World's Religions* [Manual de las religiones del mundo de Eerdman] (Grand Rapids: Eerdmans, 1982, 1994), 108-9.

6. Este relato del juicio de Jesús también se encuentra en Marcos 14:61-64.

7. John M. Frame, *Apologetics to the Glory of God* [Apologética para la gloria de Dios] (Phillipsburg, NJ: Presbyterian & Reformed, 1994), 141.

8. Paul Copan, *True for You, but Not for Me* [Verdad para mí, pero no para ti] (Minneapolis: Bethany, 1998), 108.

9. Hechos 9:2; 19:9, 23

10. William Lane Craig, *Reasonable Faith* [Fe razonabel] (Wheaton, IL: Crossway, 1984), 246.

11. Malcolm Muggeridge, *Jesus* [Jesús] (Nueva York: Harper & Row, 1975), 16.

CAPÍTULO 13
¿CÓMO PUEDE DIOS PERMITIR EL MAL?

¿Qué es el mal?

No importa dónde vivamos, ni las circunstancias de nuestra vida, ni cuánto dinero o éxito tengamos, todos experimentamos el mal. Los presidentes y los preescolares, los criminales y los clérigos, los famosos y los fanáticos: nadie queda indemne. Y hay un gran número de personas a lo largo de la historia que han considerado la existencia del mal, la cantidad de mal y la naturaleza del mal como una excelente prueba de que no hay Dios, especialmente uno que tenga la voluntad y el poder de hacer algo al respecto. Pero aunque parece que todos reconocemos el mal cuando lo vemos en el Holocausto, un asesinato, un tsunami o el cáncer, ¿qué es exactamente el mal?

Agustín definió el mal como «una privación de un bien, hasta el punto de la completa falta de entidad».[1] En otras palabras, el mal está donde el bien está ausente. Esta definición también especifica que el mal no es una cosa; no tiene sustancia. Esto no implica que el mal no exista. Más bien significa que el mal existe del mismo modo que la oscuridad o el frío. La oscuridad y el frío

No importa dónde vivamos, ni las circunstancias de nuestra vida, ni cuánto dinero o éxito tengamos, todos experimentamos el mal.

Piensa en la frase «Elvis ha abandonado el edificio». No puede haber ausencia de Elvis a menos que Elvis exista y esté en otro lugar que no sea este.

son cosas muy reales que son formas de hablar de la ausencia de luz o calor. Tanto la oscuridad como el frío son parásitos, en cierto modo, de la luz y el calor, ya que la luz y el calor pueden existir sin la oscuridad y el frío, pero la oscuridad y el frío no pueden existir sin la existencia de la luz y el calor. Piensa en la frase «Elvis ha abandonado el edificio». No puede haber ausencia de Elvis a menos que Elvis exista y esté en otro lugar que no sea este. Esto sería una privación de Elvis. Pero cuando Elvis está aquí, no hablamos de una ausencia de Elvis.

Otra forma de definir el mal es «una desviación del modo en que las cosas deberían ser».[2] La importancia de pensar en el mal es que, aunque este es real, no fue creado por Dios, sino que fue hecho posible por Dios.

Sin embargo, John M. Frame se apresura a señalar que la Biblia dice que todas las cosas están sujetas a Su voluntad (véase Gén. 50:20; Hech. 4:28; Rom. 9:11-22; Ef. 1:11). Según Frame, «el problema es simplemente que Dios es soberano sobre todos los acontecimientos, buenos y malos, y sea cual sea el análisis metafísico del mal, este forma parte del plan de Dios».[3] También en este caso, Dios no es directamente responsable de la creación del mal, sino que lo gobierna y lo utiliza para cumplir sus buenos propósitos. Esta idea de que Dios y el mal coexisten es extremadamente difícil de conciliar a veces incluso para el creyente más fiel. Y este

Un huracán visto desde la Estación Espacial Internacional. (foto de la NASA).

es precisamente el escollo que tan a menudo se explota para demostrar que Dios no existe.

Hay dos tipos de argumentos contra Dios que surgen de la existencia del mal. Un argumento sostiene que el mal no puede existir al mismo tiempo que un Dios moralmente perfecto, todopoderoso y omnisciente. Esto se llama el argumento lógico del mal. El otro tipo de argumento establece que la cantidad y la calidad del mal hacen extremadamente improbable que exista un Dios moralmente perfecto, todopoderoso y omnisciente. Esto se conoce como el argumento probatorio o probabilístico.

Teodicea y defensa

El intento de justificar las acciones de Dios, especialmente al explicar la realidad del mal, se llama «teodicea». Una teodicea se esfuerza por mostrar las razones reales de Dios para permitir el mal. Se trata de una tarea difícil, dada la escasez de información sobre el tema en la Biblia. Es cierto que la Biblia tiene una cantidad significativa de material que trata de la naturaleza del mal y su remedio, pero no revela explícitamente por qué Dios lo permite (ni tiene por qué hacerlo, como veremos).

Un enfoque más modesto consiste en justificar a Dios dando razones que son posibles, pero no necesariamente reales. Esta forma de argumentar se conoce como defensa. Su ventaja radica en que puede demostrar lo hueco de un desafío sin la carga de argumentar las razones reales que tiene Dios para permitir el mal.

El argumento lógico del mal

Epicuro (341-270 a. C.) fue uno de los primeros filósofos en articular un argumento contra la existencia de Dios a partir del problema del mal. Es recordado por su famosa afirmación:

> Dios [...] o quiere quitar el mal y no puede, o puede y no quiere, o no quiere ni puede, o quiere y puede. Si quiere y no puede, es débil, lo que no concuerda con el carácter de Dios; si puede y no quiere, es envidioso, lo que tampoco concuerda con Dios; si no quiere ni puede, es envidioso y débil, y por lo tanto no es Dios; si quiere y puede, que es lo único que conviene a Dios, ¿de dónde proceden entonces los males? o ¿por qué no los elimina?[24]

Epicuro no es el único. A lo largo de la historia, la objeción más comúnmente articulada a la creencia en Dios ha sido la incapacidad de conciliar un Dios perfectamente benévolo, omnipotente y omnisciente con la existencia del mal. De hecho, más de dos mil años después, la queja de Epicuro se puede escuchar en una entrevista con el popular músico de rock Dave Matthews: «Si existe un Dios, un Dios bondadoso, entonces tenemos que pensar que ha hecho un trabajo extraordinario al crear un mundo muy cruel».[5]

Como demuestran las citas anteriores, en el argumento lógico del mal una de las dos cosas debe ser errónea: o no existe ese Dios o no existe el mal. Ciertamente, hay quienes han intentado resolver el problema negando la existencia del mal (por ejemplo,

la ciencia cristiana)[6], pero esta respuesta es claramente inadecuada. Es extremadamente difícil imaginar a una persona que conozca y pueda evitar el Holocausto, una violación o un asesinato, pero que en cambio no haga nada simplemente porque no cree en la realidad del mal. Ciertamente, uno podría imaginar excusas insensibles y odiosas, como «no era asunto mío» o «no quería salir herido», pero no «el mal no existe, así que no había nada que detener realmente». Para las personas que se preocupan por la verdad —creencias que correspondan con la realidad— el mal es innegable y no se puede resolver simplemente definiéndolo como

> *«Si existe un Dios, un Dios bondadoso, entonces tenemos que pensar que ha hecho un trabajo extraordinario al crear un mundo muy cruel».*
> —Dave Matthews

algo que no existe. Los que niegan la existencia del mal siguen teniendo cáncer, son violados, asesinados y sufren en los desastres naturales. Pueden llamarlo de otra manera o intentar ignorarlo, pero siguen experimentando el mal.

Eso nos deja solo la opción de tratar con la existencia de Dios. El argumento lógico toma entonces la siguiente forma:

- Si Dios fuera realmente todopoderoso, podría evitar el mal.
- Si Dios fuera omnisciente, sabría cuándo está a punto de producirse el mal y, por tanto, podría actuar para detenerlo.
- Si Dios fuera moralmente perfecto y benévolo, querría evitar el mal.
- El mal existe.
- Por tanto, Dios, al menos con esas características, no existe.

La expulsión de Adán y Eva por Gustave Doré.

La creación de Adán, detalle de la pintura de la Capilla Sixtina por Miguel Ángel.

Esto coloca el caso desarrollado en los doce capítulos anteriores de este libro en un lugar difícil. Utilizando tanto la revelación general de la naturaleza como la revelación especial de la Biblia, hemos visto que hay excelentes razones para creer que el Dios objetado por el argumento lógico del mal sí existe. Pero ¿es realmente cierto que Dios y el mal son incompatibles y que sostener que ambos existen es incoherente?

Esta cuestión fue abordada por Alvin Plantinga en su libro de referencia, *God, Freedom, and Evil* [Dios, libertad y el mal], en el que hace lo que él llama una defensa del libre albedrío. Según Plantinga, «el objetivo [de una defensa del libre albedrío] no es decir cuál es la razón de Dios, sino, como mucho, cuál podría ser la razón de Dios».[7] La idea es que, si solo hay una razón posible para que Dios permita el mal, entonces la existencia de Dios y del mal, simultáneamente, no es incompatible o inconsistente y el argumento lógico del mal falla.

En pocas palabras, la defensa del libre albedrío sugiere la posibilidad de que:

- Un Dios omnisciente, omnipotente y benevolente creó a los seres humanos como agentes morales libres. Esto implica la capacidad de elegir tanto el mal como el bien.
- Dado que Dios es omnisciente, sabía que el resultado sería el mal; dado que es omnipotente, podría crear el mundo de formas alternativas; y dado que es benevolente y moralmente perfecto, solo podría tener buenas razones para crear el mundo de esta manera.
- En consecuencia, Dios puede haber creado el potencial del mal, pero los seres humanos, por haber elegido cosas malas, lo han hecho realidad. Pero esta aparición del mal no fue una novedad para Dios. Así, en última instancia, hay maldad en el mundo porque Dios tiene una buena razón para su existencia.

Según la Biblia, ni la humanidad ni el mundo fueron creados en un estado corrupto por el mal. Dios creó todo y lo llamó «muy bueno» (Gén. 1:31). Además,

Dios proveyó en abundancia todo lo que Adán y Eva, criaturas hechas a Su imagen, podían necesitar. Como criaturas hechas a imagen y semejanza de Dios, fueron dotadas de capacidad moral, la libertad de elegir entre el bien (adherirse a la voluntad de Dios) y el mal (violar la voluntad de Dios). No se sabe cuánto duró este buen estado, pero en algún momento Adán y Eva desobedecieron libremente a Dios al violar el único mandamiento de Dios (que estaba diseñado para preservar y perpetuar el buen estado del mundo). Así, el mal se introdujo en el mundo por la libre elección de las criaturas moralmente responsables. Dios hizo posible el mal, pero las personas lo hicieron realidad.

Por supuesto, si Dios es omnisciente, entonces sabía desde el principio que la gente a veces elegiría el mal. Pero si Dios es moralmente perfecto y benevolente, entonces debe tener una buena razón para permitir el mal, y esto es todo lo que necesitamos saber. Las razones específicas por las que Dios permite el mal no se dan, ni se requieren para que el cristianismo sea lógicamente consistente.

La defensa del libre albedrío, por lo tanto, demuestra que no es incompatible que exista tanto el Dios de la Biblia como el mal. Uno no niega el otro. Y puesto que hay una explicación posible de cómo Dios y el mal pueden existir, el argumento lógico del mal, que dice que no pueden coexistir, falla. Hay que reiterar que la defensa del libre albedrío se limita a sugerir un posible estado de cosas y no pretende explicar el mundo tal y como es en realidad. Sin embargo, el argumento no tiene menos fuerza independientemente de que sea realmente cierto.

La defensa del libre albedrío demuestra que no es incompatible que exista tanto el Dios de la Biblia como el mal.

Restos del World Trade Center, esclavos siendo transportados y una máscara medieval utilizada para torturar.

El argumento probatorio del mal

Otra forma de argumentar contra la existencia de Dios a partir del mal es tomar la enorme cantidad de maldad y la atrocidad del mal y sopesar esos factores contra la proposición de que Dios existe. Dicho de forma más sencilla, ¿qué vemos más: el mal o la evidencia de Dios? A diferencia del argumento lógico del mal, que es un argumento de compatibilidad, este argumento se basa en la probabilidad. El argumento probatorio (o probabilístico) del mal no señala de forma inequívoca que Dios no existe, sino que es muy probable e incluso probable que Dios no exista.

| ¿Qué vemos más: el mal o la evidencia de Dios?

Para las personas que sostienen este punto de vista, es una justificación para no creer en Dios. Esta forma de argumento también tiene una larga historia y ha sido articulada de muchas maneras diferentes por muchos tipos de pensadores. Un ejemplo se encuentra en la rutina de monólogos de George Carlin.

> Algo está mal aquí. La guerra, la enfermedad, la muerte, la destrucción,
> el hambre, la suciedad, la pobreza, la tortura, el crimen y la corrupción.
> Algo está definitivamente mal. Esto no es un buen trabajo. Si esto es lo
> mejor que Dios puede hacer, no estoy impresionado. Resultados como
> estos no pertenecen al currículum de un Ser supremo.[8]

El filósofo William L. Rowe menciona dos ejemplos de maldad en su versión de este argumento. Uno es hipotético: la muerte lenta y dolorosa de un cervatillo que se quemó en un incendio forestal provocado por un rayo. El otro es un incidente real: la paliza, violación y asesinato de una niña de cinco años en Flint, Michigan. Rowe utiliza ilustraciones para mostrar casos en los que no se conoce ningún resultado bueno del mal.[9] Para él, esta aparente falta de bondad es razón suficiente para rechazar al Dios de la Biblia.

Algunas personas que utilizan el argumento probatorio no niegan que pueda ser necesaria cierta cantidad de mal para que Dios logre Su propósito. Sin embargo, creen que hay más maldad de la necesaria para que el plan de Dios tenga éxito. Pero ¿cómo podría alguien saber tal cosa? Plantinga señala el defecto de este tipo de razonamiento cuando declara: «Por supuesto, no parece haber ninguna forma de medir el mal moral, es decir, no tenemos unidades como los voltios o los kilogramos o los kilovatios para poder decir «esta situación contiene exactamente 35 medidas de mal moral»».[10] Ronald N. Nash agudiza aún más este punto:

> Cabe destacar un último punto: ¿qué propiedades debe poseer un ser
> para saber que algunos males son realmente inútiles? Ciertamente,
> parece que una de esas propiedades debe ser la omnisciencia. Parece
> entonces que el único tipo de ser que podría saber si existen algunos
> males inútiles sería Dios. Pero si el único que puede saber si esos
> males existen es Dios, seguramente hay problemas para argumentar que
> la existencia de males inútiles es una derrota para la existencia de Dios.[11]

En resumen, no hay forma de saber cuánto mal se requiere para producir un bien percibido.

Uno de los problemas de estas dos variantes del argumento probatorio es que se basan en la arrogancia. Ambos ponen a los seres humanos finitos y defectuosos en el lugar de un Dios infinito y perfecto y luego declaran que nada tiene sentido. Pero el hecho de que no podamos ver el bien en una situación determinada no significa que no exista el bien. Los seres humanos no tienen un conocimiento

Los seres humanos no tienen un conocimiento exhaustivo de todo el funcionamiento del universo y, por lo tanto, no pueden determinar cuánto mal se necesita para lograr un bien determinado.

exhaustivo de todo el funcionamiento del universo y, por lo tanto, no pueden determinar cuánto mal se necesita para lograr un bien determinado. Los seres humanos no tienen un propósito para toda la creación, un bien mayor hacia el cual que conducen todas las cosas. Los seres humanos son egoístas y miopes, y el argumento probatorio es una consecuencia de este estado.

Otro problema al que se enfrenta el argumento probatorio es que carga la pregunta para que se responda de una manera determinada. Si alguien afirma que todo el mal que vemos en el mundo (genocidio, violación, tortura, esclavitud, enfermedad, injusticia, terrorismo, etc.) hace probable que Dios no exista, entonces esa persona tiene un pulgar en la balanza. Tomado como una afirmación aislada, este argumento podría tener cierta fuerza. Pero poner en la balanza las pruebas del mal y dejar las pruebas de Dios sin afirmar es, como mínimo, poco sincero. La probabilidad se calcula con la información de fondo relevante. Todos sabemos bastante sobre el mal y podemos elaborar fácilmente nuestros propios catálogos como el anterior. Nuestra experiencia personal y la observación del mundo conforman la información de fondo que utilizamos para poder hablar del mal. Pero hay que tener la misma consideración con los argumentos a favor de la existencia de Dios. No podemos dejar caer la idea de Dios sin examinarla en el otro lado de la balanza. La información de fondo que es relevante para esta cuestión contiene mucho más que la evidencia del mal. Y en esta información de fondo encontramos los argumentos cosmológicos, teleológicos y axiológicos a favor de la existencia de Dios; que el Dios descrito por esos argumentos es el Dios de la Biblia; que la Biblia es un documento digno de confianza tanto en términos de su autoridad manuscrita como de su autoría y contenido; que Dios se revela a los humanos a través de profecías verificadas por milagros; que la resurrección de Jesús fue un acontecimiento histórico real que autentificó la pretensión de divinidad de Jesús, Su mensaje de salvación y Su capacidad para revelar la voluntad de Dios. En esta lista hay que sopesar el genocidio, la violación, la tortura, la esclavitud, la enfermedad, la injusticia, el terrorismo, etc. Teniendo en cuenta toda esta información de fondo, se demuestra que el peso del mal no es rival para la abrumadora evidencia de la existencia del Dios de la Biblia.

Teniendo en cuenta toda esta información de fondo, se demuestra que el peso del mal no es rival para la abrumadora evidencia de la existencia del Dios de la Biblia.

Detalle de Platón pintado por Rafael.

El problema del mal redefinido

Sin embargo, la forma más poderosa de responder al problema del mal no es argumentar los hechos. La mejor manera de resolver la cuestión es tratar de definir nuestros términos. Cuando alguien habla del mal, ¿qué está diciendo realmente? Para que algo pueda llamarse «bueno» o «malo», primero debemos reconocer que no estamos hablando de preferencias. No se trata de lo que nos atrae o nos horroriza personalmente. Cuando se declara que las cosas son malas, queremos decir que algo debería ser de cierta manera, pero no lo es. Queremos decir que hay una violación de un orden previsto y que su propósito no se está cumpliendo. Pero ¿de dónde proceden cosas como la intención, el orden, el propósito y el deber ser? Vienen de una persona, por supuesto. Y puesto que estamos hablando de intenciones y propósitos que son universales y trascienden a los seres humanos individuales, las culturas y los tiempos, estas intenciones y propósitos deben venir de una fuente trascendente.

Cuando se declara que las cosas son malas, queremos decir que algo debería ser de cierta manera, pero no lo es.

Esta fuente debe ser una personalidad que tiene el poder de imponer su voluntad en el mundo y tiene la capacidad de hacerla cumplir. Esta persona es a quien llamamos Dios. El bien y el mal encuentran, pues, su punto de referencia en la persona de Dios. Si un acto o acontecimiento es malo, es porque se aparta de la intención o el propósito de Dios.

Pero esta afirmación se cuestiona a menudo. Desde el dilema del Eutifrón de Platón hasta la actualidad, los críticos señalan que, o bien Dios se ajusta a una norma de bondad ajena a Él, o bien algo es bueno solo porque Dios lo dice.

De cualquier manera, vemos a un Dios que no merece nuestra obediencia y adoración. Porque si una cosa es buena solo porque Dios lo dice, entonces estamos diciendo que la fuerza hace el derecho. Y si hay un estándar de bondad al que Dios está obligado, entonces es a ese estándar al que nosotros también estamos obligados. Esta aparente falla en la lógica del cristianismo ha dado sombra a un buen número de personas que desean evitar al Dios de la Biblia. Pero ¿son estas dos soluciones las únicas formas de dar sentido al Dios de la Biblia? La respuesta es no, hay una tercera posibilidad. Según Gregory Koukl:

La tercera opción es que exista una norma objetiva (esto evita el primer cuerno del dilema). Sin embargo, la norma no es externa a Dios, sino interna (evitando el segundo cuerno). La moral se basa en el carácter inmutable de Dios, que es perfectamente bueno. Sus mandatos no son caprichos, sino que están arraigados en Su santidad.[12]

La bondad encuentra su fuente en el carácter de Dios, y la norma de la bondad es el propio carácter de Dios.

La fuente de la bondad no es arbitraria ni se basa en estados de ánimo o preferencias que pueden cambiar. La bondad encuentra su fuente en el carácter de Dios, y la norma de la bondad es el propio carácter de Dios. Las cosas no son buenas solo porque Dios dice que lo son; son buenas porque corresponden a Su carácter perfectamente bueno. Las intenciones y propósitos de Dios están estrictamente basados en Su carácter.

El grado en que algo no corresponde con el carácter benevolente de Dios es el grado en que esa cosa es mala.

La cuestión es que decir que algo es malo es decir que hay un ser objetivo, trascendente y personal cuya voluntad se está violando o cuyo orden se está perturbando. En resumen, decir que algo es malo es afirmar que hay un Dios. De hecho, la existencia del mal es una de las evidencias más poderosas de Dios. Sin la existencia de Dios, la idea del mal resulta ininteligible. En consecuencia, el problema del mal no es un problema para el cristiano. Más bien, el problema del mal es un problema para los incrédulos.

¿Por qué Dios no destruye el mal?

Hemos visto cómo Dios podría permitir el mal y que la existencia del mal es compatible con el carácter de Dios. Pero si Dios es todopoderoso, benevolente y omnisciente, ¿por qué no destruye el mal?

Si Dios destruyera el mal, en última instancia sería algo malo, ya que le quitaría el mayor bien: la capacidad de amar a Dios.

La respuesta puede tener que ver con nuestro carácter moral. Como estamos hechos a imagen y semejanza de Dios, los seres humanos tenemos la capacidad de tomar decisiones que tienen una dimensión moral. Podemos elegir hacer o decir cosas que estarían bien o mal. Esta capacidad, por supuesto, permite que podamos elegir lo incorrecto y, como resultado, introducir el mal. Para que Dios destruya el mal, debe quitar la capacidad de sus criaturas de introducir el mal en el mundo. Pero al hacer eso Dios también estaría destruyendo la capacidad de hacer el mayor bien moral, que es ser capaz de amar. Por lo tanto, si Dios destruyera el mal, en última instancia sería algo malo, ya que le quitaría el mayor bien: la capacidad de amar a Dios. Norman Geisler y Ron Brooks señalan: «Si el mal ha de ser superado, tenemos que hablar de su derrota, no de su destrucción».[13]

> *«Si el mal ha de ser superado, tenemos que hablar de su derrota, no de su destrucción».*

La solución al problema del mal

Tal vez la mayor dificultad de la respuesta al mal dada anteriormente es que no proporciona mucho consuelo a quienes se encuentran en medio del mal y el sufrimiento y nunca han reflexionado profundamente sobre la cuestión. Aunque la respuesta puede ser intelectualmente satisfactoria, a menudo no proporciona un verdadero consuelo pastoral a los afligidos que se preguntan por qué les ocurren esas cosas. De hecho, dar esta respuesta a los que están en crisis puede parecer bastante frío e indiferente; puede ser completamente inapropiado responder con esta respuesta en ciertos momentos. El momento adecuado para explorar la razón del mal no es cuando se está sufriéndolo. Es mejor responder a esta pregunta antes de que se produzcan esas situaciones —y se producirán—. Si la respuesta se entiende de antemano, entonces proporciona un marco para entender, al menos hasta cierto punto, por qué las cosas son como son. También da seguridad a los creyentes y los anima en su camino. Fortalece la fe y puede servir para engrandecer a Dios ante los incrédulos que entran en contacto con los creyentes que sufren.

Sin embargo, la principal respuesta al problema del mal es la persona de Jesús. Si el mal moral que has cometido es lo que te atormenta, entonces Jesús toma el castigo que mereces y lo paga con Su muerte. Si eres víctima del mal moral de otra persona, entonces Jesús paga por él con Su muerte o se sienta como juez y castiga a la persona responsable. Que Jesús pague o castigue el mal moral depende de la respuesta de la persona. De cualquier manera, el mal moral encuentra su remedio en la perfecta obediencia de la vida de Jesús y Su muerte a favor de los que creen en Él para el pago del pecado. Él juzgará o justificará a toda persona que haya vivido.

Jesús es también la solución para el mal natural. En Su resurrección, lo vemos no solo restaurado a Su cuerpo físico, sino a un estado glorificado. Su cuerpo resucitado no puede morir, enfermarse o corromperse de ninguna manera. Esto indica un cumplimiento de la forma en que las cosas estaban destinadas a ser, un logro de la meta a la que todas las cosas se mueven de acuerdo con el buen propósito de Dios. Esta demostración de una respuesta a los que sufren de un mal físico o natural. Los ciegos recuperarán la vista, los sordos oirán, los lisiados caminarán, los discapacitados mentales pensarán con claridad. Más que eso, no habrá más tsunamis que maten a miles de personas, no más huracanes, tornados, inundaciones ni enfermedades. Todas las cosas no serán simplemente restauradas a su estado antes de la caída, sino que alcanzarán el buen propósito para el que fueron creadas. Jesús superó tanto el mal moral como el físico y natural. Solo Él es la solución. El mal solo es un problema para los que lo rechazan.

| La principal respuesta al problema del mal es la persona de Jesús. |
| Todas las cosas no serán simplemente restauradas a su estado antes de la caída, sino que alcanzarán el buen propósito para el que fueron creadas. |

Solamente cuando dejamos de ver el mundo de forma egocéntrica y vemos el mundo como realmente es, centrado en Dios, podemos dar sentido al mal. Y no solo el mal, sino toda nuestra experiencia encuentra su respuesta y su sentido en un universo centrado en Dios. Glorifiquémosle y disfrutemos de Él para siempre.

> *El mal moral encuentra su remedio en la perfecta obediencia de la vida de Jesús y Su muerte en favor de los que creen en Él para el pago del pecado.*

Cita destacada

Job respondió entonces al SEÑOR. Le dijo:

«Yo sé bien que tú lo puedes todo, que no es posible frustrar ninguno de tus planes. «¿Quién es este —has preguntado—, que sin conocimiento oscurece mi consejo?». Reconozco que he hablado de cosas que no alcanzo a comprender, de cosas demasiado maravillosas que me son desconocidas». Dijiste: «Ahora escúchame, yo voy a hablar; yo te cuestionaré, y tú me responderás». De oídas había oído hablar de ti, pero ahora te veo con mis propios ojos. Por tanto, me retracto de lo que he dicho, y me arrepiento en polvo y ceniza».   —*Job 42:1-6*

Notes

1. Augustine, *Confessions* [Confesiones], 3.7.

2. Esta definición del mal fue dada por el filósofo Doug Geivett durante una conferencia sobre la teodicea en la Universidad de Biola.

3. John M. Frame, *Apologetics to the Glory of God* [Apologética para la gloria de Dios] (Phillipsburg, NJ: Presbyterian & Reformed, 1994), 156–57.

4. Alexander Roberts y James Donaldson, eds., *Ante-Nicene Fathers* [Padres antenicenos], vol. 7, *A Treatise on the Anger of God* [Tratado sobre la ira de Dios], por Lactancio (Grand Rapids: Eerdmans, 1965), 271. Lactancio (260–330 d. C.) preservó esta cita de Epicuro, cuya obra se ha perdido.

5. Tracey Pepper, «Dave Matthews Band», *Treatise on the Anger of God* [Tratado sobre la ira de Dios], Lactancio (junio 1998): 102.

6. Walter Martin, *The Kingdom of the Cults* [El reino de los cultos] (Minneapolis: Bethany House, 1965, 1982), 122–23.

7. Alvin Plantinga, *God, Freedom, and Evil* [Dios, Libertad y el mal] (1974; Grand Rapids: Eerdmans, 1977), 28.

8. George Carlin, «There Is No God» [«No existe Dios»] en *You Are All Diseased* [Todos están enfermos], Atlantic Records, 1999, disco compacto.

9. William L. Rowe, «Reply to Plantinga,» Noûs 32, no. 4 (December 1998); 545–46.

10. Plantinga, *God, Freedom, and Evil*, 55.

11. Ronald N. Nash, «The Problem of Evil» [«El problema del mal»] en *To Everyone an Answer* [Respuestas para todos], ed. Francis J. Beckwith, William Lane Craig y J. P. Moreland (Downers Grove, IL: InterVarsity, 2004), 220.

12. Gregory Koukl, *Solid Ground* [Tierra firme] (julio–agosto 2003), 1–4.

13. Norman Geisler y Ron Brooks, *When Skeptics Ask* [Cuando los escépticos preguntan] (Grand Rapids: Baker, 1996), 64.

CAPÍTULO 14
METODOLOGÍA

La caja de herramientas

Como hemos visto en los trece capítulos anteriores, la apologética es un concepto multifacético. Abarca una serie de disciplinas de manera que es defensiva, ofensiva, razonable, factual, intelectual y pastoral. Debido a su amplia aplicación, se han desarrollado varios métodos apologéticos diferentes a lo largo de la historia cristiana. La mayoría de estos métodos utilizan los argumentos de este libro (así como otros no mencionados) para presentar sus argumentos. Las diferencias en la metodología se distinguen en gran medida por los tipos de argumentos que enfatizan. Los argumentos apologéticos son algo así como los ingredientes; la metodología es qué decides hornear con esos ingredientes. Los diversos resultados pueden tener un aspecto o un sabor un poco diferentes entre sí, pero todos tienen el mismo propósito: justificar la fe cristiana.

El método apologético tiene cuatro campos básicos: la apologética clásica, el evidencialismo, el presuposicionalismo y el fideísmo (aunque la mayoría clasificaría el fideísmo más bien como anti o no apologético). Un quinto campo trata de emplear los puntos fuertes de todos los métodos o al menos de los tres

> *Las diferencias en la metodología se distinguen en gran medida por los tipos de argumentos que enfatizan.*

primeros. Cada uno de estos métodos se desarrolló en diferentes momentos y en respuesta a diferentes circunstancias, retos y oportunidades. Aunque estas denominaciones formales marcan una línea divisoria entre los distintos enfoques, es justo decir que la mayoría de los apologistas probablemente no se sitúen exclusivamente en un campo. A menudo se inclinan por uno de ellos, pero también se inspiran en otros.

Apologética clásica

El énfasis de la apologética clásica está en la razón. La solidez lógica y la coherencia interna del cristianismo se explotan en este método. Como resultado, se elaboran pruebas y se dan evidencias que demuestran la veracidad

del cristianismo y la irracionalidad de las visiones del mundo en competencia.

El énfasis de la apologética clásica está en la razón.

Según el apologista clásico Norman L. Geisler, «si ninguna prueba de la verdad es suficiente, entonces la verdad no puede establecerse ni probarse; y si la verdad no puede establecerse, entonces el apologista cristiano está fuera del negocio».[1] Estas pruebas y evidencias adoptan muchas formas, pero la mayoría de las veces son de naturaleza filosófica. Kenneth D. Boa y Robert M. Bowman Jr. señalan que «los apologistas clásicos ponen gran énfasis en los ejemplos de argumentación apologética que se encuentran en el Nuevo Testamento (especialmente el discurso apologético de Pablo en Atenas en Hechos 17)».[2] Los argumentos cosmológicos y teleológicos son básicos en la argumentación del apologista clásico.

El método clásico se llama así porque tiene sus raíces en el siglo II y en los primeros apologistas. Como tal, ha sido el enfoque más extendido en la apologética, aunque su popularidad ha disminuido un poco en los últimos tiempos, sobre todo entre los que tienen una teología reformada. Los apologistas clásicos cuentan con Justino Mártir, Tomás de Aquino, B. B. Warfield y C. S. Lewis. Entre los adeptos actuales se encuentran R. C. Sproul, William Lane Craig, Alister McGrath, J. P. Moreland.

Vista del Areópago, o Colina de Marte, desde la Acrópolis. Fue aquí donde Pablo pronunció su apología al pueblo de Atenas. (HolyLandPhotos.org).

Evidencialismo

El evidencialismo, como su nombre indica, se enfoca en la verificación de las afirmaciones cristianas. Si la Biblia ha de ser tomada en serio, sus afirmaciones fácticas deben poder ser investigadas y encontrarse de acuerdo con la historia, la arqueología, la antropología, la geografía y los hallazgos de otras disciplinas relevantes. Los casos evidencialistas se presentan a menudo como casos legales y apelan a los estándares legales de evidencia. Al igual que la apologética clásica, el evidencialismo es un enfoque que se basa en la probabilidad. Se sopesan todos los hechos del asunto y se presentan argumentos para explicar mejor todos los hechos. John Warwick Montgomery lo explica:

> Los historiadores, y de hecho todos nosotros, debemos tomar decisiones constantemente, y la única guía adecuada es la probabilidad, ya que la certeza absoluta solo se encuentra en los ámbitos de la lógica pura y las matemáticas, donde, por definición, no se encuentran cuestiones de hecho en absoluto […]. Si la probabilidad apoya estas afirmaciones […] entonces debemos actuar en nombre de ellas.[3]

Junto con Montgomery, otros importantes defensores de este método son Gary Habermas, Clark Pinnock y Josh McDowell, que es quizá su representante más conocido.

El valor del evidencialismo como herramienta sustancial para defender la fe aumentó en el siglo XIX y principios del XX, cuando la arqueología, en particular, se desarrolló como ciencia y dirigió su atención al mundo mediterráneo y a Oriente Medio. Los hallazgos de manuscritos antiguos contribuyeron enormemente a nuestra capacidad de conocer el texto original de la

El evidencialismo se enfoca en la verificación de las afirmaciones cristianas.

Esta embarcación del siglo I se encontró en la orilla noroeste del mar de Galilea en 1986. Con más de seis metros de largo, podía transportar a unas quince personas. (HolyLandPhotos.org).

Biblia. Las inscripciones recuperadas en las excavaciones arqueológicas corroboraron las afirmaciones históricas de las Escrituras, y se descubrieron las localizaciones de algunos acontecimientos bíblicos. La investigación de la resurrección ha sido de especial interés, por razones obvias. Se siguen haciendo nuevos descubrimientos, que se suman a la riqueza de los hechos a disposición del evidencialista.

Presuposicionalismo

El presuposicionalismo es un método profundamente arraigado en la epistemología, nuestra teoría del conocimiento, o cómo podemos saber lo que sabemos. En lugar de argumentar a partir de evidencias o de las pruebas filosóficas tradicionales del cristianismo, los presuposicionalistas emplean argumentos trascendentales para exponer sus argumentos. Un argumento trascendental es un argumento deductivo que busca explicar las condiciones necesarias para algún hecho o fenómeno. Las premisas de un argumento trascendental afirman

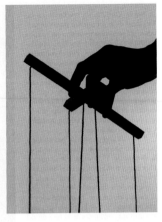

Según el presuposicionalismo, no puede haber razón o lógica aparte de Dios.

la existencia de ese hecho y la conclusión especifica lo que debe ser el caso para que ese hecho o fenómeno exista.

Los presuposicionalistas se preocupan más por lo que hace que la evidencia sea evidente y por lo que hace que la razón sea razonable. Como el Dios de la Biblia es el creador de todas las cosas, sabemos que no es la fuente solo de todas las cosas físicas, sino también de todas las leyes, ya sean leyes científicas, morales o lógicas. Por lo tanto, no puede haber razón o lógica, por ejemplo, aparte de Dios.

De hecho, según Cornelius Van Til:

> La mejor y única prueba posible de la existencia de tal Dios es que Su existencia es necesaria para la uniformidad de la naturaleza y para la coherencia de todas las cosas en el mundo […]. Por lo tanto, hay una prueba absolutamente cierta de la existencia de Dios y de la verdad del teísmo cristiano.[4]

No puede haber ningún hecho que no apunte en última instancia a Dios.

Greg Bahnsen lo expresa así:

> Al analizarla, toda la verdad nos conduce a Cristo. De principio a fin, el razonamiento del hombre sobre cualquier cosa (incluso el razonamiento sobre la propia razón) es ininteligible o incoherente si no se presupone la verdad de las Escrituras cristianas. Cualquier posición contraria a la cristiana, por tanto, debe ser vista como filosóficamente imposible. No puede justificar sus creencias ni ofrecer una visión del mundo cuyos diversos elementos sean compatibles entre sí […]. En resumen, la apologética presuposicional defiende la verdad del cristianismo desde la «imposibilidad de lo contrario».[5]

Según Van Til, «la revelación en las Escrituras debe ser nuestro punto de partida».[6] El presuposicionalismo no rechaza en absoluto los argumentos filosóficos clásicos ni las evidencias. Por el contrario, proporciona una base que da sentido a los otros enfoques y muestra cómo las cosmovisiones que compiten entre sí tienen una base insuficiente. Bahnsen afirma que «el presuposicionalismo de Van Til pretende explícitamente proporcionar una prueba racional y objetiva de la verdad ineludible y cierta del cristianismo».[7]

Van Til fue el pionero de esta apologética y comenzó a desarrollar su enfoque en la década de 1920 como estudiante en Princeton y como profesor en el Seminario Westminster de Filadelfia. Su influencia en el mundo de la teología reformada en particular ha sido enorme. Es considerado por muchos como uno de los pensadores apologéticos más originales de la historia del cristianismo y uno de los más importantes del siglo XX. Junto con Bahnsen, entre los alumnos de Van Til se encuentran John Frame y Francis Schaeffer.[8] El filósofo

Martín Lutero

Alvin Plantinga también es un defensor del método presuposicional, aunque no es estrictamente Van Tiliano.

Fideísmo

En agudo contraste con estos tres métodos, el fideísmo rechaza la razón, la evidencia y los argumentos trascendentales como medios suficientes para justificar la fe cristiana (*fide* es «fe» en latín). La fe, y solo la fe, es la única forma adecuada de entender la verdad del cristianismo. Boa y Bowman afirman que «los fideístas responden a los desafíos apologéticos explicando por qué la razón es incompetente para dar una respuesta satisfactoria y mostrando después que la fe proporciona una forma de abordar el problema».[9] Para el fideísta, el razonamiento es una búsqueda estrictamente intelectual que alcanza sus límites cuando intenta abordar las cosas de Dios. Un sermón de Martín Lutero sobre el Evangelio de Juan lo ilustra bien:

> *Según el fideísmo, la fe y solo la fe es la única forma adecuada de entender la verdad del cristianismo.*

Cualquier intento de entender y comprender tales afirmaciones con la razón y el entendimiento humano no servirá de nada, porque nada de esto tiene su origen en la razón: que había una Palabra en Dios antes de la creación del mundo, y que esta Palabra era Dios; que, como dice Juan más adelante, esta misma Palabra, el Unigénito del Padre, lleno de gracia y de verdad, reposó en el seno o corazón del Padre y se hizo carne; y que nadie más había visto o conocido a Dios, porque la Palabra, que es el Hijo unigénito de Dios, reposó en el seno del Padre y nos lo reveló. Solo la fe puede comprender esto. Quien se niegue a aceptarlo con fe, a creerlo antes de comprenderlo, sino que insista en explorarlo con su razón y sus cinco sentidos, que persista en ello si quiere. Pero nuestra mente nunca dominará esta doctrina; es demasiado elevada para nuestra razón.[10]

En otra parte del sermón, Lutero dice que el conocimiento de Dios «es tan imposible de comprender por la razón como inaccesible al tacto de la mano».[11]

Søren Kierkegaard estuvo de acuerdo y declaró: «La razón ha acercado a Dios lo más posible, y sin embargo está tan lejos como siempre».[12] En tiempos más recientes, Karl Barth, un hombre que a menudo es nombrado como el teólogo más importante del siglo XX, abrazó el fideísmo.

> «La razón ha acercado a Dios lo más posible, y sin embargo está tan lejos como siempre».
> —Søren Kierkegaard

Interacción y crítica

La forma en que estas diferentes escuelas de pensamiento se ven entre sí es una buena manera de entender sus puntos fuertes y débiles. Porque, así como cada método enfatiza diferentes aspectos, cada uno es también crítico del énfasis de los otros en algún grado (las excepciones son la apologética clásica y el evidencialismo; no se critican el uno al otro). Es necesario examinar su interacción para evaluar adecuadamente cada enfoque. También hay que recordar que se trata de una disputa familiar que puede ser apasionada, pero que nunca debe ser contenciosa.

Los apologistas clásicos, los evidencialistas y los presuposicionalistas rechazan el fideísmo como una apologética legítima, ya que lo consideran una declaración irracional de la verdad que no se apoya en argumentos. Existe un enorme abismo ideológico que aísla al fideísmo de los demás enfoques. Una de las principales discusiones en el mundo de la apologética es sobre la naturaleza del presuposicionalismo: ¿a qué lado del abismo pertenece? Los apologistas clásicos y evidenciales critican a los presuposicionalistas por argumentar en círculo. Señalan que el presuposicionalismo asume que Dios existe para demostrar que existe.

> Así como cada método enfatiza diferentes aspectos, cada uno es también crítico del énfasis de los otros en algún grado.

Por lo tanto, dicen, el enfoque presuposicional equivale a poco más que una proclamación, una forma de fideísmo. Incluso si no es un fideísmo en toda regla, es un gran paso en una pendiente resbaladiza hacia el fideísmo. Algunos apologistas clásicos han llegado a afirmar que «los principios presuposicionales, aplicados de forma coherente, socavan la propia religión cristiana».[13]

Los presuposicionalistas dan una respuesta de lo más inesperada al admitir un razonamiento circular. Van Til escribió: «Admitir las propias presuposiciones y señalar las de los demás es, por tanto, sostener que todo razonamiento es, por naturaleza, un razonamiento circular. El punto de partida, el método y la conclusión están siempre implicados el uno en el otro».[14]

John Frame señala: «No se puede cuestionar la lógica sin presuponerla; no se puede argumentar contra la primacía de la lógica sin presuponerla como primaria».[15]

Dado que todos los argumentos son, en última instancia, circulares, el asunto se convierte en una cuestión del fundamento. ¿Qué hace que el punto de partida de uno sea el punto de partida? Y en esta cuestión el presuposicionalismo encuentra una gran fuerza. El presuposicionalismo comienza con la presuposición de Dios, porque si Dios es el autor de toda la creación, como dice la Biblia, entonces todo -incluida la propia razón- se basa en su persona.

PUNTO DE PARTIDA

METODOLOGÍA

RAZONAMIENTO

CONCLUSIÓN

En otras palabras, lo que hace que la razón sea razonable es que se basa en el carácter ordenado de Dios, al igual que la moral se basa en el carácter bueno de Dios. Por lo tanto, el punto de partida de nuestra capacidad para conocer cualquier cosa debe ser Dios, y la razón es el primer paso desde el punto de partida de nuestro pensamiento. Los clasicistas y los evidencialistas comienzan con la razón, no con Dios. Los presuposicionalistas critican fuertemente este enfoque. Después de todo, ¿qué razón tienen para usar la razón? Los presuposicionalistas acusan a los clasicistas y a los evidencialistas de tratar la razón como si fuera una norma independiente y objetiva

fuera de Dios. Pero si queremos tener una apologética bíblica robusta, entonces tales estándares independientes deben ser rechazados. El objetivo de Van Til era tener un método apologético implacablemente bíblico.

Los presuposicionalistas no rechazan la razón como una herramienta apologética apropiada, como hacen los fideístas. Más bien, su argumento es extremadamente razonable, dado que enfatiza

Dado que todos los argumentos son, en última instancia, circulares, el asunto se convierte en una cuestión del fundamento.

el fundamento de la razón. Este fundamento necesario justifica la posición de Van Til: «La única «prueba» de la posición cristiana es que, a menos que se presuponga su verdad, no hay posibilidad de «probar» nada en absoluto».[16] Hacer lo contrario es actuar de forma autónoma, sin Dios. A Van Til le gustaba ilustrar este concepto con una escena que vio una vez en un tren:

> Una niña pequeña estaba sentada en el regazo de su padre y le abofeteaba juguetonamente la cara. Solo podía darle una bofetada porque él le permitía sentarse en su regazo; ella no era capaz de hacerlo por sí misma. Tuvo que ser apoyada por él para poder abofetearlo. Dios es como el padre y el pensamiento incrédulo es como la niña. Utiliza la razón para atacar la fuente de la razón. Opera con capital prestado, por así decirlo.

Los presuposicionalistas sostienen que los apologistas clásicos y los evidencialistas son culpables de este mismo enfoque autónomo en cierto grado y, por lo tanto, rechazan sus enfoques por consentir al pensamiento incrédulo.

Los apologistas clásicos y los evidencialistas responden a esta acusación con una simple pregunta: en el presuposicionalismo, ¿quién presupone? ¿No es el acto de presuponer un acto autónomo en sí mismo lo que el presuposicionalismo rechaza?[17] Los presuposicionalistas dirían que el acto está justificado porque calibra y fundamenta nuestra epistemología correctamente, en el Dios de la Biblia. Los apologistas clásicos y los evidencialistas no compran esta excusa y ven una falla atroz en el método.

En el presuposicionalismo, ¿quién presupone?

Cuando se trata de evidencias y pruebas filosóficas, el resultado siempre se expresa en un grado de probabilidad.

También está en cuestión el lenguaje de la probabilidad. Cuando se trata de evidencias y pruebas filosóficas, el resultado siempre se expresa en un grado de probabilidad. No importa cuán alto sea el grado de probabilidad, el presuposicionalista, en general, se opone. Como el método presuposicional emplea un argumento trascendental (un argumento basado en la imposibilidad de lo contrario), habla en el lenguaje de la certeza. La

probabilidad, según el punto de vista presuposicionalista, siempre da una excusa a los
que se niegan a creer porque siempre hay
una posibilidad de que la prueba sea
errónea.

Algunos presuposicionalistas, como
Bahnsen, aprovechan esta oportunidad para
darle la vuelta a la tortilla a los apologistas
y evidencialistas clásicos, afirmando que su
punto de vista está más cerca del fideísmo
que del presuposicionalismo.[18] Esta posición

se basa en el hecho de que las pruebas y las
evidencias solo pueden ofrecer probabilidad. En algún momento, llegan a su límite de poder
explicativo y de persuasión, que está lejos de la marca de la existencia cierta del Dios de la
Biblia. Entonces, ¿cómo se puede salvar la brecha? Al parecer, mediante un salto de fe, algo
que los apologistas clásicos y los evidencialistas evitan. Los apologistas clásicos y los evidencialistas sin duda se oponen a esta caracterización, al igual que los presuposicionalistas cuando se
los llama de esta manera.

Apologética integradora

Como se ha señalado al principio de este capítulo, la mayoría de los apologistas no caen estrictamente en un campo u otro. Sin embargo, hay algunos que se inspiran conscientemente en los
puntos fuertes de todos los enfoques. La idea es dejar que las preocupaciones de cada persona

impulsen el método que se utiliza, en lugar de aplicar un método particular de apologética a todos los encuentros. Como tal, no hay un método formal en el enfoque integrador. Esto lo expresa muy bien Francis Schaeffer:

> No creo que haya un sistema de apologética que satisfaga la necesidad de toda la gente, como tampoco creo que haya una forma de evangelización que satisfaga la necesidad de toda la gente. Se ha de configurar sobre la base del amor a la persona como persona.[19]

Más recientemente, en su libro *Faith Has Its Reasons* [La fe tiene sus razones], Boa y Bowman abogan por un enfoque integrador y examinan las formas en que puede lograrse. Concluyen:

> Al igual que los cuatro Evangelios presentan retratos complementarios de Jesucristo, los cuatro enfoques destacan verdades complementarias sobre Jesús que pueden utilizarse para persuadir a la gente a creer.[20]

Conclusión

Al final, cada apologista desarrolla su propio método según las necesidades que siente y las que ve en los que lo rodean. El modo en que se desarrolla ese método, lo que enfatiza y cómo se articula varía de un apologista a otro. Pero al final, el objetivo es el mismo para todos: dar una respuesta a los que preguntan y ser luz y sal en un mundo oscuro y decadente.

> *Al final, el objetivo es el mismo para todos: dar una respuesta a los que preguntan y ser luz y sal en un mundo oscuro y decadente.*

Cita destacada

> Si estas personas entendieran quién es Dios realmente, Su ira y Su amor, lo que exige y lo que ofrece, derribarían (o deberían derribar) las puertas para adorarlo.[21]
>
> —*John M. Frame*

Notes

1. Norman L. Geisler, *Christian Apologetics* [Apologética cristiana] (Grand Rapids: Baker, 1976), 141.
2. Kenneth D. Boa y Robert M. Bowman Jr., *Faith Has Its Reasons* [La fe tiene sus razones] (Colorado Springs: NavPress, 2001), 71.
3. John Warwick Montgomery, *History, Law and Christianity* [Historia, ley y cristianismo] (Edmonton, AB: Canadian Institute for Law, Theology & Public Policy, 2002), 64.
4. Greg L. Bahnsen, *Van Til's Apologetics* [Apologética de Van Til] (Phillipsburg, NJ: Presbyterian & Reformed, 1998), 78. Bahnsen cita *La defensa de la fe* de Van Til.
5. Ibid., 6.
6. Cornelius Van Til, *Christian Apologetics* [Apologética cristiana] (Phillipsburg, NJ: Presbyterian & Reformed, 1976, 2003), 64.
7. Bahnsen, *Van Til's Apologetics*, 76.
8. Frame discrepó en algunas áreas con Van Til y es conocido por un toque ligeramente diferente al presuposicionalismo enseñado por Van Til. Aunque Schaeffer fue alumno de Van Til, no siguió estrictamente el pensamiento de su profesor. Algunos lo consideran un presuposicionalista, pero según su propia declaración, es más correcto clasificarlo como alguien que integra todos los enfoques (excepto el fideísmo).
9. Boa y Bowman, *Faith Has Its Reasons*, 364.
10. Martín Lutero, *Luther's Works* [Las obras de Lutero], vol. 22, *Sermons on the Gospel of St. John* [Sermones sobre el Evangelio de San Juan], ed. Jaroslav Pelikan (San Luis, MO: Concordia House, 1957), 8.

11. Ibid.

12. Soren Kierkegaard, *Philosophical Fragments* [Fragmentos filosóficos], trad. David Swenson y Howard V. Hong (Princeton, NJ: Princeton University Press, 1936, 1974), 57.

13. R. C. Sproul, John Gerstner y Arthur Lindsley, *Classical Apologetics* [Apologética clásica] (Grand Rapids: Zondervan, 1984), 184.

14. Van Til, *Christian Apologetics*, 130.

15. John Frame, *Apologetics to the Glory of God* [Apologética para la gloria de Dios] (Phillipsburg, NJ: Presbyterian & Reformed, 1994), 226.

16. Cornelio Van Til, «My Credo» [«Mi credo»] en *Jerusalem and Athens* [Jerusalén y Atenas], ed. E. R. Geehan (Philadelphia: Presbyterian & Reformed, 1971), 21. Citado por Bahnsen, *Van Til's Apologetics*, 113.

17. Un diálogo ficticio parecido a este entre Van Til y un apologista clásico aparece en Sproul, Gerstner y Lindsley, *Classical Apologetics*, 234–39.

18. Bahnsen, *Van Til's Apologetics*, 77.

19. Francis A. Schaeffer, *The Complete Works of Francis Schaeffer* [La obra completa de Francis Schaeffer], vol. 1, *A Christian View of Philosophy and Culture* [Perspectiva cristiana de la filosofía y la cultura] (Wheaton, IL: Crossway, 1982), 177. This appears in Appendix A to his book The God Who Is There.

20. Boa y Bowman, *Faith Has Its Reasons*, 532.

21. John M. Frame, *Contemporary Worship Music: A Biblical Defense* [Música de adoración contemporánea: Defensa bíblica] (Phillipsburg, NJ: Presbyterian & Reformed, 1997), 95.

LÍNEA DEL TIEMPO DE LOS APOLOGISTAS Y OBRAS IMPORTANTES

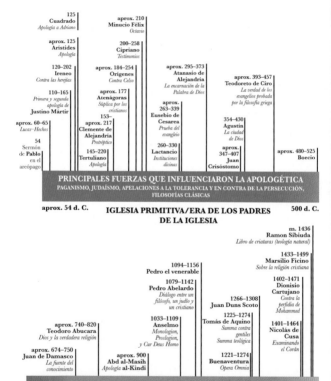

125
Cuadrado
Apología a Adriano

aprox. 210
Minucio Félix
Octavio

aprox. 125
Aristides
Apología

200–258
Cipriano
Testimonios

120–202
Ireneo
Contra las herejías

aprox. 184–254
Orígenes
Contra Celso

aprox. 295–373
Atanasio de Alejandría
La encarnación de la Palabra de Dios

aprox. 393–457
Teodoreto de Ciro
La verdad de los evangelios probada por la filosofía griega

110–165
Primera y segunda apología de
Justino Mártir

aprox. 177
Atenágoras
Súplica por los cristianos

aprox. 263–339
Eusebio de Cesarea
Prueba del evangelio

153–

aprox. 60–65
Lucas-Hechos

aprox. 217
Clemente de Alejandría
Protréptico

354–430
Agustín
La ciudad de Dios

54
Sermón de Pablo en el areópago

145–220
Tertuliano
Apología

260–330
Lactancio
Instituciones divinas

aprox. 347–407
Juan Crisóstomo

aprox. 480–525
Boecio

PRINCIPALES FUERZAS QUE INFLUENCIARON LA APOLOGÉTICA
PAGANISMO, JUDAÍSMO, APELACIONES A LA TOLERANCIA Y EN CONTRA DE LA PERSECUCIÓN, FILOSOFÍAS CLÁSICAS

aprox. 54 d. C.

IGLESIA PRIMITIVA/ERA DE LOS PADRES DE LA IGLESIA

500 d. C.

m. 1436
Ramon Sibiuda
Libro de criaturas (teología natural)

1433–1499
Marsilio Ficino
Sobre la religión cristiana

1094–1156
Pedro el venerable

1402–1471
Dionisio Cartujano
Contra la perfidia de Mohammed

1079–1142
Pedro Abelardo
Diálogo entre un filósofo, un judío y un cristiano

1266–1308
Juan Duns Scoto

1033–1109
Anselmo
Monologion, Proslogion, y Cur Deus Homo

1225–1274
Tomás de Aquino
Summa contra gentiles
Summa teológica

1401–1464
Nicolás de Cusa
Examinando el Corán

aprox. 740–820
Teodoro Abucara
Dios y la verdadera religión

aprox. 674–750
Juan de Damasco
La fuente del conocimiento

aprox. 900
Abd al-Masih
Apología al-Kindi

1221–1274
Buenaventura
Opera Omnia

PRINCIPALES FUERZAS QUE INFLUENCIARON LA APOLOGÉTICA
ISLAM, JUDAÍSMO, ESCOLÁSTICA, OTRAS HERENCIAS CULTURALES

500 d. C.

EDAD MEDIA

1500 d. C.

**1718–1790
Nicolás
Sylvestre
Bergier**
*La certeza
de las pruebas
del cristianismo*

**1710–1796
Thomas Reid**
*Investigación
en la mente humana*

**1632–1704
John Locke**
*El raciocinio del cristianismo
mostrado en las Escrituras*

**1692–1752
Joseph Butler**
*La analogía de la religión, natural
y revelada, con la constitución
y el curso de la naturaleza*

**1627–1705
John Ray**
*La sabiduría de
Dios en la creación*

**1549–1623
Philippe de Mornay**
*Sobre la verdad de
la religión cristiana*

**1686–1742
Claude François
Alexandre Houtteville**
*La religión cristiana
probada por los hechos*

**1627–1691
Robert Boyle**
*El cristiano
virtuoso*

**1509–1564
Juan Calvino**
*Institutos de la
religión cristiana*

**1685–1753
Obispo George Berkeley**
Minuto filósofo

**1623–1662
Blaise Pascal**
Pensés

**1596–1650
René Descartes**
Meditaciones

**1675–1729
Samuel Clarke**
*Las obligaciones
inmutables
de la religión natural
y la verdad y certeza
de la revelación cristiana*

**1743–1805
William Paley**
*Teología natural,
una visión de las
evidencias del
cristianismo*

**1483–1546
Martin
Lutero**

**1583–1645
Hugo Grocio**
*La verdad de la
religión cristiana*

PRINCIPALES FUERZAS QUE INFLUENCIARON LA APOLOGÉTICA
REFORMA PROTESTANTE, HUMANISMO, EL SURGIMIENTO DE LA CIENCIA

1500 d. C.   **REFORMA/RENACIMIENTO/ILUMINACIÓN**   **1750 d. C.**

LÍNEA DEL TIEMPO DE LOS APOLOGISTAS Y OBRAS IMPORTANTES

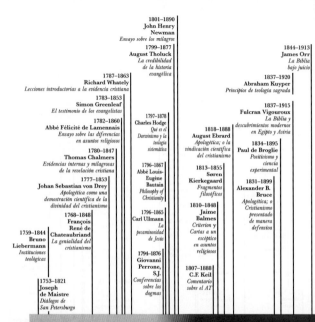

1801–1890
John Henry Newman
Ensayo sobre los milagros

1799–1877
August Tholuck
La credibilidad de la historia evangélica

1844–1913
James Orr
La Biblia bajo juicio

1787–1863
Richard Whately
Lecciones introductorias a la evidencia cristiana

1837–1920
Abraham Kuyper
Principios de teología sagrada

1783–1853
Simon Greenleaf
El testimonio de los evangelistas

1797–1878
Charles Hodge
Qué es el Darwinismo y la teología sistemática

1837–1915
Fulcran Vigouroux
La Biblia y descubrimientos modernos en Egipto y Asiria

1782–1860
Abbé Félicité de Lamennais
Ensayo sobre las diferencias en asuntos religiosos

1818–1888
August Ebrard
Apológetica; o la vindicación científica del cristianismo

1834–1895
Paul de Broglie
Positivismo y ciencia experimental

1780–1847
Thomas Chalmers
Evidencias internas y milagrosas de la revelación cristiana

1796–1867
Abbé Louis-Eugène Bautain
Philosophy of Christianity

1813–1855
Søren Kierkegaard
Fragmentos filosóficos

1831–1899
Alexander B. Bruce
Apológetica; o Cristianismo presentado de manera defensiva

1777–1853
Johan Sebastian von Drey
Apológetica como una demostración científica de la divinidad del cristianismo

1768–1848
François René de Chateaubriand
La genialidad del cristianismo

1796–1865
Carl Ullmann
La pecaminosidad de Jesús

1810–1848
Jaime Balmes
Criterion y Cartas a un escéptico en asuntos religiosos

1759–1844
Bruno Liebermann
Instituciones teológicas

1794–1876
Giovanni Perrone, S.J.
Conferencias sobre los dogmas

1807–1888
C.F. Keil
Comentario sobre el AT

1753–1821
Joseph de Maistre
Diálogos de San Petersburgo

PRINCIPALES FUERZAS QUE INFLUENCIARON LA APOLOGÉTICA
HUMANISMO, DARWINISMO, AVANCES CIENTÍFICOS Y EL DESARROLLO
DE LA ARQUEOLOGÍA Y MÉTODOS HISTÓRICOS

1750 d. C.   **SIGLO XIX**   **1850 d. C.**

LÍNEA DEL TIEMPO DE LOS APOLOGISTAS Y OBRAS IMPORTANTES

SIGLO XX

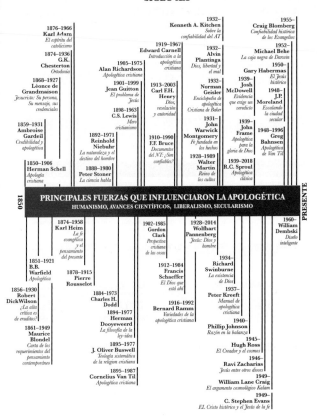

1876–1966
Karl Adam
El espíritu del catolicismo

1874–1936
G.K. Chesterton
Ortodoxia

1868–1927
Léonce de Grandmaison
Jesucristo: Su persona, Su mensaje, sus credenciales

1859–1931
Ambroise Gardeil
Credibilidad y apologética

1850–1906
Herman Schell
Apología cristiana

1905–1975
Alan Richardson
Apologética cristiana

1901–1999
Jean Guitton
El problema de Jesús

1898–1963
C.S. Lewis
Mero cristianismo

1892–1971
Reinhold Niebuhr
La naturaleza y el destino del hombre

1888–1980
Peter Stoner
La ciencia habla

1932–
Kenneth A. Kitchen
Sobre la confiabilidad del AT

1919–1967
Edward Carnell
Introducción a la apologética cristiana

1913–2003
Carl F.H. Henry
Dios, revelación y autoridad

1910–1990
F.F. Bruce
Documentos del NT: ¿Son confiables?

1932–
Alvin Plantinga
Dios, libertad y el mal

1932–
Norman Geisler
Enciclopedia de apologética Cristiana de Baker

1931–
John Warwick Montgomery
Fe fundada en los hechos

1928–1989
Walter Martin
Reino de los cultos

1955–
Craig Blomberg
Confiabilidad histórica de los Evangelios

1952–
Michael Behe
La caja negra de Darwin

1950–
Gary Habermas
El Jesús histórico

1948–
Josh McDowell
Evidencia que exige un veredicto

1948–
J.P. Moreland
Escalando la ciudad secular

1939–
John Frame
Apologética para la gloria de Dios

1948–1996
Greg Bahnsen
Apologética de Van Til

1939–2018
R.C. Sproul
Apologética clásica

PRESENTE

1850

PRINCIPALES FUERZAS QUE INFLUENCIARON LA APOLOGÉTICA
HUMANISMO, AVANCES CIENTÍFICOS, LIBERALISMO, SECULARISMO

1874–1958
Karl Heim
La fe evangélica y el pensamiento del presente

1851–1921
B.B. Warfield
Apologética

1856–1930
Robert DickWilson
¿La alta crítica es de eruditos?

1861–1949
Maurice Blondel
Carta de los requerimientos del pensamiento contemporáneo

1878–1915
Pierre Rousselot

1884–1973
Charles H. Dodd

1894–1977
Herman Dooyeweerd
La filosofía de la ley-idea

1895–1977
J. Oliver Buswell
Teología sistemática de la religión cristiana

1895–1987
Cornelius Van Til
Apologética cristiana

1902–1985
Gordon Clark
Perspectiva cristiana de las cosas

1912–1984
Francis Schaeffer
El Dios que está ahí

1916–1992
Bernard Ramm
Variedades de la apologética cristiana

1928–2014
Wolfhart Pannenberg
Jesús: Dios y hombre

1934–
Richard Swinburne
La existencia de Dios

1937–
Peter Kreeft
Manual de apologética cristiana

1940–
Phillip Johnson
Razón en la balanza

1945–
Hugh Ross
El Creador y el cosmos

1946–
Ravi Zacharias
Jesús entre otros dioses

1949–
William Lane Craig
El argumento cosmológico Kalam

1949–
C. Stephen Evans
El Cristo histórico y el Jesús de la fe

1960–
William Dembski
Diseño inteligente

Bibliografía: Avery Dulles, A History of Christian Apologetics, (Corpus Instrumentorum, 1971;
San Francisco: Ignatius Press, 2005).

Kenneth D. Boa y Robert M. Bowman, JR., Faith Has Its Reasons, (Colorado Springs: Navpress, 2001).

HALLAZGOS ARQUEOLÓGICOS IMPORTANTES DEL ANTIGUO TESTAMENTO

DESCUBRIMIENTO	CUÁNDO Y DÓNDE	IMPORTANCIA
Rollos del Mar Muerto	1947-56, Qumrán, Israel	Proporcionó nuestras copias más antiguas de casi todos los libros del Antiguo Testamento y confirmó la fiabilidad del proceso de transmisión.
Prisma de Taylor	1830, Nínive, Iraq	Corrobora las campañas de Senaquerib encontradas en 2 Rey. 18:13-19:37; 2 Crón. 32:1-12; Isa. 36:1-37:38.
Inscripciones de la Casa de David	1993-4, Tel Dan, Israel	Primera mención fuera de la Biblia del rey David, al que algunos estudiosos han considerado un personaje de ficción.
Cilindro de Nabónido	1854, Ur, Iraq	Corrobora que Belsasar fue el último rey de Babilonia, tal y como se registra en Dan. 5:1-30; 7:1; 8:1.
Inscripciones de Sargón	1843, Khorsabad, Iraq	Confirma la existencia de Sargón, rey de Asiria, Isa. 20:1; así como su conquista de Samaria 2 Rey. 17:23-24).
Inscripciones de Tiglath-Pileser III	1845-9, Nimrud, Iraq	Corrobora 2 Rey. 15:29
Cilindro de Ciro	1879, Babilonia, Iraq	Contiene un decreto de Ciro que corrobora Esd. 1:1-3; 6:3; 2 Crón. 36:23; Isa. 44:28.
Obelisco negro de Salmanasar	1846, Nimrud, Iraq	Representa a Jehú, hijo de Omri, la imagen más antigua conocida de un israelita.
Piedra moabita	1868, Palestina	Corrobora 2 Rey. 3
Amuletos de Ketef Hinnom	1779, Jerusalén	Contienen el texto hebreo de Núm. 6:24-26 y Deut.9:7. Se trata del caso más antiguo hasta la fecha del texto hebreo del AntiguoTestamento, del siglo VII al VI a. C.
Sello de Baruc	Principios-mediados de los años 70, Jerusalén	Contiene la frase «perteneciente a Baruc hijo de Nerías», escriba de Jeremías, siglo VI a. C.
Epopeya de Gilgamesh	1853, Nínive, Iraq	Primer hallazgo extrabíblico que parece hacer referencia al gran diluvio de Gén. 7-8.
Prisma de Weld-Blundell	1922, Babilonia, Iraq	Contiene una lista de reyes sumerios que gobernaron antes y después del diluvio; a los reyes anteriores al diluvio se les atribuye una enorme duración de vida que recuerda, aunque mayor, a la de los habitantes de la Biblia anteriores al diluvio.
Inscripción de Siloé	1880, Jerusalén	Uno de los pocos escritos hebreos antiguos que se conservan del siglo VIII a. C. o antes.
Sello de Gedaliah	1935, Laquis, Israel	Corrobora 2 Reyes 25:22.

BIBLIOGRAFÍA

E.M. Blaiklock y R.K. Harrison, *The New International Dictionary of Biblical Archaeology*, (Grand Rapids: Zondervan, 1983).

Walter C. Kaiser Jr., «Top 15 Finds from Biblical Archaeology,» *Contact*, Winter 2005–2006.

Josh McDowell, *Evidence that Demands a Verdict*, (San Bernadino: Here's Life, 1972, 1979).

Randal Price, *Secrets of the Dead Sea Scroll*, (Eugene, OR.: Harvest House, 1996).

Hershel Shanks, *Understanding the Dead Sea Scrolls*, (Nueva York: Random House, 1992).

Keith N. Schoville, «Top Ten Archaeological Discoveries of the Twentieth Century Relating to the Biblical World,» http://biblicalstudies.info

Merrill F. Unger, *Archaeology and the Old Testament*, (Grand Rapids: Zondervan, 1954, 1975).

Howard F. Vos, *Archaeology in Bible Lands*, (Chicago: Moody Press, 1977, 1982).

HALLAZGOS ARQUEOLÓGICOS IMPORTANTES DEL NUEVO TESTAMENTO

DESCUBRIMIENTO	CUÁNDO Y DÓNDE	IMPORTANCIA
La inscripción de la piedra de Pilato	1961, Cesarea Marítima	Confirmó la existencia y el cargo de Pilato
La inscripción de Delfos, o Galio	1905	Fijó la fecha del proconsulado de Galio en el año 51-52 d. C., proporcionando una forma de fechar Hech. 18:12-17, y como resultado, gran parte del resto del ministerio de Pablo
Osario de Caifás	1990, cerca de Jerusalén	Confirmó la existencia de Caifás Sergio
Inscripción de Paulo	1877, Pafos, Chipre	Confirma la existencia de Sergio Paulo, procónsul de Chipre que se reunió con Pablo y Bernabé en Hech. 13:7
Estanque de Siloé	2004, Jerusalén	Lugar del milagro de Jesús registrado en Juan 9:1-11
Esqueleto de Yohanan	1968, Jerusalén	Únicos restos conocidos de una víctima de la crucifixión; corroboran la descripción bíblica de la crucifixión
Papiro Rylands P52	1920	El manuscrito más antiguo del Nuevo Testamento, un pequeño fragmento del Evangelio de Juan fechado por los papirólogos en el año 125 d. C.
Papiro Bodmer II 1952, Pabau, Egipto	1952, Pabau, Egipto	Contiene la mayor parte del Evangelio de Juan y data de 150-200 d. C.
Papiro Magdalena	1901, Luxor, Egipto	Contiene fragmentos de Mateo y se ha datado como anterior al año 70 d. C., aunque se discute la fecha.
Papiros Chester Beatty	Adquiridos en 1931-35, El Cairo, Egipto	Tres papiros del año 200 d. C. que contienen la mayor parte del Nuevo Testamento
Codex Vaticanus	El más antiguo de la Biblioteca del Vaticano	Data de 325-50 d. C. y contiene un inventario bíblico casi completo (1481)
Codex Sinaiticus	1859, Monte Sinaí, Egipto	Códice que contiene el Nuevo Testamento casi completo y más de la mitad del Antiguo Testamento (los libros del principio de la Biblia parecen haberse perdido por daños), fechado en el año 350 d. C.
7Q5	1955, Qumran, Israel	Posible fragmento de Marcos que puede fecharse como máximo en el año 68 d. C., lo que lo convertiría en el fragmento más antiguo del Nuevo Testamento si se confirma.
Barca de Galilea	1986, cerca de Tiberíades, Israel	La barca, de 30' × 8', tenía capacidad para unos 15 pasajeros y sería como las barcas que utilizaron los discípulos de Jesús para cruzar el Mar de Galilea. La datación por carbono 14 sitúa la barca entre el 120 a.C. y el 40 d.C.

BIBLIOGRAFÍA

Craig Blomberg, «The Historical Reliability of the New Testament,» en William Lane Craig, *Reasonable Faith*, (Wheaton: Crossway, 1994).

Norman Geisler, *Christian Apologetics*, (Grand Rapids: Baker, 1976).

Gary Habermas, *The Historical Jesus*, (Joplin, MO: College Press, 1996).

Walter C. Kaiser Jr., «Top 15 Finds from Biblical Archaeology,» *Contact*, Winter 2005–2006.

Josh McDowell, *Evidence that Demands a Verdict*, (San Bernadino: Here's Life, 1972, 1979).

Bruce M. Metzger, *The New Testament, Its Background, Growth, and Content*, (Nashville: Abingdon, 1965, 1983).

Randal Price, *Secrets of the Dead Sea Scroll*, (Eugene, OR: Harvest House, 1996).

Keith N. Schoville, «Top Ten Archaeological Discoveries of the Twentieth Century Relating to the Biblical World,» http://biblicalstudies.info

Richard N. Soulen, *Handbook of Biblical Criticism*, (Atlanta: John Knox, 1976, 1982).

AUTORIDAD DE LOS MANUSCRITOS DEL NUEVO TESTAMENTO EN COMPARACIÓN CON OTRAS OBRAS CLÁSICAS

NÚMERO DE ORIGINALES

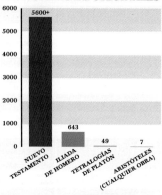

LAPSO DE TIEMPO

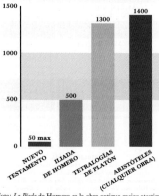

Nota: *La Ilíada* de Homero es la obra antigua mejor atestiguada después del Nuevo Testamento. Platón y Aristóteles se utilizan en el gráfico por lo conocidos que son.

Bibliografía: Josh McDowell, *Evidence that Demands a Verdict*, (San Bernadino, CA: Here's Life, 1972, 1992).

NATURALISMO VS. TEÍSMO: ¿QUÉ CONTEXTO EXPLICA MEJOR LOS FENÓMENOS QUE OBSERVAMOS?

FENÓMENO QUE OBSERVAMOS	CONTEXTO TEÍSTA	CONTEXTO NATURALISTA
La conciencia de uno mismo existe.	Dios es supremamente consciente de sí mismo.	El universo fue producido por procesos sin mente y sin conciencia.
Los seres personales existen.	Dios es un Ser personal.	El universo fue producido por procesos impersonales.
Creemos que tomamos decisiones/elecciones personales libres, asumiendo que los humanos son responsables de sus acciones.	Dios es espíritu y un Ser libre, que puede elegir libremente actuar (por ejemplo, crear o no).	Hemos surgido por procesos y fuerzas materiales y deterministas que escapan a nuestro control.
Las cualidades secundarias (colores, olores, sonidos, sabores, texturas) existen en todo el mundo.	Dios es alegre, y las cualidades secundarias hacen que el mundo sea placentero y alegre para sus criaturas.	El universo se produjo a partir de partículas y procesos incoloros, inodoros, insonoros, insípidos y sin textura.
Confiamos en que nuestros sentidos y facultades racionales son generalmente fiables para producir creencias verdaderas.	Existe un Dios de verdad y racionalidad.	Debido a nuestro impulso por sobrevivir y reproducirnos, nuestras creencias solo nos ayudarían a sobrevivir, pero algunas de ellas podrían ser completamente falsas.
Los seres humanos tienen valor/dignidad y derechos intrínsecos.	Dios es el Ser supremamente valioso.	Los seres humanos fueron producidos por procesos sin valor.
Existen valores morales objetivos.	El carácter de Dios es la fuente de la bondad/valores morales.	El universo fue producido por procesos sin valor.
El universo comenzó a existir hace un tiempo finito, sin que existiera previamente materia, energía, espacio o tiempo.	Un Dios poderoso, previamente existente, hizo surgir el universo sin ningún material preexistente. (Aquí, algo emerge de algo.)	El universo surgió de la nada por la nada -o fue, tal vez, autocausado. (Aquí, algo viene de la nada.)
El universo está finamente ajustado para la vida humana (conocido como «el efecto Ricitos de Oro»: el universo es «justo» para la vida).	Dios es un Diseñador sabio e inteligente.	Todas las constantes cósmicas son correctas por casualidad; dado el tiempo suficiente o muchos mundos posibles, finalmente surgió un mundo finamente ajustado.
Surgió la primera forma de vida.	Dios es un Ser vivo y activo.	La vida surgió de algún modo de la materia no viva.
La belleza existe (por ejemplo, no sólo en los paisajes y las puestas de sol, sino también en las teorías científicas «elegantes» o «bellas»).	Dios es bello (Salmo 27:4) y es capaz de crear cosas bellas según su voluntad.	La belleza en el mundo natural es superabundante y en muchos casos superflua (a menudo no está vinculada a la supervivencia).
Tendemos a creer que la vida tiene un propósito y un significado. Para la mayoría de nosotros, la vida vale la pena.	Dios nos ha creado/diseñado para ciertos propósitos (para amarle a él, a los demás, etc.); cuando los vivimos, nuestras vidas encuentran sentido/enriquecimiento.	No hay un propósito cósmico, un plan o un objetivo para la existencia humana.
Los males reales -tanto morales como naturales- existen/tienen lugar en el mundo.	La definición del mal supone un plan de diseño (cómo deberían ser las cosas, pero no lo son) o un estándar de bondad (una corrupción o ausencia de bondad), por el que juzgamos que algo es malo. Dios es un buen Diseñador; su existencia proporciona el contexto moral crucial para dar sentido al mal.	Las atrocidades, el dolor y el sufrimiento simplemente ocurren. Así son las cosas, sin ningún «plan» o norma de bondad a la que deban ajustarse.

COMPARATIVA DE LAS RELIGIONES DEL MUNDO

	DOCTRINA SOBRE DIOS	PREDICAMENTO HUMANO	MÉTODO DE SALVACIÓN	PROPÓSITO SUPREMO
BUDISMO	Esencialmente ateo, el propio Buda no hizo hincapié en los dioses, aunque algunas formas de budismo practican la devoción a deidades específicas; en algunos casos, las «deidades» son Bodhisattvas difuntos –grandes figuras de la historia budista.	Liberarse del sufrimiento entrando en un estado de no existencia (moksha) como ser humano individual (nirvana); dejar de existir como individuo es el objetivo más elevado.	Sigue el «Óctuple camino»: incluye la comprensión correcta, la palabra correcta, el esfuerzo correcto y la atención correcta (meditación y concentración); esto practicado a lo largo de la vida con la intensidad correcta conduce a la eliminación del deseo, que es la clave de la liberación (moksha); hay variaciones en las diferentes tradiciones budistas, pero esta fue la enseñanza de Gautama.	La humanidad se encuentra en estado de sufrimiento; este sufrimiento surge de un deseo, cualquier tipo de deseo, incluso el deseo de cosas buenas; el deseo es la raíz de todos los problemas humanos.
HINDUISMO	Muchos dioses, pero los más importantes son Brahma (la realidad impersonal), Shiva (la muerte y la reproducción), Vishnu (el amor y el juego); los dioses no son soberanos sobre los acontecimientos del mundo, sino que están sujetos a las mismas fuerzas cósmicas que los humanos, como el karma; junto con los dioses comunes reconocidos por la mayoría de los hindúes, muchos lugares tienen sus propias deidades únicas; al mismo tiempo, «Atman (la humanidad) es Brahman (la realidad suprema)» –todo es Uno.	Liberación de la existencia mediante la consecución de la no existencia (moksha) y la entrada en la unidad con el Uno (Brahman) dejando de existir como un ser humano individualizado (nirvana); uno se convierte en una gota de agua que cae en el océano; esto puede lograrse rápidamente para aquellos que alcanzan la iluminación, aunque finalmente será la experiencia de todos.	Comprender el predicamento humano a través de disciplinas como el yoga, la devoción a uno de los dioses (especialmente Shiva), y a través de un destello de conocimiento; el conocimiento trae la liberación del ciclo kármico de la reencarnación (samsara); a menudo, los hombres abandonan a sus familias en sus últimos años para convertirse en ermitaños, trabajando su karma mediante prácticas ascéticas.	El predicamento humano es la propia existencia; la humanidad vive con la ilusión (maya) de percibir el mundo como parece ser y no como realmente es (Brahman, o el Uno); la retribución moral (karma) nos sigue a través de múltiples encarnaciones (samsara).
ISLAM	«No hay más Dios que Alá»; una fe unitaria y monoteísta que considera que Alá determina todos los acontecimientos específicos que ocurren en el mundo; Alá es prácticamente coterráneo de su palabra, parte de la cual se encuentra en el Corán.	Futura resurrección de los justos a la dicha eterna en un Paraíso celestial; todos los placeres físicos a los que no se puede acceder en esta vida estarán disponibles en el Paraíso; los infieles pasan la eternidad en un infierno de lo más tortuoso.	Abrazar los Cinco Pilares (recitación diaria del credo, oración, entrega de limosnas, peregrinación a La Meca, ayuno durante el Ramadán); devoción completa y absoluta a Alá; la salvación final está reservada solo a los musulmanes más diligentes.	Los seres humanos son finitos en contraste con la soberanía infinita de Alá; son necios y necesitan instrucción, que proviene del Corán; también son pecadores, que dicho pecado se ve especialmente en violaciones de los tabúes musulmanes o de las conductas prohibidas y el incumplimiento de la voluntad de Alá a la perfección.

COMPARATIVA DE LAS RELIGIONES DEL MUNDO

	DOCTRINA SOBRE DIOS	PREDICAMENTO HUMANO	MÉTODO DE SALVACIÓN	PROPÓSITO SUPREMO
JUDAÍSMO	«El Señor es Dios, el Señor es Uno»; fe monoteísta en la que Dios es el creador de todas las cosas y el Señor del cielo y la Tierra; el judaísmo contemporáneo (conservador y reformista) tiende a considerar que Dios no ejerce una soberanía dominante sobre el mundo.	Estado futuro de resurrección en un paraíso terrenal centrado en Tierra Santa (ortodoxos); o un estado de felicidad espiritual tras la muerte (reformistas); la mayoría de los judíos no tienen una doctrina clara sobre el castigo eterno, aunque algunos sostienen la aniquilación de los malvados.	Siguen las enseñanzas de la Torá, especialmente en lo que se refiere al sabbat, las leyes alimentarias y los días sagrados (entre los conservadores y los ortodoxos); practican la fe con sus tradiciones; muchos judíos contemporáneos (especialmente en las sinagogas reformistas y conservadoras) son inclusivistas y creen que la salvación puede encontrarse en muchas religiones; el judaísmo cabalístico (misticismo) exige una serie de experiencias espirituales que finalmente permiten ver a Dios.	La humanidad es pecadora, pero no está tan cegada por el pecado que no pueda ser instruida en el camino de la justicia.
CRISTIANISMO	Creencia monoteísta y trinitaria; el Padre, el Hijo y el Espíritu son iguales y eternos y soberanos sobre todo; Dios es amor y también es santo; es trascendente e inmanente, pero nunca depende del mundo; Su verdadera naturaleza se ve más fácilmente en la persona de Su Hijo encarnado, Jesús.	Entrada inmediata en la presencia espiritual de Dios en el momento de la muerte para los creyentes; futura resurrección del cuerpo en la segunda venida de Cristo; cielos nuevos y tierra nueva en un reino eterno de paz y justicia para los creyentes; castigo eterno en el infierno para los finalmente impenitentes.	Recibir el don de la gracia de Dios confiando solo en Jesucristo para la salvación, que Él compró con Su sangre derramada; a esta experiencia inicial de justificación le sigue una vida de comunión con otros cristianos y de fidelidad al Señor.	En su condición natural, los seres humanos están muertos en delitos y pecados; requieren una obra específica del Espíritu Santo para rescatarlos; no pueden ser salvados por su propia bondad y esfuerzos.

COMPARATIVA DE LOS NUEVOS MOVIMIENTOS RELIGIOSOS

	AUTORIDAD	DIOS	HOMBRE	CRISTO	SALVACIÓN	ESPERANZA FUTURA
SUD	La Iglesia de Jesucristo de los Santos de los Últimos Días (mormones) tiene cuatro obras principales (las «Obras Estándar») que son autorizadas: La Biblia (preferentemente la KJV), el Libro de Mormón, Doctrina y Convenios, y La Perla de Gran Precio. Joseph Smith es considerado el profeta de los últimos días que ha restablecido la verdadera iglesia con sus enseñanzas.	Hay muchos dioses y la Trinidad se compone de tres seres separados, dos con cuerpos físicos y uno con un cuerpo espiritual. El Padre es un hombre exaltado al que se le concedió el gobierno de nuestro mundo. Él mismo tiene un padre y una madre y también tiene una esposa. Es el creador de todos los espíritus de los que eventualmente nacerán en la tierra.	La caída de Adán y Eva no fue en realidad un pecado grave, ya que fue muy necesaria para abrir el camino a la perfección. Los humanos cometen pecados, pero pueden superar esa tendencia y vivir vidas que agraden al Padre.	Jesús fue el mayor de los hijos espirituales del Padre antes de nacer en este mundo. Fue concebido mediante la unión física entre el Padre y la virgen María. Fue un hombre que vivió una vida perfecta, se casó y tuvo hijos, y fue exaltado a la divinidad en Su resurrección.	La muerte de Cristo canceló la pena de muerte, pero no compró realmente la salvación. Aunque la gracia juega un papel en la salvación, solo entra en juego después de que hagamos todo lo posible para merecer la vida eterna.	La vida futura se compone de tres reinos, más el infierno, aunque no está claro que muchos, además del diablo y sus ángeles, pasen la eternidad en el infierno. Algunos sostienen que el infierno también incluye a cualquiera que haya rechazado específicamente las enseñanzas SUD, así como a los apóstatas SUD. Los otros reinos incluyen el reino telestial, el reino terrestre, y el reino celestial. Solo el reino celestial es realmente el «cielo», abierto solo a los mormones.
TESTIGOS DE JEHOVÁ	La Traducción del Nuevo Mundo de la Biblia, una traducción producida por la organización TJ, refuerza deliberadamente ciertas creencias doctrinales de la organización. Esta también enseña que no se puede entender la Biblia sin su ayuda.	Dios es unitario, no trinitario, y es creador de la tierra. La doctrina de la Trinidad, según este grupo, es una doctrina satánica.	Los humanos están hechos a imagen y semejanza de Dios, y son una combinación de un cuerpo y la «fuerza vital» dada por Jehová. Los humanos no «tienen» alma como algo distinto del cuerpo, y al morir simplemente se duermen hasta la resurrección.	Antes de hacerse hombre, Jesús era el arcángel Miguel la primera creación de Jehová. Cristo es «un dios», pero no Dios, y en Su vida terrenal fue simplemente un hombre perfecto. Se hizo inmortal en Su resurrección	La muerte de Jesús no pagó el pecado de los humanos, sino que solo abrió el camino a la salvación. La salvación se merece siguiendo las enseñanzas de la organización TJ.	Tres posibles destinos esperan a los seres humanos. Los que finalmente no se arrepientan serán destruidos en el lago de fuego—el infierno es, pues, un destello temporal de castigo tras el cual los malvados dejan de existir. Los redimidos se dividen en dos grupos. El «pequeño rebaño» (144 000) vivirá en el cielo, compartiendo la naturaleza divina de Cristo y, en efecto, convirtiéndose en dioses. Las «otras ovejas» vivirán en una tierra redimida (el Paraíso) para siempre.

COMPARATIVA DE LOS NUEVOS MOVIMIENTOS RELIGIOSOS

	AUTORIDAD	DIOS	HOMBRE	CRISTO	SALVACIÓN	ESPERANZA FUTURA
CIENCIA CRISTIANA	La Biblia es autorizada, pero solo cierto modo la interpreta Mary Baker Eddy, especialmente a través de sus libro Ciencia y salud con clave de las Escrituras.	Dios es la Mente infinita. Dios es el Padre-Madre. La Trinidad es solo una trinidad de atributos, no de personas.	Los seres humanos, como Dios, también son mente. La materia, el pecado, la enfermedad y la muerte son irreales.	«Cristo» es el elemento divino o espiritual de Dios. El hombre Jesús estaba poseído por el espíritu de Cristo. Vino a mostrarnos el camino para alcanzar el espíritu de Cristo por nosotros mismos.	La salvación se obtiene a través de la iluminación de la verdadera naturaleza del ser humano. Todos se salvan finalmente, pero es bueno alcanzar esa iluminación durante su estancia en la tierra.	No hay cielo ni infierno, pero los humanos progresarán incluso después de esta existencia terrenal hacia una forma superior de conciencia espiritual. Solo la mente y el espíritu son buenos y, de hecho, quedará claro que son lo único que realmente existe.
CIENCIOLOGÍA	La autoridad espiritual se encuentra en los escritos de L. Ronald Hubbard, especialmente en Dianética. Hubbard afirmó que las fuentes de este libro incluían varias tradiciones orientales, así como el chamanismo de los nativos americanos.	La cienciología afirma no tener ningún dogma, y que Dios es lo que Dios es para cada persona. Las propias discusiones de Hubbard sobre Dios son esencialmente una combinación de monoteísmo judeocristiano con politeísmo y panteísmo hindú.	Los seres humanos son en parte como Dios, ya que el hombre es en parte Dios. Los humanos son básicamente buenos, con una naturaleza dividida en dos partes: la física y la espiritual. Dentro de cada humano se encuentra un espíritu thetán, un espíritu que tiene ochenta trillones de años, y que sobrevive a la muerte para ser reimplantado dentro de otra persona. El objetivo final es alcanzar esta divinidad por completo.	Jesús juega un papel muy poco importante en la cienciología.	Los humanos están atrapados en una red de reencarnaciones, a la que solo se puede poner fin mediante el proceso de «auditación», una especie de terapia espiritual. Esta terapia les permite eliminar la acumulación de «engramas» que los humanos adquieren a lo largo de cada existencia individual e incluso del conjunto de existencias anteriores. Estos engramas suelen desarrollarse como resultado de los malos tratos recibidos de los padres y de otras personas, y solo pueden eliminarse mediante la auditación.	Cuando uno desarrolla la «claridad» y luego pasa por niveles progresivos de desarrollo, puede alcanzar el verdadero conocimiento de su espíritu thetán, unirse al colectivo thetánico intergaláctico y cesar el ciclo de reencarnación.
WICCA	No hay una escritura común en esta tradición, solo convicciones intuitivas que caracterizan a sus diversos grupos y formas.	La deidad es una polaridad, con un dios masculino con cuernos y una diosa madre. Los wiccanos afirman que esto aporta equilibrio, aunque en realidad muchas mujeres wiccanas rechazan la deidad masculina por considerarla inferior.	Los humanos tienen una divinidad interior que los conecta con Dios/Diosa. Los humanos, y el mundo en general, son extensiones de la esencia de dios (panenteísmo). Todo el mundo es divino.	Jesús desempeña un papel escaso en la mayoría de las tradiciones wiccanas, aunque algunos lo cooptan como partidario, mientras que otros lo ven como un enemigo.	En la Wicca no hay pecado real, por lo que no hay redención real. «Haz lo que quieras si no haces daño a nadie» es un lema principal. La alegría se encuentra en encontrar a Dios en los fenómenos de esta vida, como la comida y el sexo. Las formas predominantemente femeninas suelen ver la masculinidad como el problema del mundo.	

CRONOLOGÍA DE LOS REYES HEBREOS

TEXTO	FECHA (a. C.)	REY	NACIÓN	SINCRONIZACIÓN	DURACIÓN	COMENTARIOS
1 Rey. 12:1-24 1 Rey. 14:21-32	930–913	Roboam	Judá		17 años	
1 Rey. 12:25–14:20	930–909	Jeroboam I	Israel		22 años	
1 Rey. 15:1-8	913–909	Abías	Judá	18 de Jeroboam I	3 años	
1 Rey. 15:9-24	910–869	Asa	Judá	20 de Jeroboam I	41 años	
1 Rey. 15:25-31	909–908	Nadab	Israel	2 de Asa	2 años	
1 Rey. 15:32–16:7	908–886	Basá	Israel	3 de Asa	24 años	
1 Rey. 16:8-14	886–885	Elá	Israel	26 de Asa	2 años	
1 Rey. 16:15-20	885	Zimri	Israel	27 de Asa	7 días	
1 Rey. 16:21-22	885–880	Tibni	Israel	27 de Asa	6 años	Al mismo tiempo que Omri
1 Rey. 16:23-28	885 885–880 880–874 880	Omri	Israel	27 de Asa 31 de Asa	12 años	Hecho rey por el pueblo Al mismo tiempo que Tibni Reinado oficial = 11 años Inicio de reinado como único rey
1 Rey. 16:29–22:40	874–853	Acab	Israel	38 de Asa	22 años	Reinado oficial = 21 años
1 Rey. 22:41-50	872–869 872–848 869 853–848	Josafat	Judá	4 de Acab	25 años	Corregencia con Asa Reinado oficial Inicio de reinado como único rey Joram es corregente
1 Rey. 22:51-2 Rey. 1:18	853–852	Ocozías	Israel	17 de Josafat	2 años	Reinado oficial = 1 año
2 Rey. 1:17 2 Rey. 3:1–8:15	852 852–841	Jorán	Israel	2 de Jorán 18 de Josafat	12 años	Reinado oficial = 11 años
2 Rey. 8:16-24	848 848–841	Jorán	Judá	5 de Jorán	8 años	Inicio de reinado como único rey Reinado oficial = 7 años
2 Rey. 8:25-29 2 Rey. 9:29	841 841	Ocozías	Judá	12 de Jorán 11 de Jorán	1 año	Sin considerar año de toma de poder Considerando año de toma de poder
2 Rey. 9:30–10:36	841–814	Jehú	Israel		28 años	
2 Rey. 11:1-21	841–835	Atalía	Judá		7 años	
2 Rey. 12:1-21	835–796	Joás	Judá	7 de Jehú	40 años	
2 Rey. 13:1-9	814–798	Joacaz	Israel	23 de Joás	17 años	
2 Rey. 13:10-25	798–782	Joás	Israel	37 de Joás	16 años	

CRONOLOGÍA DE LOS REYES HEBREOS

TEXTO	FECHA (a. C.)	REY	NACIÓN	SINCRONIZACIÓN	DURACIÓN	COMENTARIOS
2 Rey. 14:1-22	796–767 792–767 793–782	Amasías	Judá	2 de Joás	29 años	Al mismo tiempo que Azarías Corregencia con Joás
2 Rey. 14:23-29	793–753 782	Jeroboam II	Israel	15 de Amasías	41 años	Rey absoluto Inicio de reinado como único rey
2 Rey. 15:1-7	792–767 792–740 767	Azarías	Judá	27 de Jeroboam II	52 años	Al mismo tiempo que Amasías Rey absoluto Inicio de reinado como único rey
2 Rey. 15:8-12	753	Zacarías	Israel	38 de Azarías	6 meses	
2 Rey. 15:13-15	752	Salún	Israel	39 de Azarías	1 mes	
2 Rey. 15:16-22	752–742	Menahem	Israel	39 de Azarías	10 años	Gobernó en Samaria
2 Rey. 15:23-26	742–740	Pecajías	Israel	50 de Azarías	2 años	
2 Rey. 15:27-31	752–740 752–732 740	Pécaj	Israel	52 de Azarías	20 años	En Galaad Rey absoluto Inicio de reinado como único rey
2 Rey. 15:32-38 2 Rey. 15:30	750–740 750–735 750–732 750	Jotán	Judá	2 de Pécaj	16 años	Corregencia con Azarías Reinado oficial Reinó hasta su año 20 Inicio de Corregencia
2 Rey. 16:1-20	735–715 735	Acaz	Judá	17 de Pécaj	16 años	Rey absoluto
2 Rey. 15:30 2 Rey. 17:1-41	732 732–723	Oseas	Israel	12 de Acaz	9 años	20 de Jotán
2 Rey. 18:1–20:21	715–686	Ezequías	Judá	3 de Oseas	29 años	
2 Rey. 21:1-18	697–686 697–642	Manasés	Judá		55 años	Corregencia con Ezequías Rey absoluto
2 Rey. 21:19-26	642–640	Amón	Judá		2 años	
2 Rey. 22:1–23:30	640–609	Josías	Judá		31 años	
2 Rey. 23:31-33	609	Joacaz	Judá		3 meses	
2 Rey. 23:34–24:7	609–598	Joacim	Judá		11 años	
2 Rey. 24:8-17	598–597	Joaquín	Judá		3 meses	
2 Rey. 24:18–25:26	597–586	Sedequías	Judá		11 años	

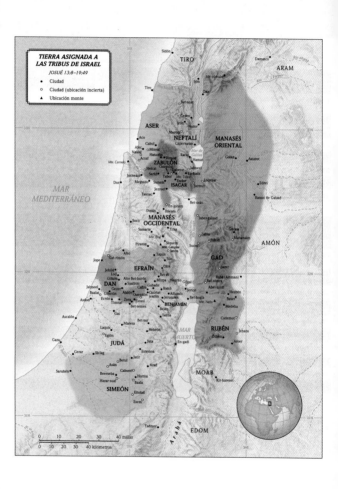

TIERRA ASIGNADA A
LAS TRIBUS DE ISRAEL
JOSUÉ 13:8–19:49

• Ciudad
○ Ciudad (ubicación incierta)
▲ Ubicación monte

LOS REINOS DE
ISRAEL Y JUDÁ

1 REYES 12

• Ciudad
★ Ciudad capital
○ Ciudad (ubicación incierta)
▲ Ubicación monte
   Israel
   Judá
—— Carreteras internacionales
—— Caminos locales

0 10 20 30 40 50 Millas
0 10 20 30 40 50 Kilómetros

MAR
MEDITERRÁNEO

FENICIA

SIRIA

GESUR

ISRAEL

AMÓN

FILISTEA

JUDÁ

MOAB

EDOM

El Neguev

MAR
MUERTO

Desierto
Oriental

Desierto

Beirut

Sidón

Tiro

Acziba

Aco

Dor

Meguido

Taanac

Dotán

Soco

Samaria

Afec

Jope

Asdod

Ascalón

Gaza

Gerar

Laquís

Morena

Adoraim

Carmel

Arad

Beerseba

Cades-barnea

Tadmor

Bosra

Ijón

Dan
Abel-bet-maaca

Cedes

Hasor

Cineret

Gat-hefer

Jezreel

Bet-seán

Íbleam

Tirsa

Siquem

Silo

Bet-el

Mizpa
Rama
Giba
Gabaón
Alto
Bet-horón
Gezer
Ajalón
Ecrón
Azeca
Bet-sur
Belén
Tecoa
Zif
Hebrón

Jericó

Jerusalén

Monte Helena

Damasco

Mar de
Galilea

Astarot

Afec

Edrei

Ramot de Galaad

Pehel

Jabes de Galaad

Peniel

Mahanaim

Rabá
(Ammán)

Hesbón

Mte. Nebo
Medeba

Dibón

Kir-nareset

Mts. Carmel

Mts. Gilboa

Mts. Tabor

Mts. Ebal
Mts. Gerizim

Sucot
Adam

Camino del Rey

Carretera internacional de Costa

Jeroboam edifica
un santuario

Jeroboam edifica
un santuario

Capital política de
Israel a partir de Omri

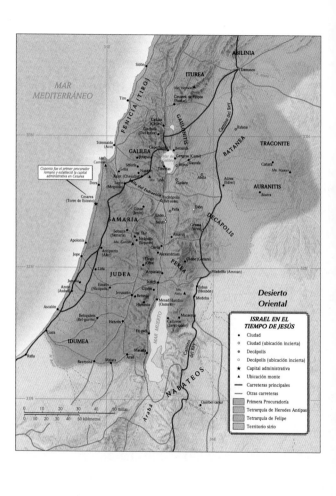

MAR
MEDITERRÁNEO

ABILINIA

Sidón

ITUREA

Damasco

FENICIA (TIRO)

Tiro

Mte. Hermón

Cesarea de Filipo (Paneas)

GAULONITIS

Camino del Rey

Batanea

Cedasa (Qedes)

TRACONITE

Guiscala (Gus halav)

Cafarnaúm

BATANEA

Tolemaida (Aco)

GALILEA

Bersabea

Cesarea (Torre de Estratón)

Mar de Galilea

Gergesa (Cursi)

Catará

Mte. Carmelo

Jotapata

Séforis

Nazaret

Hipos

Gamala

Mte. Haurán

Coponio fue el primer procurador romano y estableció la capital administrativa en Cesárea

Geba

Xalot (Chesuloth)

Mte. Tabor

Tiberias

S.

AURANITIS

Dora

Valle del Esdraelón

Legio (Megido)

Gadara

Adrez (Edrei)

Bostra

Gina (Jenín)

Escitópolis (Bet-seán)

Dión

DECÁPOLIS

Apolonia

Sebaste (Samaria)

Mte. Tabor

Mte. Gerizim

Pella

Gerasa (Jeras)

Jope

SAMARIA

Edón

Salim

Antípatris (Afec)

Neápolis (Siquem)

Corea

Amatús

Lida

Efraín (Ofra)

Alexandrium

PEREA

Jamnia

JUDEA

Arquelais

Filadelfia (Amman)

Azoto (Asdod)

Emaús (Nicópolis)

Cipros

Jericó

Mte. Nebo

Fasael (Hesbón)

Desierto
Oriental

Ascalón

Jerusalén

Betania

Masad/Haridín (Qumrán)

Medeba

Hircania

Betogabris (Bet-guvrín)

Hebrón

Maqueronte

Camino del Rey

Gaza

En-gadi

Tamar (Zered-tamar)

IDUMEA

Beerseba

Masada

MAR MUERTO

Rafa

Malata

Arad

NABATEOS

ISRAEL EN EL
TIEMPO DE JESÚS

• Ciudad
○ Ciudad (ubicación incierta)
● Decápolis
◦ Decápolis (ubicación incierta)
★ Capital administrativa
▲ Ubicación monte
— Carreteras principales
— Otras carreteras

　Primera Procuradoría
　Tetrarquía de Herodes Antipas
　Tetrarquía de Felipe
　Territorio sirio

0   10   20   30   40   50 millas
0   10 20 30 40   50 kilómetros

Arabá

Quirbet-tarar

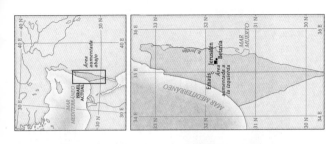

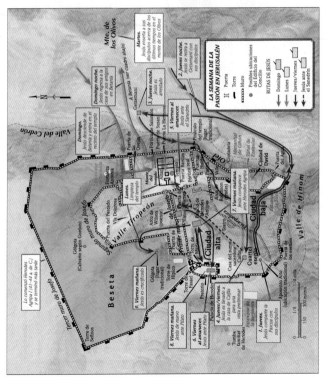

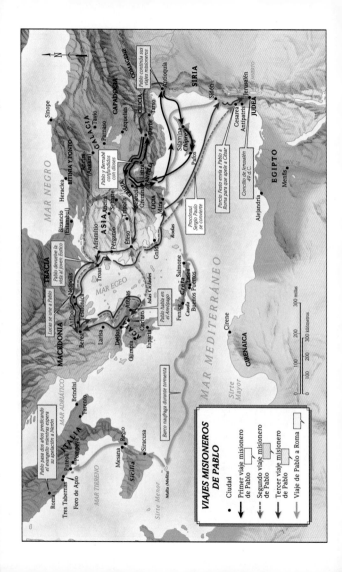

VIAJES MISIONEROS DE PABLO

- Ciudad
- Primer viaje misionero de Pablo
- Segundo viaje misionero de Pablo
- Tercer viaje misionero de Pablo
- Viaje de Pablo a Roma

Pablo pasa dos años predicando el evangelio mientras espera su apelación a Nerón

Barco naufraga durante tormenta

Lucas se une a Pablo

Pablo devuelve la vida al joven Eutico

Pablo habla en el Areópago

Pablo continúa sus viajes misioneros

Pablo y Bernabé confundidos con dioses

Procónsul Sergio Paulo se convierte

Porcio Festo envía a Pablo a Roma para que apele a César

Concilio de Jerusalén 49 d.C.

FOTOS, ARTE Y CRÉDITOS

En B&H Publishing Group estamos agradecidos a las siguientes personas e instituciones por permitirnos el uso de elementos gráficos para la *Guía esencial para defender tu fe*.

Si por alguna razón fallamos en dar el reconocimiento correspondiente por el uso de algún gráfico en esta guía, por favor contáctenos (bhcustomerservice@lifeway.com) y nos aseguraremos de corregir la información para la siguiente impresión de este texto.

Fotos/Fotógrafos

David Bjorgen: Página 128

Holy Land: Páginas 95, 107, 139, 148 (abajo), 156 (abajo), 157, 176 (abajo), 177 (abajo).

iStock: Páginas 2, 3, 5, 9, 14, 15, 16, 18, 23 (centro), 29 (abajo-derecha), 30, 31, 32 (abajo-izquierda), 35, 36 (centro-derecha; abajo), 37, 40, 41 (abajo), 42, 43 (abajo-derecha), 44, 47 (abajo-izquierda), 91, 93 (abajo-derecha), 97 (arriba), 100 (centro), 101 (arriba), 104 (abajo), 109 (arriba-izquierda), 110, 111 (arriba-izquierda; abajo), 119 (centro-izquierda), 121 (abajo-derecha), 130, 134, 137, 143, 145 (centro-izquierda), 154 (arriba-derecha), 164, 161 (abajo-izquierda); 164 (abajo-derecha), 168, 169, 172, 177 (arriba-izquierda y derecha), 181 (arriba-derecha), 185, 188 (abajo-izquierda), 189 (arriba-izquierda y derecha), 190 (arriba-derecha), 191, 194, 195.

NASA: Páginas 13 (abajo-izquierda), 19 (arriba) , 20, 25, 129, 135, 177.

Wikimedia: Páginas 61 (abajo-izquierda), 63, 65 (abajo), 66, 70, 72, 74, 75, 79, 81, 83 (arriba-izquierda), 84, 85, 95 (arriba-derecha), 96, 97 (abajo-izquierda), 99, 100 (arriba y abajo-izquierda), 101 (abajo izquierda), 102, 103, 104 (arriba-centro), 105, 112, (abajo-derecha), 114, 115, 117 (abajo-izquierda), 119 (arriba), 120, 121 (arriba-derecha), 122 (abajo-derecha), 123, 126 (abajo-derecha), 130, 131, 132, 141 (abajo), 144, 145 (Arriba-izquierda), 155 (arriba-derecha), 163, 167 (arriba-izquierda).

PINTURAS/ESCULTURAS

ARTISTAS: